人類圖
去制約之旅
一個人的革命

A Revolution Of One
An Intimate Story of A Generator

瑪麗・安・溫妮格——著
周寧靜、曾琬迪、蔡裴驊——譯

這本書獻給

麥可——我的丈夫，也是我的朋友
謝謝他的愛與支持，
始終希望我成為我本來的樣子

獻給奧修，謝謝他開啓了我的探索之旅
也感謝人類圖將之完成

最後獻給我生命中這些非常特別的人
我的女兒瑪德忽
我的外孫女亞歷珊卓拉
我的外孫女卡羅琳娜
我的姊姊琪卡
我的姪女唐娜
拉·烏盧·胡

一切都是由我們無法控制的力量決定。
從昆蟲乃至於星系都已注定。
人類，植物或宇宙星塵，
我們都隨著神祕的曲調起舞，
由一位隱形吹笛手在遠方吟唱。

愛因斯坦

Contents

序一

生產者的人生典範

當我剛開始推廣人類圖的時候，我以為讓大家知道它的確有效是很容易的事，我所需要的就是幾個堅定的生產者而已。我完全沒料到這會是如此艱鉅的任務。要活得像個生產者，必須反抗數千年來的制約，而且這樣的蛻變只能靠自己來完成。

作為傳遞這個訊息的人，我可以驕傲地說，瑪麗・安完成了這趟旅程。許多年前，當我在亞利桑納州的塞多納為她解讀時，我就意識到這是一個準備要覺醒的生產者。瑪麗・安是一個6/2人，輪迴交叉是左角度的創始者，她今天已成為一個正確的人生典範，將能夠激勵所有的生產者。

拉・烏盧・胡
二〇〇七年，二月七日
西班牙，伊維薩島

序二

這場革命，你得自己來

要知道人類圖的知識，不難。要懂得人類圖的知識，需要花些工夫。

但是如果你要把人類圖的知識，真正身體力行，回歸自己的策略與內在權威來做決定，落實在每一天的生活中，是挑戰。這挑戰看似簡單，其實漫長又艱難，需要高度的自律，清晰的區分，偏偏這又是人類圖最關鍵的重點，是其精髓所在，能讓你活出完整的自己，全世界無人能替你做這件事。

這是一個人的革命，而你，得自己來。

第一次見到瑪麗·安老師，是二〇一二年在西班牙伊維薩島，當時我飛越重洋去參加全球人類圖分析師年會，去之前我已經拜讀完《人類圖去制約之旅：一個人的革命》這本書，見到她笑臉盈盈站在會場裡，我的內心好激動，我緊張又顫抖地走到她面前。

「請問妳是瑪麗·安嗎？」我的語氣故作平靜，體內卻突然湧現一股熱流，腦袋裡簡直是大爆炸的狀態，無法說出。我的內在震耳欲聾：妳就是書裡的那個人，對不對？對不對？我不敢相信我真的看見妳了。

「嗯哼！」她的薦骨聲音很肯定，回應我的問題。

「喔。妳的書帶給我很大的感動，」才開口就哽咽，忍不住眼眶紅了。我想與瑪麗．安分享我在去制約過程中所發生的事：「因爲讀了妳的書，讓我知道我不是瘋了，也不是全世界最孤獨的那個人，因爲有人曾經跟我一樣做過類似的實驗，就是妳，因爲妳走在前頭，讓我知道單純做自己，回到內在權威與策略來做決定，不只可以過生活，還會是一個全新的機會，可以認識一個全新的自己。」

只是我又興奮又激動又想哭，想說的話愈多，愈不知道該從何講起，只能淚眼望著她：「啊，這條路好難……」她的眼神帶著微笑，輕輕拍拍我，給我一個滿滿的，溫暖的擁抱，像能讀懂我無法說出口的每一句話。「是啊！我知道。這一條路雖不容易，但是好神奇，對不對？」

那是第一次與瑪麗．安老師相見，溫柔的感受，至今依然記得很清楚。

三年之後，二〇一五年西班牙人類圖年會，我再次與瑪麗．安老師相見，這次，我走進她的教室。相隔三年，我從當時一個單純熱愛學習人類圖的學生，一路轉折，依循我的策略與內在權威，成立亞洲人類圖學院，成爲人類圖官方體系的中文分部，承接下人類圖體系在中文世界傳播的任務。

這次上課的地點，是在一棟漂亮的西班牙大宅裡，瑪麗．安老師滿頭白髮與金髮，端坐在寬敞的大廳壁爐前，來自世界各地的同學們圍坐，我興奮地在她身旁坐下，像是小孩回家了，快樂無比。

課程精采依舊，她總能帶領每個人，穿越繁複的人類圖知識，讓我們能在體驗上眞切切地感受自己，與其說這是瑪麗．安老師的魅力，還不如說這是她的眞誠與表裡一致，讓她整個人充滿了強大又溫暖的能量場，引發了每個人以一雙全新的眼睛，檢視自己，看見自己。在課堂上，我們各自提出各種的問題，分享著自己回到內在權威與策略時，所遇到的困惑與困難。

有同學問：「若做決定不再依循腦袋的分析，回歸自己的策略與內在權威，不是很恐怖嗎？因爲你不會知道下一步，自己有回應的會是什麼？這很嚇人吧？」

「是啊。」瑪麗．安老師微笑著，「我還記得一開始，當我知道自己的人類圖設計，要聽自己薦骨的聲音，我根本不知道自己下一步會回應的是什麼，我嚇壞了。」

「當時的我，獨自坐在游泳池旁，把腳放在涼涼的水裡，我坐了很久，然後我想通了一件事情。」她微笑著，淺色偏白的金髮，看起來像是一個發光的天使。「與其害怕自己薦骨的聲音，下一步會對什麼有回應，我更害怕這一生從未活出眞正的自己。」

教室裡頭一陣靜默，每個人內在體驗到一片澄淨，西班牙的陽光明亮，空氣裡充滿著夏天地中海的氣息，生命如此美好，宛如一場盛宴，如果沒有勇氣應允，回應內在眞切的心聲，即使活得安全無虞，又有何意義？

人與人之間的能量，總能相互引發，老師聽似簡單的話語，直指核心，她的存在散發出一股神奇的力量，撫平我內在的矛盾與不平，這世界上看似繁複煩人，纏繞難解的麻煩事，最後必定能出乎意料，找到一個最簡單卻最有效的答案。

「回到你的內在權威與策略，做你自己。」

靜待這宇宙中會有更高層次的安排，有時候我們都得多點耐性，當因緣俱足，路會在你的面前順利開展，無須費力，而你只要做自己，欣賞這段旅程的風景。

這是一個人的革命，看似寂靜，卻足以顛覆你的人生，翻轉一整個世界。

我怎麼知道？因爲瑪麗・安老師寫下了這段心路歷程的點滴，宛如一盞溫暖的燭光，驅散了黑暗中的恐慌與不安，而我正在這條路上，這是一段言語無法盡述的奇妙旅程，足以讓人樂而忘返。

非常開心瑪麗・安老師的書終於譯成中文，這眞是人類圖世界的一件大喜事！我想大力推薦這本書給你，更期待你翻開書頁，就此進入人類圖的世界，找到自己，懂得自己，活出自己，並且享受屬於你的革命，你的發現，你的旅程。

Joyce Huang（喬宜思）

亞洲人類圖學院負責人

序二

一個人的革命，我在路上

這眞是一個奇妙的旅程！

我帶著這本書上路，瑪麗．安的實驗進入了我，成爲夜空前的紅色晚霞，樹梢上的那隻鳥。而等待，讓我看到了更多內在的狀態，聽見更多聲音，並且再次連結那個初始的我。無需解釋，不被批判，很眞實，那麼清晰，那麼獨立、獨特。雖然長久的制約訓練依舊來攪局，但和初始相遇的那個當下如此美好動人！去制約！去制約這三個字在旅途中深深被理解、被釐清。

這是一本對生產者來說很受用的書。這個世界有百分之七十的人是生產者。這是瑪麗．安對自己進行七年關於薦骨的聲音的實驗紀錄，書裡的每一個階段、每一個發生、每一次回應都折射我和世界，以及我和我自己。有時候會看到好熟悉的那個我。

第一次和 Joyce 面對面聽她解讀我的人類圖，開始了我和世界一點點不一樣的相處方式。雖然還是對人類圖一知半解。但我開始對「薦骨」產生極大興趣。幾年後我又和 Joyce 相聚，想進一步理解我的使用說明書，因爲反正我就是有個強烈的什麼想要靠近，於是我就約了Joyce，並且也約了我的一票姊妹，大家一起來做人類圖解讀。我發現這票姊妹都是生產者，於是我們將對話群組改名為「薦骨隊」。

我很喜歡「傾聽內在最眞實的聲音」這個內在環境，有一種還原的美感，有一種和宇宙合一的遼闊寧靜，有一種自在、自由不恐懼。但我發現我雖然喜歡，可是我並不絕對都是這樣。經過再次解讀人類圖和上課，我稍微明白許多內在震盪的後果其實是來自開放中心的被填入。那些不屬於我的，竟然代表我！什麼是我、什麼不是我的釐清對第一階段接觸人類圖的我而言是有趣且重要的。

旅途中，試著緩慢，等待，回應。發現只是一個小小的等待的動作，竟然讓出那麼大的內在空間，視、聽都變得更清透，對於自我的感知與覺察也更明朗細緻。而面對未知與變化也有了不同的視角。咀嚼著瑪麗·安的體驗，對照著我過去的生命經驗，人類圖和我曾經追尋的，在這旅途上發生了有趣的迴響，我繼續看著一切的發生。然後，有一天我依著薦骨的回應進入了新的生活狀態，當頭腦試圖對回應的決定做出批判時，我笑了！

瑪麗·安如此絕對的進行薦骨實驗，讓同是生產者的我除了被理解之外，更是鼓勵。這條路有夠難走的！內在外在的聲音多到爆炸！但在混雜中能呼吸到那一抹清香，釐清眞實的純粹，眞的感動！再且「難」不再是重點了，尤其生命到了這個階段。用力了這麼久，那些爲了隱藏恐懼而建築的安全機制，彷彿已成爲一個反射動作，也成爲被愛被喜歡的開關。於是要撥開覆蓋已久的防護罩眞的不容易，但有機會還原生命本來的樣貌，讓眞實浮現，不受制約制裁，縱使難，卻很珍貴，很值得啊！

瑪麗·安說：「回過頭來看，我覺得在開始上學前的那幾年，是我活得最像自己的時候。」

經過這麼多訓練之後長大了的我們啊！還記得活得最像自己的那個自己嗎？

從瑪麗·安的薦骨實驗延伸出來，到我生命的振動。

這旅程。很奇妙。

繼續。在路上。

萬芳

二〇一六年二月二十四日

關於人類圖

人類圖結合了西方占星、猶太教生命之樹，和印度脈輪、中國易經等古老知識，並加入當代基因遺傳及量子物理學等現代科學。這張圖可以揭露一個人的基因密碼，解釋其獨特的人格特質、天賦才華，猶如一張人生使用說明書，指引人們回到內在權威，在人生道路中大大小小的旅途，做出正確的決定，活出自己，毫不費力。

人類圖的組成

人類圖由九大能量中心、六十四個閘門與三十六條通道組成。說明如下（請參考本書第23頁作者的人類圖）：

能量中心：圖中三角形、正方形、菱形等九個區塊即是能量中心，源自於印度的脈輪。有顏色的能量中心，代表有固定的運作模式；而空白的能量中心，則是每個人開放接受外界影響的區域，是累積人生智慧之所在。接受外界影響時，空白能量中心會反應兩倍，若沒有覺察，會陷入非自己的混亂狀況，例如，本書作者的情緒中心空白，卻總是被認爲情緒化。

閘門：圖中出現的數字，總共有六十四個閘門，與中國易經的六十四卦相呼應，每個閘門各自代表不同的特質。

紅黑：圖的左右兩側各有欄位，右邊以黑色字體表示，代表個性（personality），這裡所標示的數字代表意識層次可以清楚察覺的特質。左邊以紅色字體表示，代表設計（design），則是潛意識層次的自己，別人看得很清楚，但自己可能尚未察覺。（註：本書以黑白印刷，因此圖中紅色以灰色呈現。）

通道：連結能量中心之間的長條。當一條通道兩端的閘門皆被圈起來，代表這條通道是接通的。人類圖體系共有三十六條通道，每一條通道代表與生俱來的天賦才華。

如何看懂人類圖

類型：人類圖體系中，將所有人分成四大類，顯示者、生產者、投射者、反映者。類型決定一個人做決定的方式，也就是人生策略。

策略：不同類型的人做決定的方式不同。顯示者需要告知，生產者是等待、回應，投射者則是等待被邀請，反映者需要等待二十八天，清明的答案才會浮現。

非自己主題：不管是什麼類型的人，當沒有依循自己的人生策略運作時，就會出現不同的症狀：顯示者會憤怒，生產者感覺挫敗，投射者會苦澀，反應者失望。

內在權威：做任何決定，都要倚靠身體裡的權威人士。最主要的內在權威有情緒中心、薦骨中心、直覺中心等。

輪迴交叉：每一個人此生的使命。這並非命定或注定，而是當你活出自己的設計，此趟生命旅程自然會經歷的體驗，與所要完成的目的。

人生角色：一個人與外在建立連結的方式。

去制約：每個人日積月累接受來自父母與社會的影響，最後容易變成別人想要的樣子，這就是制約。若能開始清晰觀照自己，事情就會開始轉變，重新回到軌道上，如同本書作者踏上的旅程。

延伸閱讀：

- 《活出你的天賦才華：人類圖通道開啓獨一無二的人生》
- 《回到你的內在權威：與全球第一位中文人類圖分析師踏上去制約之旅》
- 《愛自己，別無選擇：每天練習跟自己在一起》（人類圖氣象報告 1）
- 《人類圖：區分的科學》

進一步了解人類圖，請參考以下資源：

- Facebook 粉絲專頁：亞洲人類圖學院
- 部落格：人類圖 （humandesigntaiwan.blogspot.com）
- 如何拿到你的人類圖，請上：http://humandesign.wiibiz.com.tw/，或 http://www.jovianarchive.com/Get_Your_Chart

作者序

這不是一份修飾過的手稿，而是我個人的人類圖實驗私密筆記。所有的日記和詩歌都維持原封不動，所以勢必會打破許多標點和文法的正確規則。而文字處理軟體對某些詞的修正建議，未必能獲得我薦骨的同意，尤其是遇到「誰」（who / whom）和「我」（me / I）的時候。

這本書不是爲了贏得任何文學獎而寫的。我寫這本書只有一個原因：爲了讓你知道，依循策略而活是可行的。

前言

今天是我五十八歲的生日。過去這週我一直充滿著能量。這是一股讓我不想睡覺的能量。我能感覺到體內每一個細胞的興奮。這本書在我心裡放了很久，但我不知道到底會不會寫出來。我只知道我必須等待。

現在是時候了。這一切都發生在伊維薩島，多麼完美。這裡是拉．烏盧．胡遇見聲音的地方，也是人類圖出現的地方。

這本書是關於我的人類圖實驗，是我所經歷的去制約過程的故事，裡面穿插著那段時間所寫的詩歌、日記和電子郵件。我保留了所有的內容，因爲即便在當時，我也能感覺這個故事存在我心裡。在生日這天重新審視我的過程，我覺得很開心。今天代表著我身體的誕生，而人類圖實驗則代表我自己的新生。

如今已過了十年，現在來看我所有的紀錄，我都快認不出這個開始進行實驗的人了。那時我把一切看得那麼嚴重。我病得如此嚴重。我覺得一切都是針對我個人而來，並爲此感到痛苦。

這本書是寫給那些接觸過人類圖，被這驚人的知識所觸動的人。古時候，部落裡的人會圍著火堆說故事，來傳授他們的經驗。那是口頭的傳遞。雖然這是一本書，但我不是一個作家。我只是一個部落的說書人。我的故事從我實際誕生的時候開始。當你在閱讀時，請記得，這僅僅是我的故事，訴說我依循策略生活並尊重內在權威的實驗經過。這不是全部的故事，也不是寫給生產者或其他人的既定故事。我們每個人都很獨特，有自己要展開的過程。而我們每個人也都有一個故事要說。這是我的故事。

這是我的人類圖。

瑪麗・安・溫妮格的人類圖

類型	人生角色	定義
生產者	6/2	二分人
內在權威	**策略**	**非自己主題**
薦骨	等待，回應	挫敗
輪迴交叉		
左角度交叉之創始者		
出生時間	**設計時間**	**出生地**
1/27/1949, 8:46:00 AM	11/1/1948, 8:06:35 PM	Mineola, New York, USA

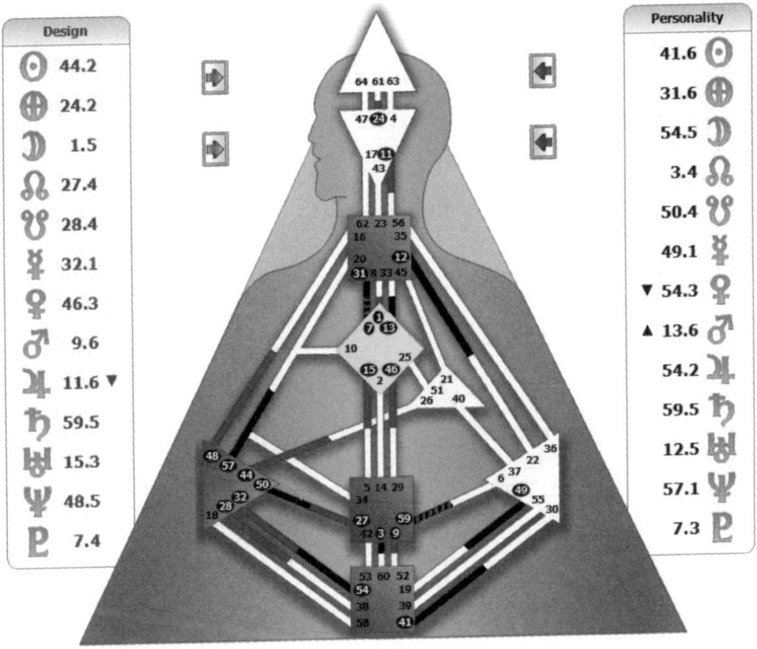

Chapter 1 遇見人類圖以前

遇見人類圖以前，我的原生家庭對我的人生影響甚鉅。美國加入二戰後，我父親自願從軍，立即被派駐海外，我的母親和三個孩子則留在家中。母親是一個非常虔誠的義大利天主教徒，她每天都上教堂祈求父親平安歸來。她對上帝承諾，如果父親全身而返，他們會再生一個女孩，爲她取名瑪麗．安。我後來跑出母親的人類圖，她是一個純粹的個體人生產者，由「發起的通道」定義出意志力中心。她是可以做出承諾的人，而且，我的老天，她可都是玩眞的！

我父親平安退伍，幾年後，我出生了。那時他們都是四十歲左右，母親想要重返職場，父親兼了兩份工作以維持家計，而我的大哥則忙著打球和煩惱學校課業。我的姊姊當時六歲，她得經常照顧我，去找朋友玩的時候也得帶著我。她討厭這樣。我跑出姊姊的人類圖，發現她是情緒型的顯示生產者。她不喜歡我，而我更是兩倍地不喜歡她！父親說我們比兩個男孩還要糟，我們瘋狂地打架，互踢、互捏、互咬。現在很容易明白這代表什麼：我放大了她的情緒波，因爲我的情緒中心是開放的。

我很小的時候，喜歡自己一個人玩。我想我很幸運，因爲家中其他人不是忙著工作就是忙著上學，所以大部分的時間我都能獨自玩耍，這對我人生角色6/2中的二爻是一大慰藉。

每年有一半的時間，我的義大利外公會來和我們同住。他是一個非常安靜、溫和的人，和他相處很自在、舒服。他幾乎不會說英文，所以我們不會交談，只是和他在一起，我就覺得開心。母親工作時，常是他看著我。我每天都會和他一起走去麵包店買新鮮的義大利麵包，回家的路上，他會掰下一塊給我。我們之間總有一股讓人感到自在的沉默。他叫我瑪魯西亞，聲音裡帶著慈愛。瑪魯西亞在義大利語中是「小瑪麗」的意思。我對外公的愛，和對家裡其他人的愛完全不同。

我認爲有一部分原因是我的頭腦中心是開放的。我們不用語言交談，所以我的腦袋不會被塡滿；我認爲他的情緒中心沒有定義，因爲我們之間是那麼地祥和，彷彿炎炎夏夜裡的一陣涼風，清爽而平靜，那就是和他在一起的感覺。

現在回頭看，我覺得開始上學前的那幾年，是我活得最像自己的時候。我常常自己一個人，身爲一個6/2人，我非常需要獨處。我大多數時間都和一個不跟我交談的人在一起，我開放的頭腦不會被一大堆言語轟炸，我很喜歡用這種方式和自己在一起，帶給我許多平靜喜悅的時光。我常在後院待上好幾個小時，找個我最喜歡的地方；躺在桃樹下的草地上，有時候畫我的著色本，不然就是做白日夢。唯一讓我深感不安的，是全家人團聚在餐桌前的時刻。這些時候實在要命，經常讓我胃痛。

我的意識太陽*位於41號閘門的第六爻。41號閘門是個愛幻想的閘門，我整個童年都在綺思異想中度過。我可以在房間待上好幾個小時，閉著雙眼，沉浸在自己想像的世界中。母親常對我喊：「瑪麗安，妳在做什麼？」我會回：「沒做什麼，媽咪。」從某個角度來說，我「眞的」沒有「做」什麼。我沒有做任何實際的事情，但是另一方面，我的思緒飛得好遠，進入另一個國度，碰觸到生活中許多層面，是遠遠超過我實際能做到的！我可以連續好幾個小時，隱身在那個專屬於我自己的世界中。

我父親是個徹頭徹尾的怪咖，一個顯示生產者，由12-22和39-55這兩條通道定義了情緒中心。他非常愛我，而我更是加倍地愛他、崇拜他，完全放大了他的愛！母親總是說我比較愛父親，這讓我覺得好內疚。母親不是情緒型的人，所以我對她的愛感覺起來並不明顯，即便是對我自己，有時候也是這樣。我在這麼小的時候，就已經知曉愛和情緒波是有關聯的。

---

* 意識太陽，conscious sun。人類圖左右兩欄上方兩個數字各代表出生時太陽地球所在的閘門，右欄爲有意識，左欄爲潛意識。

我哥和他的朋友都覺得我是個可愛的小孩，很喜歡和我玩。我姊是唯一不喜歡我的人，這我有相當強烈的感覺，因爲我們也睡在同一張床上。我完全可以理解，在她只想跟朋友玩的年紀，卻得照顧我，這肯定讓她覺得很痛苦，而她的痛苦就轉嫁到我身上。我們一直到成年以後才開始喜歡彼此，而年紀漸長之後，我們之間的關係就不只是姊妹而已。

母親曾說過我學走路的故事。她習慣把我放在屋外的遊戲護欄裡，護欄是爲了把小孩限制在安全的範圍內，對我來說卻像個監獄。鄰居總會讓我媽知道，我又沒穿衣服在街上搖來晃去！好像只要一逮到機會，我就會把全身的衣服脫掉，然後「越獄」。我不喜歡被限制，我總是跑來跑去，一刻也停不下來。

然後，我上了幼稚園，整個世界就此崩解。這是終結的開始。在此之前，我一直在家庭環境裡，盡其自然地生活，我有很多獨處的時間，除了全家一起吃飯和上教堂。我很開心可以做自己，我不知道除了做自己，還能成爲什麼樣的人。但是在學校裡，我能感覺到，我應該要是別的樣子。

別人對我有何期待，我一點也不知道。我只知道要學習融入群體，和其他小孩一起玩。但是，其實我只想跟自己玩。我唯一喜歡的是那些奇妙的玩具，其中包括一個玩具廚房，有水槽、爐具、餐桌和椅子。我小時候很喜歡的一件事就是「煮」東西。我有一條27-50「保存的通道」，這條通道有個面向和烹飪有關。即使是在家裡，我也經常假裝在爲我的洋娃娃煮東西。幼稚園裡這些玩具廚具實在太棒了，高度剛好適合五歲的小孩。

有一天，老師責怪我把茶壺打破了。那不是我做的，可是她不相信我。她強迫我把茶壺帶回家給爸爸修。我覺得很受傷，因爲太難過了，從學校走回家的路上我哭個不停。外公是唯一在家的人，他只是把我抱在懷裡，一遍又一遍地用他的破英文說著：「我相信妳，瑪魯西亞。」爸爸也很好，他叫我不用擔心，然後把茶壺修好，隔天我就把它帶回學校了。

我熬過了幼稚園，隔年進入小學一年級。這是一件嚴肅的事情，從一開始就很明顯。我們每個人都有一張書桌，而我們整天都要坐在桌前，不能站起來到處走動。我們必須坐在那裡，如果要上廁所，得先舉手發問。你知道這對「二爻」人來說是什麼感覺嗎？因爲這種事情讓別人注意到自己，實在太丟臉了。我不惜一切代價也要避免這種情況。

再也沒有玩具廚房和其他玩具了。我記得自己坐在桌前，向教室四處張望，不知所措。我該怎麼做才好？似乎每個人都知道，只有我例外。好像沒有人爲此困擾。所以我只好觀察別人，然後複製那些看起來正確的舉動。我記得拉・烏盧・胡*1爲我解讀的時候說：「妳從來就不知道正確的表現方式。」確實如此啊！我從來不知道。我總是四處觀察，看別人在不同的情況下都怎麼做，然後試著跟他們一樣。直到拉告訴我要「等待回應」，我才終於知道舉止合宜的祕訣。

就在那時候，我外公過世了。所有人都以爲我還太小，不懂得死亡，所以沒有人告訴我，而我也沒問。我只是保持沉默，不知道他在哪裡，不懂他爲什麼不回來和我們一起住。很久以後才有人告訴我，他走了。失去外公的痛，深埋在我心裡。四十年過去，在一場人類圖的課程結束後，我躺在旅館房間的床上，眼淚終於掉了下來。我哭了好幾個小時，釋放失去外公的記憶。

我跟拉描述這段經驗的時候，他告訴我，身體裡的液體承載著記憶。我的44號閘門位於第二爻，同時也是我的無意識太陽。這是一個記憶的相位，但並不是頭腦的記憶。我意識到眼淚幫我釋放了一直儲存在體內的記憶和痛苦，儘管在哭泣的那一刻，我並沒有感到傷心或難過。我觀看著正在哭泣的自己。在我生命中所有的哭泣經驗裡，這是非常不同的一次。這也讓我明白，爲何在做完解讀之後，我的眼淚就突然開始持續地流了幾個月。那段期間，我哭得很厲害。那些淚水與當時生活中發生的事情無關。那是釋放的眼淚，我的細胞正在釋放記憶。

外公過世後不久，大哥結了婚搬出去。大哥或許是除了外公以外，家裡最冷靜的人了。他的情緒沒有定義，意志力中心也沒有定義，在他身邊我總是覺得很安全。然後，另一個哥哥也離家念大學了，於是家裡就剩下爸媽、姊姊，還有我。我好想念兩個哥哥，他們回來時我總是很興奮。後來大哥和大嫂生了個小女孩，我超級興奮的。我當時大約是十歲左右，週末常常跟他們一起照顧小孩。我好喜歡那些時光，爲我的人生帶來許多新的體驗。但對我父母來說並非如此。他們是百分百的怪咖，沒有任何家族人或社會人的設計[*2]。對他們而言，家是神聖的地方。

我大哥的女兒，也就是我的姪女，跟我一直很親密，她更像是我的小妹妹。透過人類圖，我發現她是一個頭腦型投射者，而且跟我一樣是6/2人。許多年以後，她先後生了一個6/2的女孩和一個6/3的男孩。這個6/2的女孩後來又生了一個6/2的男孩。我另一個哥哥有兩個兒子，一個是6/2，另一個是6/3。我的長孫女也是一個6/2人。我是家裡的第一個6/2人。觀察基因在我們家族中移轉的方式，對我來說非常有趣。

我本來是個清瘦結實的小傢伙，不過，小學一年級的時候就變了，我的體重開始增

＊1 Ra Uru Hu，人類圖創始者，一九八七年在西班牙伊維薩島遇見聲音，傾餘生之力傳播人類圖。二〇一一年去世。

＊2 人類圖的閘門與通道分爲三大群：個體人、社會人與家族人，分別代表激勵、分享與支持的力量。

加。現在回想，約莫是從那時候起，我偏離自己眞實的本性，愈離愈遠，一直持續到我遇見人類圖，開始活得像個生產者爲止。我從七歲左右開始遠離自己，整整四十年，拉爲我解讀那年，我四十七歲。

那個喜歡獨自玩耍的小孩，變得非常合群。隱士的部分好像從我身上消失了一樣。我總是和別人在一起，無論是在教室裡，放學後跟其他小孩一起玩，或是與家人親戚共度時光。以人類圖的角度回頭來看，當時我六爻的個性似乎開始掌控全局。透過7-31通道，我的G中心*接管了一切。這條「創始者的通道」並未連結到我有定義的薦骨中心。我從小就被認爲是個領導者，幾乎每張成績單上的評語都寫著：「瑪麗·安是個天生的領袖。」我被選爲班長、球隊隊長、學校舞會的主席等等。我的31號閘門位於第六爻，是我的意識地球，奠定了我這個人的本質，而31號閘門代表的便是「我領導」或「我不領導」。

因爲我的情緒中心是開放的，我從來不想處理衝突，而且我發現這樣做容易多了，只要說「好」，讓每個人都開心就好了。我僅有的另一個來自喉嚨中心的聲音是12號閘門，位於第五爻。12號閘門是一個謹慎的閘門。記得在幼稚園和一年級的時候，我覺得自己是個謹慎的小孩；但在那之後，我只會一頭栽進所有情況，然後說「好」，因爲我不想跟別人不一樣。我不想讓任何人知道，我根本不知道發生了什麼事。我不想讓別人不高興，所以我的目標就是要受歡迎。如同消失的「隱士」一樣，我的謹愼也消失了。

學生時代的我被認爲是很聰明的。可是我內心非常不安，不想讓別人發現我其實什麼都不知道。爲了通過考試，我必須非常努力地記住各種細節和數據。我很喜歡音樂，想要拉小提琴，可是我們家沒有錢，我不能學琴。我小時候總是在唱歌，不論是在腦中安靜地唱，或是大聲地唱出來。我會在早上醒來，起床，然後開始唱歌。我會走下樓，而母親會說：「瑪麗．安，妳禱告了嗎？」我沒有，我覺得很愧疚，因爲我在禱告前先唱了歌。透過人類圖的角度來了解自己的童年，讓我明白沒有誰懂得比較多。人類圖幫助我在心裡與母親和解。她愛我，認爲那樣做對我最好。

學校課業對頭腦開放的人來說並不容易。開放的頭腦就像房子窗戶都打開，桌上擺滿文件，有條有理。屋外靜止無風，你知道所有東西放在哪裡。突然間，一陣強風從敞開的窗戶吹進來，把所有的文件都吹下桌。無論你多麼努力，就是找不到任何東西。這一直都是我的故事，在我需要用腦的時候，我從來不敢指望我有帶它出門。我深深相信，發明便利貼的人，頭腦一定是開放的！

關於我開放的頭腦，我還有另一個領悟。在我有生之年，頭腦一直在吸收別人對我

＊G中心，愛與方向的中心。

有過的每個想法，別人的想法最後進到我的腦袋，而我卻以爲那是我自己的想法！尤其是他們沒說出口的、對我的負面想法。小時候，這些想法常常都和身材、特徵有關，我都深深埋進心底，一直到我開始實驗，透過薦骨回應，我才找到眞實的自己。

從童年轉進青少年時期，我與父親的相處開始出現困難。他不想讓我去做我想做的事，我不再是他可愛的小女孩，我變成一個「難搞」的青少年。我們之間的互動有時會很激烈。我的家族性很強，他則是一個純粹的個體人，無法理解我爲何一直想跟朋友出去。他只會說「不行」，如果我問他「爲什麼」，他就會生氣，我也會生氣，而且是加倍。這個過程會不斷加速，直到我將他的情緒放大到衝著他大吼。對他來說，唯一的解決辦法就是賞我一巴掌，然後把我送回房間。透過人類圖的設計來理解這件事，讓我眞正明白什麼是能量的流動。沒有人有錯，也沒有人該被責怪。我父親無法控制自己的行爲，整個設計是如此強大，我們如果不了解，就會讓它接管人生。它控制了我，也控制了我的父親。

也是在這個時候，我的消化系統開始出現嚴重的問題，不管吃進什麼，食物似乎很快就會離開我的身體。父母帶我就醫，醫生開了很重的藥。現在回頭看，我明白這全是我開放中心導致的，我接收了許多我無從理解、也不知如何處理的事物。

一進入青春期，我生活中的一切似乎都加速進行。我迫不及待想要長大，對任何新鮮的事都感興趣，因爲我的意識太陽落在41.6，新的體驗會讓我發光發熱。身爲一個六爻人，我當時正在人生的第一個階段，隨著時間過去，我愈來愈混亂、困惑。那是人生的三爻時期，還要許多年才能逃到屋頂。

六爻人的特質是，要在人生的第一個二十八年經歷各式各樣的體驗，這就是所謂的嘗試錯誤階段，不過他們骨子裡知道，自己應當成爲人生典範。我心底明白這件事，但我還是接二連三地犯錯。我迷失在人生劇本裡，然後爲了讓情況好轉，做了所有我想得到的事。我聽了腦袋的話，照它說的去做，卻只讓事情變得更糟。我當時並不明白，所有的「錯誤」都是這個階段很自然的一部分，而我只是在累積經驗而已。

我高中時想要當老師，同時也想加入美國和平隊，幫助人類，但我同時也是性欲高漲的青少年。十五歲時，我透過管道取得僞造的駕照，可以去有樂團現場演奏的俱樂部。我跟一個年紀比我大的朋友一起去，樂團很棒，我也很愛跳舞。有個傢伙走過來邀我跳舞，他讀大三，而我高二。我們後來開始約會，接著結婚，當時我才剛滿十九歲。我們會這麼早結婚，有部分原因是爲了讓他不用被徵召去打越戰。我沒辦法拒絕。

我二十歲生女兒，二十三歲和第一任丈夫離婚。那時我愛上了已婚的老闆，對54號閘門定義三次，還有32號和44號閘門的人來說，這是非常典型的劇本。他的孩子還小，他雖然愛我，但知道自己不可能離開他們。我只有二十二歲，他覺得對我不公平，這是條死路，就不再跟我來往。我能感覺他愛我，但他不得不結束關係，我徹底被擊垮。我很確定他的意志力中心有定義，他就是憑藉著一股意志力來終結這一切。我沒有意志力，處理這種狀況的唯一辦法，就是遠走高飛。心碎的我帶著女兒離開紐約，一路開車，直到抵達加州。那是一九七三年。

我對靈性的探索，就是在這個時候開始。我終於找到夢寐以求的眞愛，卻不能一起生活，我完全無法接受。身爲一個六爻人，我追尋的其實是靈魂伴侶，找到他的同時，也徹底失去他。

如果愛情不是答案，那什麼才是呢？此時我開始尋找生命的意義和目的，加州是後來新時代運動發展的重鎭，我因而接觸了許多各種不同的體系。我上過艾哈德訓練課程、自我實現工作坊，也試過迷幻藥。同時間，我一個很親密的朋友突然開始接引一個波斯的靈體，那是很詭異的體驗，我從來不知道眞理可以用這種方式來顯化，於是我變得很熱中這些聚會。我後來認識一個男人，他成了我第一個導師，後來我們住在一起。我們第一次見面時，他問我的第一個問題是：「妳的眞實是什麼？」我聽了非常困惑，我回道：「我們不都擁有同樣的眞實嗎？」他的回答讓我嚇了一跳：「噢，妳以爲妳的頭腦就是妳。」

我們在一起好幾年。後來，我女兒想去紐約找她爸爸，我不讓她去，除非他取得監護權，這意謂她將永遠和他同住。我不知道該怎麼辦，我不希望女兒離開我，可是我也知道她有多想念爸爸。我和女兒深談，最後我讓她自己決定。她選擇跟爸爸一起生活。我以為我不會再心碎，她離開的那天，我心碎了，那是一個母親的心。我女兒的意志力中心有定義，對開放中心的我影響甚鉅，我彷彿墜落深谷，一連哭了好幾天，人生彷彿只有痛苦和磨難。我既失落又困惑，覺得自己做什麼都不對。那時我二十六歲，六爻的第一段歷程就快要結束了，當時我當然不會懂。

不久後，我要求和我同居的男人離開，我需要獨處。那段時間我深刻地反省自己，我發現了一本書，作者是一個東方神祕主義者，帶給我很大的希望，所以我就跑到印度跟隨他。那時候大家叫他巴關・希瑞・羅傑尼希。十年後，他以奧修之名為人所知。他是一名投射者，他的意識太陽位於26.2，而我的無意識太陽在44.2，我們對彼此的愛慕發生在轉瞬間。

我進入奧修的桑雅修行體系*，當時是我二十八歲生日的兩週後，這開始了我在屋頂上的階段。修行是我遁世的方式，我想逃離這個什麼都行不通的世界。奧修為我取了

* 桑雅原文sannyas，本指印度傳統宗教的修行，後來奧修賦予其新的定義，指的是入世而不避世的修行方式。而依循此法的修行者則稱為sannyasin，譯為桑雅士。

「帕提帕塔」（Prem Patipada）這個名字，意思是「帶著愛行道」。為了跟隨他，我花了三年的時間往返印度普那，一直到他來到美國，我們就一起住在奧勒岡的靈修社區。我是在社區認識我的丈夫麥可，從那之後我們就一直在一起。那是一九八一年。

我有領導力的通道，做事很有條理，因此在社區的那段期間，我被派去負責許多不同的工作。首先是食堂。我要負責準備素食料理給一百個人吃，兩年之後，人數成長到五千人；之後每年夏天的某個星期，人數還會增加到一萬五千人。我也曾負責航空隊，還當上營運總監，必須直接和奧勒岡州波特蘭市的美國聯邦航空總署對口，爭取讓航空站合法營運。我們有一架三菱噴射機、兩架道格拉斯DC-3、一架康維爾（先前的擁有者是一個搖滾樂團）及一架直升機。我全力以赴，我所做的遠遠超過所有我想像做得到的事。沒有人會問我們想做些什麼，我們是被告知，而且不能說「不」，我這輩子都在說「好」，我沒有定義的情緒中心不想讓任何人失望，所以我甚至沒想過可以不用聽從別人的話。況且，如果你真的說了「不」，你就得離開。

我女兒很想來社區看我，最後還說服了她爸爸，讓她再跟我一起住。她成為桑雅士，被賜予「瑪德忽」（Prem Madhu）這個名字，在梵文裡的意思是「甜蜜的愛」。

除了飛機和伙食，我還負責打理許多其他領域，包括影音媒體、社區大學、電腦設備和音樂。後來社區要興建大片住宅樓房，我也被任命為負責人。我對建設工程一無所知，但我知道如何化繁爲簡，讓沒有經驗的人也能幫忙興建，建照到期前非得這麼做不可。

我也被派到世界各地，幫忙規畫巴關靜心中心和社區。巴關授命我去關閉某些中心，對一個不想讓別人失望的人來說，這眞是一次特別的經驗。諷刺的是，巴關那時也派我去關閉伊維薩島的桑雅中心，而這正是我現在住的地方。當時我就愛上了伊維薩島，多麼希望不用關掉這個中心。那是一間好可愛的別墅，我還記得在那裡的感覺好棒。有時候我不禁好奇，如果當時就知道自己的薦骨有回應，別人要我去做的事情，可能一半都完成不了吧。

後來，組織中掌握大權的那個女人開始用非常奇怪甚至違法的方式來處理各種狀況，我知道我再也不想參與這些事。這一次，我能夠說「不」了，雖然我擔心可能必須承擔某些後果，因爲這有點像是要脫離黑手黨。麥可和我動身前往澳洲，儘管我們還是待在那裡的奧修社區，但我眞的鬆了一口氣，再也不用住在原來那個社區了。那位掌權者後來也離開，因爲「代誌大條了」。

我還是回到了社區，我需要待在巴關身邊，因爲我的情緒和腦袋一團亂。社區對掌權者的怨恨和憤怒全都轉移到我個人身上。我是過去握有權力的人當中，唯一回到現場的人，其他人早就翹頭了。

多年後，我透過人類圖的角度，深刻地明白這是怎麼一回事。社區成員覺得掌權者徹底背叛他們，而我屬於他們其中一員。37-40，「經營社群的通道」，是條帶有神祕靈性意涵的家族通道。拉替這條通道取了個暱稱叫「桑雅的通道」，因爲很多桑雅士都有。不過，我卻連一個閘門都沒有。當時的情況可以這麼描述，社區賴以共同生活的協議被摧毀殆盡。我這個生產者不僅接收了所有迎面而來的事物，也將之包覆起來，全部進到我開放的頭腦、開放的情緒和開放的意志力這三個中心。當時我全然無知。

我的情緒像個塞滿罪惡、羞愧和恐懼的容器，爆炸癱瘓了；我的腦袋不停地想著所有可能的劇本，彷彿我可以選擇一個不同的人生。我爲什麼沒這樣做？爲什麼沒那樣做？責難的聲音沒完沒了。我不相信自己還會重拾笑容，而且老實說，我沒有把握自己的情感能復原。

幾個月後，巴關離開了美國，社區最後整個瓦解。麥可是瑞士公民，我早已經和他搬到瑞士。我們結婚，我找到一份美國公司的工作，公司的國際總部設在蘇黎世。我從祕書開始做起，接著受訓，負責公司內部的平面設計，後來我被拔擢負責統籌部門的展覽工作，跑遍整個歐洲，到處去辦展覽。

之後的幾年，我去普那拜訪巴關好多次，當時他已經叫奧修。他一九九〇年過世，一週後我的母親也走了。我幾乎崩潰，我非常迷惘，我仍然沒找到我一直在追尋的、所謂的「開悟」。唯有開悟，似乎才能陪伴我經歷所有的痛苦，並帶給我內在的平靜。奧修死後，我的追尋引領我跟隨了其他幾位上師，希望能走上開悟之路。

住在瑞士的那段時間，我和麥可認識了一位女桑雅士，之後又跟一個男桑雅士成了朋友，後來我們邀請他們來家裡享用早午餐，介紹彼此認識，之後他們開始交往。許多年後，拉就是找上這兩個人，協助他將人類圖推廣到美國。事情的發展多有趣啊！我記得有一次跟拉分享這個故事，他笑得很樂。他告訴我，我得把他們拉在一塊兒，這樣他們才能把人類圖帶來給我。連接線段幾何軌跡＊，這是你生命的軌道，別無選擇！

我和麥可在瑞士住了九年。我沒有學過當地的語言，甚至從來沒試過，爲此總覺得有點內疚。現在我了解了，其實這爲我的頭腦帶來深刻的平靜。聽周圍的人說著我聽不懂的話，讓那些話聽起來更像是音樂。我避免讓每個單字都進到我開放的腦袋，反而可以讓我開放的頭腦休息。

我的女兒瑪德忽，當時也住在瑞士。她嫁給一個奧地利人，生了個小女孩，叫亞歷珊卓拉。她出生的時候，我和麥可都在場，非常溫柔、美好的自然分娩，伴隨著音樂和燭光。我喜歡跟小亞在一起，我好高興自己當了外婆。在小亞三歲以前，我們彼此住得

＊ fractal lines and geometry

很近，不過我很快就明白，搬回美國的時候到了，我需要待在父親身邊。母親過世後，父親患了嚴重的心臟病。（母親的意志力中心有定義，父親的意志力中心是開放的，他向來很固執，因爲他不只反映、還放大了母親的意志力。）

因爲在寒冷的國度住久了，我和麥可開始尋找溫暖、陽光充足的地方。我們搬到佛羅里達州的博尼塔溫泉，住的地方鄰近墨西哥灣，我們很喜歡離海這麼近。一年之內，瑪德忽與她的家人也搬了過來。

透過我們認識的那對桑雅士朋友，後來就失去了聯絡。有一天，電話突然響了，我到現在還是不知道，他們是怎麼找到我們的。我們聊了一會兒，他們搬到新墨西哥州的陶斯，正在做的事情需要出生資料。他們跟我問了我和麥可的出生資料，還有我們的郵寄地址。

幾天後，一些很有趣的圖寄到了我們的信箱，還附帶了一本小冊子。我翻開小冊子開始閱讀，不過很快就失去興趣。都是頭腦的知識！我因爲桑雅的領域，對於頭腦層次的東西有點偏見。但我不禁對那些圖感到好奇。爲什麼有些能量中心被塗上顏色，而有些是空白的？爲什麼我老公有的顏色比我多？然後，我把所有的東西塞進抽屜。那是一九九四年的事。

我和麥可開始爲佛羅里達州西南部的德國觀光客，出版一本叫作《*Willkommen*》的雜誌。這是市場上的首例，非常暢銷；雖然很成功，我和丈夫還是決定把它賣給當地的一家大型出版社。我們在佛羅里達待了兩年，受夠了濕氣和蚊子，也該是離開的時候了。我們去塞多納走走，最後決定搬到那裡，我女兒和她的家人則搬到北卡羅萊納州的阿什維爾。很快地，另一個外孫女也出生了，名叫卡羅琳娜。我和麥可非常幸運，她出生的時候也在場。嬰孩的誕生眞是一場奇蹟，整整兩個星期，我只抱著卡羅琳娜，讓她在我懷裡搖啊搖。我喜歡跟卡羅琳娜在一起，我喜歡當外婆，我現在有兩個外孫女了。

我和麥可在塞多納租到一間很棒的房子。搬到那裡不久，我就被傳喚到奧勒岡州，爲奧修社區的非法活動作證。那段日子我非常焦慮，不知道要承擔什麼後果。我雖然很擔心，但我不想要律師代表我，我不想要讓任何人改變實情，爲我發言。我去作了證，最後安然回家。我擺脫了過去，至少從法律的層面而言是如此。但是，內疚與羞愧依然啃蝕著我。

幾個月之後，那兩個桑雅士朋友又聯絡了我們。這對伴侶中的女生後來跟我們同住了一週，這段期間她在塞多納做人類圖解讀，還舉辦了一場說明會。我們夫妻都很歡迎她，也開始對人類圖產生很大的興趣。我們花了幾個小時研究《白皮書》*和《黑皮

*《The Book of Letters》，又稱爲《The White Book》，故譯爲白皮書，與下文的《The Black Book》對應。

書》。我很清楚這套系統的目的是要幫助人們接受自己，我喜歡這一點。

我們買了她帶來的所有資料。她離開之後，我和麥可研究了好幾個小時。後來她又回來了一次，還是住在我們家。約莫是同一個時間，我發現自己不由自主地坐在電腦前，開始將我和奧修相處的經驗全部寫出來，標題是：《永遠，不夠遠》（*Forever is Not Long Enough*）。撰寫這本書開啓了我療癒的過程，後來是人類圖讓我完全痊癒。

書要付印的時候，我又接到這位朋友的來電，她想知道能否再來我們家待幾天。這次她是跟拉·烏盧·胡一起來。拉有地方住，但是她需要一個棲身之所。我們當然同意。我很期待見到拉。這些年來我一直想認識這套系統背後的那個人。但因爲我從來沒有想上任何人類圖的課程，也就沒有機會見到他。他們抵達塞多納時，兩千本書也從印刷廠送來，塞滿了我們的車庫。走進車庫，看到所有的紙箱都塡滿了我的「過去」，著實令我有點難以負荷。

我們讓朋友先下車，布置講座會場，我和麥可去吃點東西。等到我們回到會場時，拉正準備開始演講。我喜歡聽他說話，熱切、充滿活力，有如一團火球，而且非常風趣。我喜歡他玩世不恭的態度，在尋道者的靈性世界沉浸這麼多年以後，這很讓人耳目一新。我眞的很高興他不是什麼導師或大師。他對人類圖系統的描述，是透過能量來傳輸知識，那能量遠超過話語本身，深深地滲透了我。

演講結束後，他有時間可以互動、問問題。我先自我介紹，說我聽了很多關於他的事，很高興終於見到他。我們之間的頻率似乎立刻對上，我很喜歡他的能量，跟他在一起的感覺非常舒服自在。我們聊了好一會兒。接下來的幾天，我和拉常見面，我喜歡聽他說他的故事。那幾天，我們發展出深厚的友誼。

我知道我想請他解讀，雖然相當昂貴，但我覺得那是值得的。這些年我為了尋找答案，花了好幾萬美元前往印度，相較之下，一次解讀的費用根本不算什麼。

透過朋友告訴我的點點滴滴，以及閱讀人類圖手冊所學習到的內容，我想我非常認識自己，也接受自己，而且似乎也活出了我的設計。我很滿意我自己，我的生活愉快又愜意。

當時，我根本不知道等著我的是驚嚇。

Chapter 2　機制診斷

那天早上我離開家，開車到拉．烏盧．胡的住處。過去這個星期，我開車去那兒很多次，我和朋友會接他去外面用餐。那棟房子漆了奇怪的顏色，幾乎是橙紅色，跟屋後漂亮的赤色岩石很衝突。車道也是紅色的。狗狗在我按鈴時吠了起來，拉來開門，我走進屋內。在廚房吧檯與客廳的開放空間之間，有一張小餐桌，桌上放著我的人類圖，那張我已經看了許多次的圖，還有一個連接卡帶錄音機的小麥克風。我坐了下來，非常放鬆。拉開始說話。

你在這個過程裡要開始的第一件事情是，你必須看見你內在的考驗。你的內在永遠都會有這樣進退兩難的困境。你大半生的時間，都是由喉嚨和你的自我認同在發聲。當然，你的發言像是個退位的無政府主義者。換句話說，你喉嚨發出的聲音是無政府主義的，永遠不屬於任何組織的一員，而且一旦有任何阻礙，你會是第一個離開的人。在這裡，自我認同是你的一部分，每個人都為了這個認同而來，他們會說：「噢，這是一個領導者。」他們感受你的能量場，接著意識到你不是一個領導者，於是鬆了口氣。

也就是說，當你在領導的時候，如果有人說：「我不喜歡你來領導。」你會說：「好，換個人來領導，我走了。」你是這樣的人。所以，有這樣的聲音會造成這個結果：因爲你始終以爲，腦中的一切都得化爲話語和行動，所以你這輩子總是馬上展開行動，而否認自己與生俱來的智慧。

這會發生在各種的人身上，只要他們頭腦是開放的。每當他們想要說些什麼，說出口的話往往不是他們所想的。當然，這讓他們嚇壞了，他們很害怕，以爲自己出了什麼問題。他們首先會想到的是：「我還不夠強，因爲我沒辦法在這些人面前講出來。」也就是說，他們會編出各式各樣的理由，來解釋他們爲何無法將頭腦的想法送到喉嚨。

所以，對開放的頭腦來說，最重要的是，你必須明白這樣的頭腦有非常特別的運作方式。你這裡只有兩個閘門，而且兩個閘門都是無意識的。換句話說，這是個無意識的頭腦，對這種頭腦來說，思考並不重要。流動是這種頭腦的本質。就算你想要重新集中注意力在某件事情上，它也不會留在那裡，因爲那是無意識的，你無法存取那些訊息。

對我開放的頭腦來說，聽到這些話是一種祝福。帶著一個開放的頭腦過日子，卻不明白那代表什麼，完全是精神上的折磨。聽到這消息眞是一大解脫。此時此刻，我開放的頭腦得到允許，可以成爲它眞正的樣子：開放而純眞。這也讓我更深刻地了解我這輩子所扮演的領導角色，無論是在學校、在工作崗位，或是後來在社區裡。我的個性地球位於31.6，這是我的個性向下扎根的地方，但7.3和7.4卻共同創造了一個奇妙的組合，而且這兩個閘門都位於冥王星，的確，無政府主義者和退位者都是我眞實的樣子！多麼瘋狂的設定。

你的喉嚨只有兩種聲音。你看得出來，對吧？這個聲音說：「我知道我可以試試，如果我有心情的話。」「我知道我可以社交，如果我有心情的話。噢，我會在派對上玩得很愉快，如果我有心情的話。如果我沒心情，我就不會去。」

31號閘門說：「我領導，或我不領導。」所以說，「我知道我可以試著去領導，如果我有心情的話。」如果你沒有心情，你就不會去領導，這對你而言，可以說是世界上最糟糕的事情，因爲你有27號閘門，養育者，而且是無意識的，所以你會不由自主地去照顧生活中的各種瑣事。你必須爲了自己，慢慢地、眞正地看清楚，你的薦骨從來沒有對那些事情做過承諾。這會消耗你的生命，對你是不好的。

我從來沒有尊重過我的心情，我答應做太多不適合我做的事情了，我能活到現在簡直不可思議，我竟然沒有全面崩壞而死。他所說的27號閘門，眞是我這輩子的剋星。它是無意識的，而且位於第四爻，因此我總是貢獻自己給所有我關心的人。

你有非常、非常強大的自我認同，這個認同有兩個層面，其中一個跟愛有關，而另一個則是方向。所以，你的內在分割爲兩部分。當人們聽到你的聲音，他們連結的是你聲音裡關於方向的力量。你聲音的力量，其存在是爲了引導眾人。你的認同只有在引導別人的時候，才對你有益，除此之外是沒有價值的。所以，如果有人來到你面前，說：「你可以幫我嗎？」如果你的薦骨發出「嗯哼」的聲音，那就代表你的自我可以發言和領導。也就是說，你清晰有力的聲音是你的自我在表達、發聲。你的自我所說的話不能被信以爲眞，除非你先有回應。我能欣賞你那強大的自我認同，但我永遠不能相信它所說的話。

我記得這段話嚇壞了我。我是一個六爻人，對我來說信任就是一切。我需要被信任，也需要去相信。我一直覺得自己眞誠而値得信賴。得知自己這輩子所說的話，可能並沒有表達我的眞實，令我感到震驚。我知道自己在說話前，從來沒有先回應過。這個領悟深深地進到我心裡。基本上，我收到的訊息是，拉無法信任我用言語表達的任何事情。這蠻傷人的。

我們從12號閘門開始。你的情感非常脆弱，所以，要認識情緒這個面向，首先要了解這裡的這條通道。這是陌生人、邊緣人和怪咖的社交通道。這是個體人的社交通道。你的內在有個體人的面向，這對你來說非常、非常重要。因此，你要認清一件事，雖然你有那麼多的家族面向，但這些家族面向卻是非常個體性的，所以你身上總是帶著這種陌生人的本質。

當你領導的時候，你內在的那個陌生人有能力向外連結，從外界得到力量。所以，舉例來說，你的領導風格不會去扶植封閉的小團體，而是不斷地尋找新血加入。這也是一個慎言的閘門，面對誘惑時會反覆思量，而那些誘惑卻總是要你在錯誤的時間點社交。對你而言，何時要走進那個世界，得由你的薦骨來決定，永遠沒有例外，因爲有時候你並不適合去那裡。

你有12.5，這個爻是實用主義者。成功面對限制，當一個階段結束，牢記從中所學會的課題。這是關於光明，意識到黑暗的存在。這也表示，如果你沒有意識到黑暗的存在，與別人接觸的時候你會非常痛苦，可能會有各種罪惡感、羞愧和自責，不斷不斷地在內心翻騰。當然，那都不是你的。

12號閘門很容易憂鬱，情緒總是喜怒無常。因此，你要明白你的人生是這樣的，如果你心情不對，你也不會是對的。你得要有心情才去愛、去玩、去工作，任何事，你真的一定要有那個心情，如果沒有的話，就別牽扯進去。

你的薦骨永遠都知道是怎麼回事，因爲如果有什麼不對，你就得冒很大的風險。你要了解的第一件事情是，當你情緒不對的時候，如果你被找去做某件事，那對你是不健康的。另一件事情是，當你意識到自己有能力察覺生活中對你不好的事物時，你哪裡也不要去，只須等待事物來到你面前，你的薦骨就知道何時該出發。

我知道自己的情感面有多麼脆弱，也知道我很常在與人接觸的時候，內心羞愧、罪惡和自責的感受。在做解讀的時候，這些東西仍然存在我心裡，它們來自於我在奧修社區的經歷。

我也了解到，我這一生有多麼勉強自己，做了好些我其實沒心情做的事。關於拉一直提到的薦骨，我仍一無所知。但我非常明白我生命中那些冒險是什麼，對我是多麼危險。這些訊息讓我有非常深刻的領悟。

你是二分人，所以你始終不覺得自己是完整的。因爲你不覺得自己完整，不懂這是怎麼運作的，所以最後就窮盡一生來等待別人把你連接起來。而當他們把你分裂的兩半接起來，也就制約了你的頭腦，制約了你的意志力，制約了你的情緒系統，然後從你身上得到他們想要的東西。

有些人會去追尋什麼大師、導師，這個過程就是這麼回事。我看在眼裡，而且看得很清楚，因爲他們眞的不了解自己的本質，所以仍然很混亂。他們也許愛奧修，我知道他們有多愛奧修，但他們依然混亂，因爲那實際上並沒有讓他們清楚人生是怎麼回事，他們不會發自內心接受存在本身。這就是原因所在。

因此，無論你的靈魂處於什麼狀態，記得你置身於所有的能量場之中，你深深地接收了這些能量，每個人都不停地往你身上投射：「她懂。」要記得，你連結到的是他內在的眞實，所以你的想法其實是每個人的投射，是來自於別人內在的眞實。「嗯，她懂……。」而當然，這些東西跟你毫無關係。

所以，這一切都對你有很深的影響。你是以薦骨人的身分來到這個世界，如果奧修對你說：「你想留在這裡嗎？」而你的薦骨有回應，就會是非常不一樣的故事。你要明白你內在有個部分知道還有些別的什麼。那裡有深刻的覺察。

我的一生在我眼前流轉。拉說著關於我的這些事情時，我不斷插嘴：「對，我一直這樣活著。」我花了將近二十年潛心於靈性的探索。匪夷所思的是，這麼多年來，我依然沒有認識任何層面的自己。後來聽錄音的時候，我甚至覺得尷尬，我不確定我到底在努力說服誰，是拉，還是我自己。我是多麼想要相信，我已經活出眞實的本質，也知道我自己是誰。

你有對人類的愛，很明顯，就在你心裡。可是你也非常脆弱。你不是想要隨時有人圍在身邊的那種人。從自我覺察的角度來看，你的修行生活其實是非常扭曲的。因此，你必須找到一個方法，適時地接觸你生命中的人，然後抽離。

適時地接觸與抽離？我的天啊，我這輩子都用來與人連結，永遠都有人圍在我身邊，無時無刻。我從來沒有落單過。

你是個極端主義者。你要知道，極端主義眞正的意思是，你身體的節奏系統是起伏不定的。因此，有些時候你動不了，有些時候你又瘋狂忙碌，讓別人覺得你是個跳著旋轉舞的僧侶。你要明白這與尊重有關。你必須尊重自己的節奏，而這也表示你身邊的每個人都要尊重那個節奏。所以，當你的屁股黏在床上動不了的時候，你不能讓別人來告訴你「你應該」、「你必須」、「你爲什麼不……」，或所有其他生活中會做的事。而當你忙得團團轉，同時進行很多事情的時候，你也不能讓別人來對你說什麼「你應該喘口氣，休息一下」之類的話。

啊，我腦中浮現我的母親。小時候，不管我處於哪種極端，她總是吩咐我去做相反的事。當我高速運轉時要我休息，當我累癱在沙發上時，要我起來做點事！這些極端的行爲那麼奇怪，教人難以忍受，所以我以前總覺得自己眞的有毛病。拉說的話如此完美地表達我的行爲，眞是不可思議。

你在這世界上是一個完全無我的人，但這有多難啊。你有一個很美的自我，那裡空無一物。那裡唯一有的，就是什麼都沒有。這表示你心裡有著很深、很深的憂慮，擔心自己勇氣的本質，意志能否展現力量。如果你聽見自己說：「我會放棄這個，我會停止那個，我會……」千萬別讓自己陷入這種處境，這不是你，這永遠不會是你。你一定要明白，這很重要，你生來就知道沒有「我」是怎麼一回事。這是你的天賦，眞的是你的天賦。所以，當你意識到「我」這個概念鑽進來時，並不是要你否認自我的認同或靈魂本質。那是意志力中心的「我」，我是意志力中心呈現的那個我。我無法成爲別的樣子，我的意志力中心就是那樣。它被定義了。

你要明白，你在這裡眞正要做的是看見別人內在的「我」。就是這麼回事。所以，當你把某人放進心裡，你的自我就會受到影響。他們要你用自己的「我」去認同他們，可是那根本不存在，千萬別讓他們這麼做。因此，你絕對不能去跟別人的自我對抗。這就是爲何在基因的層次上，你的內在組成是一個退位者。你明白嗎？對於意志力中心未定義的人，我的忠告是，如果你想要征服世界，你最好確定你身邊那個人辦得到。

難怪代表東方精神的「無我」概念如此吸引我，那是個可以讓我放鬆的境界。在西方世界，幾乎每個人都在假裝自己擁有驚人的意志力，但其實是被擁有意志力中心的人給塡滿的。我的老天啊！因爲沒有意志力，我這輩子都在跟自己過不去，我會說，「我每天都要做這件事」，然後不出三天，就無以爲繼了。

那麼我們來談談這條「蛻變的通道」。你的54號閘門定義了好幾次。54號閘門指的是要出嫁的少女，是被選入皇宮的妃子，最終成了皇后。這就是崛起。

這條通道是關於被驅動。不過，當然，它進入你直覺系統的方式是無意識的，因此力道會有些不同。這裡的關鍵是54號閘門。54號閘門是工廠裡的勞動者，修道院裡的勞動者，或任何其他類型的勞動者。這是一個勞動者。那個總是試圖要往上爬的勞動者。

我有點不好意思被這樣揭露。我感覺像一個手伸進餅乾桶裡被抓到的小孩，我現在還記得當時自己滿臉漲紅。我內在很有共鳴，並不是因爲我的確是這樣，而是我從沒有意識到自己有野心，可是被他一說，我就了解到這個事實，雖然很難爲情。一個有野心的男人是一回事，但如果是女人呢？從我的想法可以清楚地看出我成長的世代。

你是一個生來就知道別人是否有價值的人。那就是你，你知道的。而且你知道他們值多少價。只要能聞到他們的味道，你憑直覺就知道了；而如果聞不到他們的味道，你就不會知道。就是這麼回事。家族人的本質是這樣的連結。觸覺很吸引你，但那不是你。聞聞味道，那才是你。你必須嗅出他們的氣味；你要好好地聞一聞他們。當你嗅出他們的味道，你就知道了。

可是在當時，觸覺對我來說就是一切。我總是想被觸摸，也想去觸摸。我所有的關係都是奠基於觸覺。尤其在桑雅士的時期，我們所做的就是觸摸和擁抱。如果某個人喜歡我或愛我，我只能用這個方式知道！

一爻*代表的是，終其一生，尊重並重視過程中的各個層面。如果你省略了最基本的要素，就會導致各種問題。各個層面的意思是，除了出於回應，沒有別的路可走。無論我爲你描述的是哪個爻都不要緊，只要是源自於回應，它總是能正確地運作，你的行爲也都會是正確的。就是這樣，沒有別的了。

什麼是回應？所有事情似乎都不斷地回到這一點。一遍又一遍，幾乎出現在拉所說的每件事情中：一切都會回到我的回應。我一方面鬆了口氣，因爲我不必記得關於每個爻和閘門的所有細節。另一方面，我必須眞正地等待回應。

你的3號閘門落在月之北交點。月之北交點代表我們的命運，奠基於天王星。天王星繞黃道帶一周需要八十四年。三十七歲到四十四歲之間是我們人生的中點。你的中點是在一九八七年十二月二十二日。因此，你目前處於北交點的人生階段。這些是你現階段人生的主題。

其中一邊是關於照顧，不過是一種非常特別的方式，我們之後會談到這點。而另一邊，現在是你突變的時候了，現在，而不是以前。過去全是關於腐敗。你得在前半生歷經風險和腐敗，而且是因腐敗而賭上一切。現在，則是關於照顧和突變。這是你目前的過程。

因爲你內在的力量臻於純粹，現在是你眞正明白的時候了。你要知道，除非你的薦骨參與其中，否則突變不會發生，因爲突變位於薦骨之內。這就如同親密關係一樣，除非他們問你，否則你永遠無法親近任何人。

我的天啊，腐敗就在我的人類圖上。發生在社區裡所有的混亂是我前半生必須活出來的部分，而我爲此賭上一切。

接著，我們來看這裡，我帶你到下面的根部中心，你這裡有41號閘門。這個閘門落在太陽的位子。太陽代表你百分之七十的個性，你需要把它表現出來。44號和41號是你的兩個太陽閘門，全部的你都在這裡。如果不是透過薦骨來回應，你就像生活在一個黑暗的房間，但那並不是你。明白這件事對你來說非常重要。你的太陽會因爲薦骨回應而散發光芒。

＊這裡是指作者的32號閘門所在的爻。

不管拉在解讀中告訴我什麼，不管他說了什麼，一切都回到我的薦骨回應。

41號鬧門代表的是，你可以透過幻想，清楚地看見自己何時能發揮最大潛力。你瞧，幻想會爲你顯示一切，因爲你有能力感受這一切。由於這樣的能力，你甚至不用腦袋就知道那是什麼了。它就在這裡，持續不斷地進入你的直覺系統，成爲你直覺意識的一部分。

換句話說，你深處有一個機制持續在運作，總是看著所有事物，好奇它們將來會是什麼樣子。如果沒有先幻想過，你永遠無法做任何事。

幻想，我擁有如此美好的想像世界，尤其在我還小的時候。可是當我開始靜心冥想，我以爲那都是來自於頭腦的妄想，就把它們全推到一旁，已經將近二十年了，未曾踏進幻想的國度。現在，我明白了，那些幻想從來就不是來自頭腦，它們來自於比頭腦更深邃的地方，而這也是我散發光芒之所在！但我一直在扼殺自己的光芒。天啊，當我們不知道或不了解的時候，一切會變得有多糟糕。

28號閘門是冒險、玩家，這個位置是「不預期」輪迴交叉的一部分，所以你總是有些很不尋常的地方，總是有些什麼在那裡。在你的前半生，這全都跟冒險有關。這是關於開拓機會，而且只發生在你很危急的情況下。也就是說，當你知道自己準備好要冒險的時候，不過這可不表示你不是來這裡冒險。如果有人來找你，問你「你想這麼做嗎？」那件事既不尋常又充滿風險，除非你發出「嗯哼」的聲音，那麼沒問題，你可以冒這個險。無論那聽起來有多麼駭人，你內在的某個部分確實知道那是行得通的。但這唯有在你的薦骨對冒險有回應時才成立。你不能一頭栽進風險中，因爲那對你來說非常危險。

神奇的是，如果風險是衝著你來的，意想不到的好事就會發生。你不是爲了主動賭上一把而來到這裡的，因此你只能出於回應而冒險。而且，一旦你明白直覺系統是身體的免疫系統，也是你的健康系統，這表示你的免疫系統能夠完美地回應。但如果你試圖發起，它就會非常脆弱。所以只要是出自於回應，你就會很健康，而那樣的冒險也是健康的。

當他告訴我這些事的時候，我腦中跑出一長串名單，列出我這輩子所有的冒險，以及絕大多數的恐怖結局。我發起了多少次的冒險？噢，多不勝數，而且大部分都是爲了證明我有勇氣，絕對可以繼續無邊無際的編織出一大串故事。

「保存的通道」是關於監護、照顧，和家族的立法者。你身上有兩個遺傳的閘門，也就是性的閘門。59號閘門，你這一生所吸引的性能量都因此而來。同樣地，你要明白，對你來說健康的性永遠都必須來自於薦骨，也就是說，他們一定要問你。所以，你這種女人，最適合害羞的男人，因爲他們不太問的。如果你是在被制約的情況下，這情況就有點麻煩。不過，一旦你眞的回到薦骨，你會因爲改變他們身上的能量場而推動他們。害羞男人的波動會在害羞與大膽之間擺盪，他們爲了試圖跟你接觸，突然就必須大膽起來。你要明白這之間的差異。

當我還是個少女的時候，我從來不會去接觸異性。我太害羞了。後來隨著年齡增長，再加上婦女解放運動，我變得比較大膽了。我會主動接近和邀請異性。因爲桑雅的緣故，我甚至被鼓勵得更多。這讓我對過去所有的性經驗感到好奇。如果他們問了我，我的回應會是什麼呢？我喜歡這個等別人來問的概念，我喜歡它所帶給我內心的感受。

然後是你的27號閘門，這是另一個性的面向。這個閘門的作用不是要尋找配偶來交配，將基因傳遞下去，這個面向要說的是：「既然我們配成一對而且不幸地懷孕了，我們該如何去照顧這個孩子呢？」這個閘門和養育小孩有關，代表著母親和父親。它的第四爻稱爲慷慨，自然而然將所獲得的豐盛，與人分享。優渥而有質感的分享，其天賦在於能因人而異，適當給出獎勵。

聽著，如果你沒有進入這個狀態，你就會走到另一端：隨意分享。誰值得獎勵，不是由頭腦來判斷，而是由你的薦骨來回應。也許會有個千萬富翁走過來對你說：「你能借我十元嗎？」而你發出「嗯哼」的回應。你明白嗎？這無關乎你的想法是對是錯，你應該分享的對象是誰，或者你爲何要和他們分享。跟那些都沒關係。這是你內在純粹的覺察，知道在那一刻有人需要照顧。如果不是這樣，那就算了吧。

這必須來自於你的回應，也就是說，你不能去照顧一個沒有向你請求的人。他們一定要問，他們必須來到你面前說：「我需要你的幫忙，你能幫我嗎？」而你可能會回應：「嗯嗯，抱歉。」但他們一定得問。這樣做會帶來巨大的力量，因爲你會有完整的能量來支持你。這就是你。

噢，天啊，我從未等待別人來請我幫忙。我總是提供協助給所有我關心的人。這不是一件容易的事。當我看到有人需要幫助時，怎樣才能不去插手，等他來請我幫忙呢？

眞的很難。這違背了我的核心。

解讀繼續進行，但所有的事情都有相同的主軸，都是關於等待事物來到我面前，這樣我才能做出回應。

多麼驚人的解讀！很清楚的，我必須停止把自己奉獻給別人，他們要來到我面前直接問我，這樣我才能聽到我的薦骨回應，知道那對我而言是否正確。我離開的時候覺得興奮極了，我等不及要開始我的實驗。我對於開放的情緒中心不太確定，因為在我認識的人當中，我是最情緒化的一個，不過我也準備好要實驗這部分了。

拉告訴我這個過程需要七年，因爲這是細胞層次的轉化。但我完全不在意。我過去花了十九年追尋我至今仍未找到的東西，七年的時間似乎不怎麼長。而且我眞的很好奇，想知道會發生什麼事。

拉說的話深深地觸動我，離開那棟屋子時我非常激動。這份解讀讓我正確地看待多年來的內疚與羞愧，爲我的靈魂帶來極大的安慰。我更懂得「爲什麼」我會一直陷入混亂之中！我尤其喜歡不需要改變自己，或者做任何事，我只需要等待。我需要等別人來找我，請求我的幫助、我的愛、我的關懷、我的指引、我的性，然後，就看我的薦骨如何回應。

這份解讀已經表示得夠清楚了，這麼做有可能會改變我的一生。

我回到家，我的丈夫麥可很想要聽我的解讀，我便和他分享我記得的部分。解讀中有那麼多的訊息，但我唯一眞正帶走的訊息是，我必須停止主動發起，等待別人來問我，這樣才能聽到我薦骨的回應。這個訊息深深打進我心裡，其餘的似乎都無關緊要了。卡帶裡有錄音，所以麥可可以聽。這對他來說很重要，他有一個非常邏輯的頭腦，需要各種細節。而我不是重視細節的人。

我問他能否協助我做這個實驗。我告訴他我眞的很想停止發起，然後等別人來問。他說好，他支持我這麼做。我們都不知道，我們這對夫妻將要面對的是什麼。這一切看起來是那麼簡單明瞭。

在我的解讀中，拉．烏盧．胡告訴我要在自己的能量場中入眠。我丈夫最先問我的其中一個問題就是：「妳想這麼做嗎？」我的頭腦尖叫著「不，不，不！」但同時我的薦骨卻回應了「嗯哼」（是的）。我馬上覺得很煩，我不想要這樣。我們同床共枕了十六年，而且我喜歡在夜裡抱著他睡，我不想戒掉這個習慣。但我們倆都聽到了我薦骨的回應，非常響亮、明確。所以我們決定試試看。

幸運的是，我們有一間客房。我丈夫開始在那裡睡，而我則在我們原本一起睡覺的臥房。只需要一個晚上，我就知道愛死了。我喜歡待在自己的空間，我喜歡享有這樣的隱私。我醒來的時候覺得煥然一新，麥可也有同樣的感覺。我們都明白，這無關乎性、愛情和親密關係，這只關係到睡眠而已。

對我來說還有個好處，因爲這也跟隱私有關。如果通往我臥房的門關上了，沒有人可以不先敲門就走進來。當你和別人共用寢室的時候，你們使用空間的權利是一樣的。眞是太棒了！我在十幾歲之後就沒有過這種感覺了。

在這個關上門的私人空間裡，我又開始幻想了。就好像歡迎我最好的朋友回來一樣。我以前沒有意識到，這個部分的我有多麼重要。我一次就可以消失一個小時，去到另一個地方，就像我小時候一樣。我簡直不敢相信這所帶來的樂趣。我在解讀時被告知的事情是眞的！幻想讓我房間裡的燈再次點亮，熠熠生輝。

我簡直不敢相信我把自己的這一面壓抑了那麼久，還以爲我在做對自己有益的事，靜心冥想。幻想跟頭腦無關，在我深入這個國度的那一刻，我很清楚，幻想住在我的形體之內，幻想就在我的身體裡，雖然我的身體不會移動。我自己一個人待在臥室，在我珍貴的幻想世界裡，感覺充滿活力。

我一遍又一遍地聽著我的解讀，我討厭聽到自己的聲音，每次我在解讀中開始說話，我就會對著自己在錄音帶裡的聲音大喊：「閉嘴。」我聽到我說的話，顯然是想證明自己已經活得像他描述的那樣。聽自己說話眞是尷尬。

我從拉所說的話了解到，「等待」會創造能量的積蓄。我知道我從來沒這樣做過。

我總是忙東忙西，那是我生活的方式。我老是把自己奉獻出去，從不等任何人來請求我的幫助。我可以看見，如果我不斷奔向各種事物，我只是胡亂地把能量扔出去，然後耗盡我的能源。我以前沒有從這個角度來看過。

我好希望能聽到我薦骨的聲音，回應被問到的事情。當我走進一家店，即便是最簡單的一句「需要幫忙嗎？」也讓我覺得開心，因爲我開始聽到我的回應。我回應了什麼並不要緊，重點在於我回應了，而不是像平常那樣說：「噢，我只是隨便看看，謝謝你。」

如果有人問我，「妳想來杯咖啡嗎？」我會變得非常興奮，即便是最小的問題，也讓我的薦骨中心有了回應的機會。我開始愈來愈常聽到我的「嗯哼」（是）和我的「嗯嗯」（否）。

這似乎沒什麼大不了，但對我來說，這些情況都是我走向自己的一小步。我利用每個可能的機會，讓我的薦骨能夠去回應，而不是先使用語言，這是我在解讀前的一貫作法。這好像一場競賽，我的喉嚨和我的薦骨，誰會贏呢？

每當我回應的時候，都能感覺到那答案是來自我未知的地方。我知道我過去從未依此而活。我知道在品嚐美食或做愛時，我會發出聲音，但這從未發生在我回答問題的時候。以往我回答問題時，經常是有氣無力的，但是，我發現我薦骨的回應可是一點也不軟弱！

對我來說重要的是，不要養成使用語言的習慣。我眞的很想體驗這一點。我很想知道會發生什麼事，而且我眞的很想成爲可靠的人！除此之外，在底層還有些更深刻的東西。我希望能相信我自己。漸漸地，不同的聲音開始出現。我開始體驗到自己內在的某些部分，既新奇又有點可怕。

沒什麼大不了的

計程車上錯過的時刻
司機問了個簡單的問題
「需要名片嗎？」
我的喉嚨出聲回答
我的頭腦說，沒什麼大不了的
那麼，這爲何讓我想哭？

我有許多朋友幾天前都去了拉的入門講座，他們也想了解我的解讀。我差不多把跟老公說的都告訴他們了。他們有點驚訝，我不必「做」任何事情，除非有人問我，而我的薦骨有回應。這不是他們所認識的我。我花了一輩子奉獻、發起，追求所有我想要的東西。我被認爲是一個非常「積極進取的人」。當我一開始實驗，我立刻發現應對陌生人是最簡單的，尤其是被服務的場合，像是商店和餐廳；而最困難的，反而是面對我已經認識的人。

接下來的幾天裡，有人邀我去幾場派對，而我很驚訝地聽到，我的薦骨對所有的邀請都發出「嗯嗯」的回應，只有一個例外。我是這麼喜歡社交的人，而且我從來沒有拒絕過任何一場派對。我喜歡音樂，我喜歡跳舞，我喜歡跟我的朋友聚在一起。誰會說「嗯嗯」呢？

我不喜歡所有朋友都去派對的時候待在家裡。這是怎麼了？發生什麼事？我錯過了什麼？我去參加的那場派對說明了一切。我用完全不同的方式走進房間，不同於以往參加的任何一場派對。我走了進去，一句話也沒說。我沒有主動發起對話。噢，天啊，我覺得好不自在。這些都是我的朋友，而且很多人我都認識了很久。這樣的行爲眞的很怪。

即便我所有的朋友都在身邊，我仍覺得自己像個陌生人。我了解到，我所有外向的行爲（例如只要一加入派對，就馬上開口說「嗨，大家好」之類的一堆話）都是我保護自己的一種方法，藉此隱藏我在這些場合所感受到的脆弱。我記得小時候的感覺就是這樣。這些年來，爲了不讓自己感覺那麼脆弱，我已經知道該如何社交了。

我記得拉在解讀時說：「因此，你要認清一件事，雖然你有那麼多的家族面向，但這些家族面向卻是非常個體性的。所以你身上總是帶著這種陌生人的本質。」我內在的有個地方放鬆了，而且我知道這就是眞實的我。對我來說，覺得自己像個陌生人是正常的，而且我也不會眞的融入群體中。我不需要做任何事或改變什麼，我只需要接受，並且認同自己的樣子。

房間裡的氣氛緊張，很容易就感覺得到。沒有人知道該拿我怎麼辦，我也不知道該拿自己怎麼辦。很多人都知道我正在實驗從解讀中聽到的內容。我們圍坐成一圈，唱著奧修的歌，但有些詞我唱不出來。那些詞哽在我的喉嚨裡。這是一個奇怪的經驗。我生命中的一大樂事就是唱歌。在印度修行的那段期間，我們爲奧修唱了那麼多的歌。

我一直臣服於奧修。不管他要我做什麼，我都說「好」。根據拉爲我做的解讀，我了解到，如果我希望這輩子能夠滿足，唯一的方法就是讓我的薦骨去回應。唯有如此才是眞正的臣服，臣服於我的薦骨回應。此時此刻是一個巨大的轉變，不僅是我的內在，還有我和奧修的關係。這是不再仰賴外在權威的第一步。

眞理的狂風

我身上的外衣被猛烈扯開
因爲那眞理的狂風

陣陣強風剝下我靈魂的衣裳
一層又一層地讓風帶走
只留下孤立無援的我
赤身裸體地站著
暴露出我的人性
我是無助的
我是脆弱的
我就是我

過了一會兒，在同一場派對上有人對我說：「妳只是信了另一套教條而已。」我的腦袋嚇壞了，但我的薦骨卻強烈地回應：「嗯嗯。」這個人開始跟我爭辯：「嗯，妳相信這套系統，不是嗎？」我的腦袋又整個嚇傻了，而我的薦骨再度回應：「嗯嗯。」然後我補充道：「我接受的前提是，在行動前先等著聆聽我的回應，而我正在實驗這個假設，看看會帶來什麼。我既沒有相信也沒有不信。我正在等待，看看這是否可行。」

我的頭腦對這整段對話感到震驚。我以前很容易受到威脅。由於我有個開放的頭腦，如果要爭辯某件事，我沒有什麼可以支持我的立論。我的頭腦沒有定義，我的意志力中心沒有定義，如果有人要惹我，我也沒有情緒系統可以轟炸他們。

我被打敗了，我不知道我其實可以這樣堅持自己的立場。像這樣去對抗某個人，對我來說非常陌生。我喜歡的部分是，我沒有選擇去對抗他們，那只是出自於我的聲音。我才剛開始感受到薦骨回應的威力。我開始覺得，或許我的內在眞的有什麼是可以相信的。我這輩子一直覺得困難的是，如何不被操縱、威脅或控制。

我的朋友也有點嚇到了。他們從來沒有看過我這樣，我總是隨和而親切，我從來不想讓任何人生氣，所以總是會避開這種激烈的情況。我永遠是那個想安撫每個人的人。

我哪兒也沒去，可是已經感到體內有股微妙的變化。我接納了自己，保留了我的能量。我從來沒這麼做過。我之前就已經計畫好要去圖森拜訪朋友，當我到了那裡後，我眞的可以感受到完全不發起有多麼難受，不提供幫助，只是等待，看看有沒有人會問我什麼。他們也覺得難受。我跟他們分享了我的解讀，然後感覺到我朋友的丈夫有一股怒氣。他也是我的朋友，但他不喜歡我的「等待」模式。在實驗的第一週，我注意到一件事：我的男性朋友最受不了我的聲音。他們取笑我，甚至還模仿我的回應，以一種憤怒的方式。這是個有趣的觀察。

回到塞多納的隔天，拉在一堂人類圖的課程上教了四種類型。這些內容是第一次在美國傳授。我去圖森之前，他曾問過我是否要學習這門課。我的薦骨回應了「嗯……」我知道這個聲音表示「我不知道」。後來我有回應要載他去上課的地點，最後我的身體跟著他走進了教室。

接下來發生的事，觀察起來很有意思。那是一個非常小的空間，被大約十個人給塞滿了。我那位安排所有事情的朋友就在那裡，而且那裡有好多對談正在進行。自從我變得比較內向，不再落入以往的說話模式後，我變得對能量更敏感。啊，房間裡暗潮洶湧。我的身體大概在房裡待了三分鐘，然後就轉身走出去，連一句話也沒說。我走向車子準備開車回家，此時，我的朋友呼喊我，問我要不要回去。我回應了「嗯哼」，最後又回到教室。

那些訊息太驚人了。我記得投影在銀幕上的幻燈片，為每種類型提供了簡單的說明。雖然簡單，但卻深刻地解釋了和諧共存所需的理想行為。這訊息之美讓我驚豔。沒有通道、閘門或爻線，就只有類型而已。拉從顯示者開始，然後講到生產者。我只是聽著，沒有做筆記或別的事。我去那裡不是爲了學習，而是因爲我對「那裡」有回應。但我非常專心地聽他說話。噢，我眞的深深接收了那些訊息。

關於生產者，我不記得拉說了什麼，但我突然意識到自己這輩子一直活在謊言之中。在解讀時，一開始我只是有個不安的想法而已，現在那成了我全身的感受。我身上的每分每寸都知道，這是事實：其實我不知道自己是誰。

恐懼吞噬了我。如果我不喜歡眞正的自己該怎麼辦？我喜歡我一直以來的樣子，那是行得通的。如果我眞的開始去回應每件事，我會變成怎樣的人？會有人喜歡我嗎？會有人愛我嗎？如果我沒有先拿起話筒，會有人打電話給我嗎？在這小小的房間裡，恐懼緊緊地包圍著我。

我徹底絕望，感覺身體生病了。我無法等到午餐時間。我衝出門外，鑽進車裡，然後盡我所能地在一七九號公路上疾駛，直到我抵達十七號州際公路。現在回頭來看，我顯然是想逃避眞相。我記得把車開到路邊之後就不停地啜泣，直到一滴眼淚不剩。然後我把車掉頭，再開回去。

舉辦課程的旅館有一座游泳池。我把褲子捲起來坐在泳池邊，讓雙腳在水裡擺盪。我仰身看著天空，然後呼吸。我很清楚必須再死一次。我眞不敢相信。當我進入桑雅，跟隨奧修開始我的內在旅程時，我以爲已經死過一次了。我已經在那個過程花了好多年的時間。現在我明白了，我必須再死一次。我必須告別過去所相信的自己，必須透過薦骨的聲音來發掘眞相。此刻我深深地明白「沒有選擇」是什麼意思，因爲我知道自己沒有選擇的餘地。我知道比起這樣活著可能帶來的改變，我更害怕永遠找不到眞實的自己。

我眞的很擔心要面對未知。如果我眞的開始這樣生活，不知道會發現怎樣的自己。我曾經創造了一個我喜歡的「我」，能夠在這個世界來去自如。如果我不喜歡內在那個赤裸的自己，那該怎麼辦呢?我眞的不知道。我以前從未回應過，也從未等待過。我總是那個安排事情、發起、讓事情發生的人。因爲不知道會發現什麼，所以我非常害怕。

此時我了解到，如果要眞正進入這個實驗，我必須放棄所有關於「我是誰」的想法。我必須放下對於人生和所有事情的看法。我正在游泳池畔經歷一趟重要的奇幻旅程。我知道這個實驗裡沒有別人，只有我自己。沒有人會告訴我該做些什麼，沒有外界的大師會引導我，就只剩下我獨自一人。而我這一生都要依賴我的薦骨回應，那將是我唯一的保護。不管我因爲了解這個實驗而感到多麼害怕，我知道我別無選擇。

我離開泳池，走進餐廳，全班的人都跟拉坐在一張大桌子前。他們喊我過去，邀請我和他們一起坐。我聽到薦骨回應了「嗯嗯」，於是我走向另一張桌子，自己一個人坐。我記得我坐在那兒看過去，很好奇這堂課的同學們是否知道，這個實驗眞正要的是什麼？

那天在游泳池畔，我用了身體的每一分每一寸，開始了我的人類圖實驗。這首詩在隔天浮現。

一個陌生人來到小鎮

自以為是，我擁抱了生命
因爲很久以前聽說
從我親愛的奧修口中
我創造了自己，包覆在話語之上
以幻想的鮮血、骨頭和皮肉

生活變得充實，共享變得幸福
付出、付出、再付出，奉獻給每個人
我的全部，直到無人留下

我不知道！
我不知道！

直到陌生人來到小鎮
身著黑衣，對我說：
「付出的你，不是眞正的你」
話語落入心裡，彷彿暴雨擊打焦枯的大地
話語如此眞實，震動我的骨幹
話語如此深刻，驚擾我的靈魂

痛苦的日子
無盡的夜
徹底的崩壞
什麼也不做
什麼也不做

失去我所知的一切
我心充滿恐懼的憤怒
但若不冒險
我心充滿永恆的恐懼
雙腳在泳池中

雙眼在藍天裡找到答案
而我知道……
我知道
我別無選擇

Chapter 3 別無選擇，唯有臣服

上完課回家，我回顧了我的人生以及我所陷入的那些狀況。我發覺自己並不知道，那當中是否有任何事對我而言是正確的。我最後做的就是徹底「停止我的生活」。我把工作辭了（我的丈夫能夠支持我），打電話給我主動發起要見面的朋友，把一切都取消。然後，我等待。停止生命中的一切行動，只有等待，這樣的經驗很可怕，而且非常痛苦。這就像試圖把毒癮突然戒掉一樣。可是我知道如果不做點激烈的事，就會不斷地落入舊有的行為模式裡。

在這個實驗裡，我是極端的，而這對我來說是正確的。我設計層面的天王星位於15號閘門的第三爻，簡單來說，我身體的極端是不尋常的。第三爻，自我膨脹，將自我的極端主義當成策略，以操控生命之流。如此極端激進地進入實驗，是一種控制生命之流的方式。但我當時並不這樣理解。因為我這麼極端，身邊的人都為我感到擔心。雖然我心裡不覺得自己極端，但有人告訴我，從外人的眼光來看，我真的非常怪異。拉為我解讀了一個小時，一小時的時間，怎能如此徹底地扭轉一個人的生命？

我在思考許多內在的事情，深入地探尋自己。我記得我跟一個好朋友分享過這樣的領悟：我發覺在過去所有的伴侶關係中，我從來沒有被尊重過，包括我的丈夫。我發現在這些關係中，我的伴侶總以爲我的身體是屬於他們的。從來沒人問我：「我可以親妳嗎？」「我可以碰妳嗎？」他們就那麼做了。我每次都沒聽到薦骨回應就被觸碰了。我記得我意識到這點時覺得很生氣。我的身體屬於我。沒人有權利接近我的身體，除非他們問我，而且我有回應。

這是剛開始去制約的時期，對我來說是眞正設定界線的重要步驟。如果你不問我，你就無法從我身上得到什麼。我必須這麼做。我以前眞的是一個奴隸，爲我生活中的每個人奉獻我全部的生命。這個方法能讓我拿回內在的力量。不是爲了支配其他人，只是爲了收回我自己的權力。

拉和我朋友離開塞多納的時候到了。他們請我開車載他們去鳳凰城，那裡安排了另一場工作坊。我回應了。從塞多納到鳳凰城的車程約三小時。我向來不喜歡當天開車往返，所以我在他們下榻的旅館訂了一間房，最後在那裡待了整個週末。

此時我已深深沉浸於我的實驗。我不會主動開啓對話。除非薦骨先有了回應，否則我不會開口說話。拉在解讀時跟我說的事情，眞的深深地打進我心裡，其中很深刻的一點是，我不能相信嘴巴說出來的話，以爲那是我的眞理。我一直在尋求眞理。我以爲眞理在外面的某個地方，一個普世通用的眞理，所有尋求的人都會找到它。我不知道原來眞理是如此個人的。活在我內在的眞理是我的眞理。活在你內在的眞理是你的眞理。當我們每個人都活出自己，把個人的眞理表達出來，那麼我們就能看到整體的眞理。但我當時完全不知道這件事。

我想了解我的眞理，勝過世上任何其他事情。目前爲止我所知道的是，那似乎是來自於我薦骨的回應。我以前從來沒有這麼眞實地回答過問題。我的薦骨回應眞的很誠實，一次又一次地讓我感到驚訝。爲了眞正明白等待回應的意義，我問了拉幾個問題。我們坐在餐廳裡，我問道：「我的人類之愛是怎麼回事呢？」15號閘門，我一直覺得我對人類有很深的愛。他的回答是：「只在妳有回應的時候。」我記得我說道：「除非有回應，否則我甚至無法愛人嗎？」我瞬間大哭起來，眼淚都落在我的薯條上。

用完午餐後，我回到我的房間，然後等待。眞的就是等待。我躺在床上，就只是等待而已。太陽下山了，我仍在等待。幾個小時過去了，而我就待在同一個位置。我覺得自己好像溶解進床墊裡了。這是一個奇怪的經驗。我沒有睡著，我只是等待，也不知道自己在等待什麼。我以前從來沒有這樣的經驗。我總是那麼忙著做事。就只是躺在那裡等待，這是很驚人的體驗。我在等待的時候非常安靜而警覺，因此察覺到體內發生很奇妙的變化，就好像我的皮膚表面下冒著肥皀泡般的小氣泡。

電話響了，我的朋友打電話來邀我一起晚餐。我有回應，於是再度加入她和拉，共享晚餐。我向拉請教有關那個感覺的事，他說那是我的細胞正在死亡，然後由新的細胞取代。他接著解釋說，當妳根據策略過生活的時候，細胞層次的轉化就會發生。我很喜歡想像，每當我活得像個生產者，成千上萬死亡的細胞會將訊息傳遞給取代它們的細胞，我把這想像成是衛兵的換崗。離開的細胞將「帕提帕塔等待回應」的訊息傳給新來的細胞。我仍然以當年的帕提帕塔爲名。

此刻我也體會到，幾乎每一個在我體內的細胞，現在都又蹦又跳地尖叫：「我們來發起！我們現在就找件事情來做！」這是細胞身上帶著的訊息。就是因爲這樣，等待才會那麼地困難。

不過我可以看見我每次回應的時候，每一天、每一個星期和每個月，衛兵的換崗不斷地持續下去，隨著時間過去就變得愈來愈容易。

我可以很清晰地看見，爲什麼人類圖的實驗和我以往曾經嘗試過的種種如此不同。這並非是心理上的轉變。我曾多次透過閱讀書籍，試著按照書中所學的方式生活。我也追隨過奧修，在他門下接受教誨多年，試圖活出我的生命並創造一個「我」。人類圖則完全不同。實際上它是作用在我的形體上，我的身體內在正在改變，因爲細胞轉化正在發生，這也就是爲什麼它得花些時間。去制約的過程需時七年才能扎根。

只實驗了短短幾週，我就發現身體的表現已然不同。例如不發一語地從餐桌起身離開；我的身體會在頭腦有想法之前就把我帶離，轉去做其他事。對其他人來說這可能會很難堪，可是這一切都不是由我控制，我只是在想法冒出來之前「起身，離開」。

我的身體會走出門、坐進車裡，然後我們就離開了。我的身體走路開始變快。有一次我和幾個人在塞多納的一間咖啡館裡，一位女士正在說話，她話還沒說完，我的身體忽然就從桌旁站起來，走開。什麼也沒說。就走了。噢，我的老天，我整個身體在燃燒，不是憤怒，是能量在燃燒。

我的身體會做許多事，用以前從來沒有過的方式。那眞是一段非常奇怪的時期。而且，顯然不是因爲頭腦說：「我們來這麼做吧！」實際上我的頭腦被身體的行爲嚇壞了，它好像一直跟在身體的後面跑，追問：「發生了什麼事？我們要去哪裡？」回首那一段時間，似乎很有趣吧，但當時，天哪！那一點都不好玩。那段時間眞的非常嚇人！

待在鳳凰城的一間旅館裡，讓自己處在不同的環境，對我的實驗有很大的幫助。我可以不用待在自己的家裡，那裡的每一個房間都存在著過去所有舊的行爲模式的軌跡。不用待在塞多納還有一個好處，可以避開那裡的諸多人際關係。在鳳凰城的三天，是沒有時間意識的。我超過六十小時都沒睡覺，我不累，只是待在房間裡等待。記得我在房間裡只是挪動家具和床單的位置。首先，我從床上拿走床罩，只留了最底下的白色床單。上層的床罩我拖去覆蓋扶手椅，然後用白色披肩包裹身體，像羅馬式長袍那樣。這些都不是頭腦叫我做的，它只是看著我的身體，以及身體在做什麼，偶爾會說：「妳現在眞的瘋了。」不過，我的身體並沒有停下來。

這個房間有兩扇大窗，面對著灌木茂盛的游泳池區。窗戶是可以打開的，這在美國旅館倒很少見，所以我讓窗戶大開。我望向窗外，眼中所見不是鳳凰城的一間旅館，而是一個古老的地方，而我待在這古老的房間，等待，就只是等待。

我哪裡都沒去，只是待在這個房間裡等待。凌晨兩點之前，我忽然覺得身體能量滿到快要溢出來，於是我換了衣服，坐上車，在音樂聲中開車繞鳳凰城閒晃。我不知道自己所在何處，也不知道要去向何方。車子穿過一些奇怪的區域，我終於停了下來。是一家餐廳，我走了進去並等待。有個標示牌寫著：「請等候帶位！」我照做了。沒有人前來招呼。我繼續等待。也許一個小時之後，終於有人從後面出來，而且充滿歉意。我說沒關係，等一會兒對我而言無妨。我幾乎可以聽見他們以爲自己遇到了瘋子。

我回到車上，繼續開車，仍然不知道自己身在何處、要去何方，但不知怎麼的，我最後回到了旅館。停好車，走回房間，再包上我的羅馬式長袍，坐進扶手椅裡，一旁的窗戶還是開著。

隔天早上，朋友邀我去吃早餐，我再度有回應，便加入她和拉。我問拉：「那我的付出呢？」（27號鬧門）再次，拉回答：「只在有回應的時候。」這一回我沒有哭。我想，這表示我開始懂是什麼意思了。

再一次

我猛然將一切掃地出門
所有我創造的謊言
愛，踢出去
憐憫，掃除
給予，用腳踩碎
對人類的愛，從我胸口撕除
隨著禿鷹的監視
來自過去的無可保留
即使骸骨亦無存

留下了什麼？

蔫骨的知識與恐懼
找到隱藏在角落的信任，發現與毀滅

然後，我等待……當夢境竟夜燃燒
我等待……當渴望在口中化爲苦澀
我等待……什麼也不做，什麼事也不改變
我等待

在絕望中……我等待
當我的人生粉碎如飛石擊穿的玻璃窗
仍舊，我等待
我等待

警覺先行進入，而每一個蔫骨聲響
宣告著每一個隨之而來的靜默
一個接著一個，穿過後門，它們全都回來了

在我耳畔低語：「我們是妳的一部分」
眼淚落下……當我聽見這呢喃……而我等待
而我等待……不再爲任何事
只是等待

是我離開的時候了。我向拉說再見，感謝他令人讚歎的解讀，還說我不知道自己能否再見到他。他說：「我知道，妳會再見到我的，從妳的圖裡可以看到。」我坐上車，然後開回塞多納。我已經不是離開時的那個女人了。我內在某些部分已經徹底地改變了。

通往自我的道路

我彷彿已經在尋找這道路，從許久以前
在我以爲抵達之處，永遠只有失落

直到這知識找上我，別無選擇
以無情的邏輯顯示我的謊言
一直以來活著且稱爲我的存在

無止盡沉睡的火山内部已然爆發
火山灰燼覆蓋我整個生命

滾燙的熔岩燒毀沿途所流經的一切
直到一無所有，空無但等待
它只爲我顯現了道路
卻無法與我一起進入

孤獨吞噬我
巨大的恐懼充斥我的空虛

因爲我別無選擇

我走向這道路

理想、夢想、欲望與信仰的外衣
從我身上被剝除

留下我，赤裸裸的，沒有保護
因爲我不被容許從其他道路進入

等待，等待，再等待
降服於每一個回應
從入口處，每一個回應都驅策我更進一步
門在我身後關上

只剩這聲響的回音反覆迴盪
在自我的無盡深處
舉步邁向無止境的旅程

回到塞多納，我依然無法入眠。在那些日子裡，我需要音樂像需要水一樣。那時候我所擁有的大部分是新世紀音樂，都是冥想、放鬆和溫和的音樂，我的薦骨中心都不喜歡。

全部的音樂CD和錄音帶我一一回應，薦骨竟然一張都不想留。我太震驚了，這些音樂我都聽了超過十五年！薦骨卻似乎熱愛蒂娜．透納（Tina Turner）。我會在開車時播放她的音樂，跟著哼唱時會感覺精力充沛。她擁有不可思議的薦骨能量，而且似乎以一種難以解釋的方式召喚著我的薦骨中心。我就是感覺到了。

然後我走進衣櫥，讓薦骨對我的衣服進行回應。我拿起一件又一件衣物，等待聲音出現。超過一半的衣服躺在地板上，掰掰了。接著我開始穿梭在屋子裡，把每件薦骨回應「嗯嗯」的東西放進廚房，這樣我丈夫就有機會瀏覽所有東西，看看他想留下什麼。因爲情緒波的緣故，他需要時間釐清思緒。唯一的規則是，如果他想保留某件我薦骨回應不要的東西，那就得放進他自己的房間或是辦公室。一個月後，他辦了一場盛大的車庫拍賣。

那眞是非常瘋狂的時期。在那些日子裡，策略有些不同，是「等待被詢問」，而且非常明白是要透過話語來問。而除非我有得到回應的聲音，否則就不說話。最重要的是，我想要知道我的眞實。所以，我等待。我的家人頗爲擔心，許多朋友則認爲我瘋了。麥可和我之間出現了問題，我不再是他愛上的那個女人。我全部的生活亂成一團，以前對任何人、任何事都只表示同意的日子有多容易啊。相信自己掌控全局，一切都會輕鬆容易許多。

有一天，我躺在沙發上什麼事也不做，甚至沒在看書。我丈夫正在整理花園，他走進屋子要我到五金行買個東西，他花園的工作需要用。我的薦骨回應「嗯嗯」，我們倆都嚇到了。他正在花園裡辛苦地工作，我只是無所事事地躺在沙發上，還拒絕幫他？

我的天哪！當下來自他情緒波的情緒穿透了我。但我明白，我必須尊重我的回應，而且薦骨之所以說「嗯嗯」，表示要求我去做這件事，對我而言是不正確且不健康的。所以，儘管麥可眞的非常氣我，儘管頭腦指責我是個懶骨頭，我還是尊重我的回應。經過一陣交火之後，麥可暴怒地奪門而出。幾個小時之後，他回來了，心情已大不相同，我才跟他解釋：我不想違抗薦骨的回應。他則告訴我，因爲他感受到內在的那股能量，他竟做完全部的工作，而他原本以爲得花上好幾天呢！

停止所有發起，純粹等待回應，這根本是種折磨。相較於活著，它其實更像死亡。我不再嘗試讓事情發生，這讓我覺得無力且驚恐。我最大的恐懼是：「如果我不再嘗試讓事情發生，這些事究竟要如何出現在我的生命中？」我的全部人生處在危急存亡關頭，包括婚姻，我很害怕。但我必須這麼做。即使我知道這意味著我拿生命中所珍視的一切在冒險，但我知道，對我而言沒有什麼比認清自己更重要的了。

儘管害怕這一切將凌駕在我之上，我還是盡全力停止發起，只是等待，看有什麼會向我走來。我非常緊張且不安，但我學會閉口不語，彷彿爲嘴巴拉上拉鍊，只是讓生命主導我的一切。但，老兄啊老兄，這眞的很困難，在這一場實驗中，我一點都不舒服。

我的頭腦並沒有因爲我停止發起就跟著停止，它習慣於主導整場表演並掌握權力。它不喜歡大權旁落，並衝著我來報復。只要有機會，它就會要我爲自己的理想、欲望採取行動。所有這些精神上的對話，無時無刻仍在我的內在喋喋不休，就像我腦袋裡有個尖叫不已的兩歲生命。

但在不主動進行任何事的實驗中，我一直保持警覺，因此內在充斥著許多能量，有時我感覺就要爆炸了。這些能量變得如此強烈，強到好似燒灼著我。好個熊熊火焰！形成身體燃燒與情感冷酷的奇怪組合。

最藍的火焰

等待之火燒灼著我

最火熱的藍色火焰
讓我如此沁涼……彷彿高山湖泊的湛藍湖水
藍色火焰消融著我
以一種近乎冷冽的熱情
有時燒灼著我，猶如燒灼著碰觸到冰的手指
有時鼓動我的心臟
不知我的鮮血是否仍在流淌
還是，有數以百萬的水晶
反射著光線
維繫著我的生命，並且，以稱爲「能量」的東西，充盈我的血管

對於那些在我實驗早期階段陪在我身邊的人，我充滿了感激。我知道自己顯得多麼詭異，而且這一切對他們是多麼困難。我從一個總是想讓所有人滿意的「好」人，變成

這個發出咕嚕聲的極端瘋女人。那對我們所有人都是一段艱難的時期。

因爲我不想讓人不高興，一輩子我從不會對人說「不行」。我開放的情緒中心裡唯一（有定義）的閘門是49號閘門，它是有意識，我非常了解接受或拒絕，因爲自己討厭被拒絕，所以我也從不願拒絕任何人。我極力迎合所有人，也接受每一個人進入我的生命。當然，在解讀人類圖之前我並未意識到這一點。

開始時，我薦骨發出的聲音近乎粗魯，而且好像我內在壓抑了許久的「不行」。這些聲音背後到底有多少能量和力道，我一無所知。它們應該很強大，才會搞得其他人和我自己都很心煩。這整個實驗讓人非常不安，而且我也經常被自己的聲音嚇到。早期的那些日子，我很像一個蹣跚學步的小孩，笨拙且充滿不確定。當我對某件事回應「嗯嗯」，而對方問我「爲什麼」時，除了「不知道」，我也不知該回答什麼。眞的，我完全不知道我薦骨回應是依循什麼邏輯。

過了一些時間我才眞正了解，我薦骨的回應都是爲了我，事物在當下對我來說正確或不正確。而且因爲我的薦骨中心連結直覺中心，關注的是事物對我而言健康與否。但對其他人來說，卻感覺非常自我。尤其在早期，「嗯嗯」充滿了力道做後盾。之於我而言，說「不行」是非常新的經驗。但即使回到當時，蹦出的回應如此強而有力，它仍然很無辜。無論回應爲何，顯然都不是我能做主。別人聽到我回應的同時，我也聽到了。

我得生活在回應把我放進的任何情況裡，這眞的很可怕。不過，即使我的頭腦有時被回應搞得心煩意亂，我對一切仍然感覺很自然與自由。問我問題的人也會覺得煩，但得到的回應感覺卻很眞實。我已經和自己內在的某部分產生了連結，了解了某些我以前並明白的事，那是一種眞實，自然，感覺好不可思議。

開始回應生命之後，和別人相處時，我也不再用後天學習得來的所謂禮貌的方式。我曾無意間聽到別人之間的對話，對禮貌可以掩蓋眞相的程度，大感震驚。我常常聽到有人問一個問題，是生產者類型的問題，其實只需要「是」或「不是」，但是卻可以操弄到如此複雜，光是聽就讓人筋疲力竭。我很好奇那個人眞正的答案是什麼？首先，對一個問題能給出「眞的」回應，的確是會令人有點不安的。這不是在外面的世界運作的方式。但是，根據我自己的經驗，我發現大部分的人（不是全部）會發現這是一股清新的氣息，令人振奮。

我記得一件事，發生在塞多納的一間戶外咖啡館。我獨自坐一張桌子，在喝我的咖啡，周圍還有很多空桌。一位我不認識的女士過來問我可不可以一起坐，我的回應是：「嗯嗯，現在我想要獨處。」我看得出來她被我的回應嚇到了。她略顯緊張地離開，坐到別桌。大約五分鐘之後，她又走了回來，詢問是否可以和我說一些事。以前從來沒有人這麼做過，大家往往只是逕自說出他們想說的話，從不曾問我是否想聽。我回應了。這個陌生人告訴我，遇到如此坦誠的人，感覺很舒坦，人們總是掩飾他們眞實的感受，我們永遠不知道眞正的感覺爲何。她說她也要嘗試做更眞實的自己。

在早期我就注意到，在這場生活實驗之中，最難相處的是已經認識我的人。我們已經發展出特定的相處模式，而我將之全然打破。令我興奮的則是與陌生人的接觸。那時我投入這個過程大約一個月左右，就注意到陌生人以全然不同於以往的方式與我接觸。

另一個例子，在另一家咖啡館，一個我不認識的男子走過來，問我可不可以一起坐。他站在那裡，等候我的回應。我很吃驚，他就站在那裡等著，看看我是否同意。我回應了，然後他坐下來。我們靜默地坐著。記得吧，我的嘴巴拉上了拉鍊，而且我也只是在等待，看是否有其他事要我回應。然後他問我，他是否可以跟我說一個故事。我大爲震驚！再一次，他先詢問我，並沒有就開始說話。那時我意識到，我內在某些東西眞的正在改變，而我的磁場開始爲我廣爲宣傳。

我也開始對待在陽光下有回應。因爲所有關於皮膚癌的醫學報告，我已經許多年不曬太陽了。但我的薦骨回應要每天躺在泳池邊將近一個小時，即便是塞多納的炎炎夏日亦然。我的身體喜歡曬得熱熱的，再跳進沁涼的水裡。對我而言那是美好的獨處時光。

我用耳機聽著音樂，任由陽光注入我的細胞。

我的頭腦絕不會讓我這麼做，雖然對我的健康有益。何時跳進水池、在陽光下待多久、什麼時候離開，我都透過回應來決定。我的身體確實知道什麼對我是正確的。透過允許身體來引導我，我的身體眞正成爲我的聖殿。我的形體有46號閘門位在金星，是重視感官與身體之愛宛如聖殿的閘門，我的身體則似乎「膜拜」兩件事：陽光和音樂。

我皮膚變黑，人們會替我煩惱，他們會說：「妳不擔心會得癌症嗎？」我的薦骨會回應「嗯嗯」！每個人是如此的不同，當時，這讓我好震撼。只是透過觀察大家的人類圖，獨特性便顯而易見。當時我甚至還不知道關於顏色（Color）、調性（Tone）和基準（Base）的種種。而且，從我自身的經驗中，我可以看到回應如何把我從和其他人一樣行爲、思考的正常模式中拉出來，帶領我更接近自我。我是與衆不同的，而我也開始活出我的與衆不同。

我內在某樣東西所具備的智慧，遠勝於從任何外在資源所能獲得的。顯然，我開始在日常生活中得以一窺堂奧。

沒有名字

如果我沒有爲它命名，它會持續不墜嗎？
如果我任由它默默無聞，如同此刻這般
它能進入永恆嗎？

如果我不去管它，任由它帶著它的柔軟和尖銳……
彎曲和線條
黑與白……稜與圓
它能永遠保有氣息嗎？

如果太陽照耀它，閃電轟擊它？
如果陣陣大風拍打它，雨水澆淋它？
如果海洋衝撞它，巨石粉碎它？
而它仍能生存，它能承擔一次機會嗎？

我姊姊動了腳部手術，問我可不可以在她剛從醫院返家那段時間去她那裡幫忙。我的回應非常強烈，所以我飛往紐澤西陪她。自從我開始實驗，這是她第一次看到我。我已經感覺到內在的改變，她也注意到了，而且說我感覺起來很不一樣。那幾天，我和她分享關於人類圖的種種，還告訴她正在作的實驗，眞的很美好。

在人類圖出現很久之前，我丈夫偶爾會問我：「如果妳可以在這世界上做任何事，那會是什麼？」我總是回答：「和音樂家一起工作。」我在奧修社區那段時期，被派到音樂部門「清理打掃」他們。現在我不禁笑了，因爲其實是他們清理淨化了我。和這些音樂家一起工作，讓我感覺熱情洋溢。音樂碰觸到我內在深處，即使我不曾受過眞正的音樂訓練，仍感覺得到我有某種相關的本領。我的聽覺敏銳，無需用心也能專注聆聽。音樂會進入我的身體，我能感知何時長笛需要多一點，哪裡低音要強一點，哪裡打擊樂要更重一點，以及何時也需要靜默，才能爲聽衆創造更強而有力的經驗。

在我的實驗中，有許多次我渴望能將我的詩神奇地轉化爲歌曲。唱誦的話語有深入一個人內在的潛力。有一位親密的朋友是音樂家，他將一首詩變成歌，而且，天哪！我眞的好愛那首歌，《等待的奧祕》（The Mystery of Waiting）。

自從社區的經驗之後，我就很想和一些音樂家朋友一起工作，而且只要我在印度，我們就會討論這件事。有一天我坐在家裡的辦公室，有一封傳眞進來，是同樣這一群音樂家發的，問我有沒有意願加入他們在美國的巡演。

我讀著傳眞，而出現的唯一聲響是「嗯嗯」。那是非常清晰、明確、簡單的「不行」。我呆住了！非常的難過。我的頭腦大叫：「可是，這是妳的夢想耶！是妳一直以來想做的事。」但這一聲「嗯嗯」，彷彿沉重的大象坐在房間正中央。無論我怎麼嘗試，都無法忽略。

在實驗中，這是第一次給我眞正火的試煉。我要尊重我的回應嗎？或者我要說好，滿足我眞心的渴盼？其實我並不是眞的這樣想，比較接近的情況是，這些問題反覆不斷地在我的體內進行，極度的不舒服。再一次，我明瞭了「別無選擇」的意思。無論我多麼想說「好」，除了尊重回應，我什麼事也不能做。

此時此刻於我而言，一切變得清晰，雖然等待被詢問是困難的策略，但眞正的考驗是在被詢問之後，確實實踐薦骨的回應。理解了這一點，對我有很大的影響。以這種方式生活的眞正後果變得明顯。我從來不知道針對每件不同事物的回應會是什麼，而且如果我未來要繼續進行這個實驗，就必須活在這種不確定性當中。

這件事之後，好幾個星期都沒有什麼事找上我，除了和一位朋友到處喝咖啡。這是一段非常困難的時期，我的內在有一部分還在消化才發生過的事，這麼多的能量蓄積，讓我感覺很不舒服。

我是一個持續震動、嗡鳴不已，但無所事事的薦骨機器。我拒絕了我一直以來的夢想，然後就沒別的事出現了。呼！那眞是痛苦的時光。我的頭腦倒是非常愉快，不斷出現各種思緒攻擊我，因爲我對人生中的大好機會說「不」。頭腦也一直試圖要我做些什麼事。那眞是一段感覺非常焦慮的時期。

就這個實驗而言，我實在是個新手，根基還不穩，就要以一個生產者的方式過生活，遵循人生策略。要忽略頭腦不斷叫我放棄等待，眞是很困難。想要發起、讓事情發生是一種如此根深柢固的習慣，這種習慣已經操縱我人生將近半世紀了！和只有開始幾個星期的等待與回應比較起來，頭腦的慣性在我生命中的比重大多了。

但是，我知道我想繼續這個實驗，我知道要脫離這種狀況的唯一方法，就是度過，穿越。我知道我不想再爲了釋放能量發起任何事，我已經做了一輩子，也從未得到我渴望的事物。藉著這次進行的實驗，我已經掌握了重點，接受現實，在我的生命中，像個顯示者一樣行動對我眞的沒有用。

然而，作爲我實驗中的一部分，我會繼續偶爾發起某件事，以就近觀察這麼做我的內在會發生什麼事。我會確認這些發起都不是重要的事。基本上，就是簡單地對某人提供協助，那些我以前已經做過幾百次的事情。這個部分的實驗帶來很深刻的體驗。當時浮現我腦海的比喻是，我是一桶水，等待得愈久，水桶愈滿；一旦我發起，水桶立刻出現漏洞，所有的水都會流乾。這個體驗非常重要，我是水桶，而水則是我的能量，若我等待而非發起，就能感覺到內在能量增加；若是發起，能量則會自行耗盡。

在我人生中，這是第一次如此戲劇化的感知。在明白自己是個生產者之前，我汲汲於發起、貢獻，做東做西，而我的倉庫其實根本沒有能量。當我第一次開始實驗，立刻注意到我有多筋疲力盡。而等待的絕佳副產品，就是如今我精力充沛。一旦我停止等待，主動向某事物前進，能量就會自動耗損。這是千眞萬確的身體經驗，這些時間的發起教導我許多事，發起對我而言並不正確，這一點相當清楚。無論我多希望自己是個顯示者，我都不是。我只能「硬著頭皮接受」，並且等待。

薦骨回應如同禪劍（Zen sword）切開我的頭腦，清除並退出，繞過所有想法和信念。聽到自己對某件事回應「嗯哼」，同時就會聽到頭腦一再地大叫「不」；而且這不僅只發生在當我回應「不」時。在早期的那段日子裡，我了解到，不論我的薦骨如何回應，頭腦幾乎從來沒有同意過。只要想到我那麼多年的人生都是頭腦在主導，實在非常詭異。

所有關於我自己的想法全飛到窗外去了，我本來想要充滿愛心、富有同情心、關懷他人、理解他人、對別人有幫助，尤其是對我所愛的人。隨風而逝了。在我從回應所發現的眞實中，所有這些想法都消失不見了。而且我也了解到一件事，眞的嚇壞我，直搗我內心最深處的地方。我的頭腦一直將自己僞裝成我的心，而我眞正唯一擁有的就是我的策略，唯一可以保護我的就是等待回應，我感覺好像整個人全身赤裸，非常脆弱。

很快地，我又不得不面對另一個怪物，無聊。喔！我眞的很討厭無聊。事實上，因爲太討厭了，爲了避免，我會不惜一切代價。過去，只要我一覺得無聊，就會打電話給朋友聊天或碰面，去逛街、看電影或計畫一個旅行，做任何事都好，只要不無聊。根據人生策略過生活的實驗，一開始的興奮感消失後，我不得不面對無聊。由於如果沒有先聽到回應，我不會做任何事，我發現自己有時無聊到哭出來。什麼事都沒有。而且當我無聊不已，剛好有朋友打電話來要我做什麼，薦骨卻回應「嗯嗯」時，只會讓無聊的狀況惡化。根本無處可逃。回首來時路，才看清這是要克服的必要階段。我必須超越無聊的感受，才能知道等待在那裡的是什麼。

沒人相信我的薦骨持續對社交生活回應「不」。我想我丈夫是最訝異的人吧，因爲他一直是那個「不」願意出門的人。他的人生角色是2/4，居然有幾次是他出門了，而我回應要待在家裡。這對我們倆是非常不同於以往的經驗。透過回應我得以看清楚自己眞正的樣子，亦即拉在解讀我的設計時所告訴我的。我是隱士，我的6/2人生角色中的2，是活躍的，有能力回應，但是相較於與別人在一起，更想要一個人獨處。在我人生中，有些人認爲我很愛現，這眞的很好笑。如果我人生中曾經比較低調，就是在那段時期。

那時沒有「我」，有的只是一些來自於我而我必須遵循的奇怪聲音。

一個人獨處，不社交，我開始在自己的能量中振動。這是非常奇特的經驗。從那時開始，這麼多年下來，我對薦骨中心的生命動力有非常深刻的體驗。它非常非常強壯有力，這個中心似乎有豐沛的能量，前提是當它被正確使用。薦骨中心是一個回應的機制，不是用來發起。這就是發生在我身上的事。透過每一個回應，我的型體都在正確地使用薦骨中心；因爲如此，生命動力也開始在我的內在增長。我以前從來沒有接觸過生命的動力，未曾像現在這樣。

我精力非常旺盛，仍舊只能睡幾個小時。要我的身體都不動，根本不可能。我會在半夜開車直上峽谷，從塞多納開到旗杆市，一邊聽蒂娜・透納的歌。有時候，我則會開車前往棉花林市。開車的一路上，在星空之下，我和月亮變得非常親密。塞多納的天空很不可思議，會讓人感覺彷彿伸手就能觸及星辰，黑色的夜空中，星辰最是閃亮。

我如果沒有像個瘋女人似的開車四處亂晃，大部分時間我都關上房門，待在臥室裡。有一天，一個女性朋友敲我的門，問我可不可以進來。她坐在床邊，看著我，說：「要不要告訴我妳怎麼了？」然後我回應：「嗯哼」，所以我向她全盤托出關於我的實驗。那次之後，她又敲了我臥室房門很多次，成爲我在這個實驗中非常親密的朋友。數個月後，我們一起參加了一個聚會，在會中，我們透過回應探索了彼此許多深刻的議題，發掘我們內在的眞實。許多年後，爲了出版這本書，她協助我組織整理了所有的日記紀錄、信件以及電子郵件。

要活在我的自我之流中，在自己的節奏裡，這是我所需要的。花費這許多時間獨處，既不發起也不做什麼，只是放鬆，愈來愈深入地等待本身，是多麼不可思議。我很快速地可以瞥見，就在我寫下，寫下「墜落回到自我，會許諾我們魔法。」當我寫下那句話時，魔法彷彿輕輕親吻我的臉頰。等待，在這薦骨的空間，我明瞭我從未遠行異鄉，從未做什麼，甚至從未自這片刻挪移。無論我感覺、思索什麼，或採取何種行動，我從未離開。一切皆是幻影。

生命持續逕自展開，一個呼吸接著一個呼吸。一個回應帶領我到下一個。我愈來愈深入了解自我如何運作。我不會立刻變成我自己；這是一條漫長、艱辛的去制約過程，只會發生於我的內在。外界沒有任何事物會轉化我的生命。我整個系統趨於混沌，我不再自我妥協，一絲一毫都不行，我的薦骨回應不同意。我的生命中不再有任何安全感。我經常感覺如此脆弱，彷彿我將碎裂。

過去幾天我的悲傷是如此深切。不想出去外面，我發現自己對每一個人、每一件事都回應「不」。我只是需要、也想要待在自己的子宮裡。隨著悲傷加深，我開始變得害怕。某種東西拉扯著我，將我吸進某種我說不出的東西裡。就好像所有代表我的標籤被拿走了，我不僅赤裸，同時還是原初的樣貌。

昨晚我回應外出去一個有現場音樂表演的地方。我閉上雙眼，鋼琴聲召喚我愈走愈深入這空間。音樂握著我的手，我不再害怕、抗拒去看自己的內在。我看到，自己正再度毀滅，所有東西都被再一次帶走、破壞，甚至包括根基。

我所擁有的是全然的無用和脆弱，而我發現自己甚至對此心懷感激。我所呼吸的每一口氣息都更深入，深入這個靜默而敏感的空間。眼淚似乎一直都在，隨時準備潰堤，這一切是如此正確。當我墜落水塘更深處，某樣未知正在發生。我不知道是什麼，我不知道為何，我什麼都不知道。只有空無。而我等待，只是等待。

我坐在這裡對一切都感到不安。走到這個地步了還是這樣嗎？喔！我多麼希望有誰來問我一些非常真實的問題。因為無論發生什麼，即便有那麼多不確定，我知道我薦骨的回應都是眞的。

可是，一天中有許多小時無事可回應。就是這種時候，我給自己找麻煩。如果我能放鬆進入這種狀態，對自我生命中的種種一無所知，只是等待薦骨的回應，看它在我面前展現何種眞實，那麼一切都會沒事。一無所知讓我痛苦。也許，是時候打開手心，讓所有想法與幻影從指間溜走。我擁有的，就僅僅是空空如也的雙手。

眞的，我今晚看到了。我一直試圖緊握在手，希望、夢想和可能性。然而，這不是我眞實所知的生命樣貌。我已經知道要保持空空如也的雙手。空著雙手，生命才能充盈它們，或讓它們繼續空著。如果緊緊抓住，甚至幻影也不放，那就沒有空間容得下任何東西。我無法自由飛翔，存在無法給我那些屬於我的東西，因爲沒有容器可以流入。空空如也，張開手心。這眞的是唯一的方法，我知道自己無法掌握夢想和欲望，那正在傷害我的靈魂。我必須放開並淨空雙手，然後看看什麼會來，而薦骨又會如何回應。這是讓我認清內在眞理以及該過何種生活的唯一方法。

在放慢下來的狀態中，我可以眞正體會和不同人相處是什麼狀況，並看清我接收到了什麼。我變得對處在我磁場內的人很敏感。我會感到頭痛或是胃部糾結，我的心臟也會感到心悸。如果我仍舊跑來跑去試圖假裝自己是個顯示者，那些都是我不可能會有的發現。

我也愈來愈清楚，我的情緒是開放接受影響的。我原本還以爲解讀是錯的，因爲我是自己所認識的人當中最情緒化的。但我也看得出來，關於我脆弱的情緒系統，拉所告訴我的沒有錯。對丈夫的情緒波，我開始變得非常敏感；也開始在我身上感受到，所有那些情緒中心有定義的人的情緒。一開始，我幾乎將我在生命中經歷的混亂歸咎於他們，並且避開他們，包括我丈夫。但沒有多久，我就認知到，沒有誰有錯，只是因爲我不了解。

我開始欣賞回應。當我聽聞鳥兒歌唱或是微風吹拂臉龐時，我喜愛聽到自己發出的聲音。當太陽照在我臉上，我愛聽到從我身上發出的第一個聲響。或者，當我感覺熱，而把自己全身泡在沁涼的水池裡，我身體開始發出數以百計不同的聲音，只是單純地對生命的回應。我發現發出的聲音所透露的，可以比二十個字說得還要多。

我喜歡電話的來電顯示功能。進行實驗之前，電話響了，我就接。現在，電話響了，有時候我甚至連走到電話旁都不會，我的身體沒有回應要我向電話移動。這讓我很吃驚！我從來不會讓電話響著，我總是接起來。其他時候，如果我有走到電話旁，我的薦骨會回應來電顯示的名字。我理解到，薦骨的回應和是不是喜歡打電話來的人一點關係也沒有，一切只跟我有關，那個當下，對我的能量是否正確。

這眞的是一場實驗。以等待去回應爲前題，將之應用在我的生活，然後觀察會發生什麼。我感覺自己好像個實驗室，集科學家和實驗於一身。我哪裡也不用去，也不用做任何事，只要遵從那個前題運作。在這個過程中，我的頭腦後來也發展出了一些幽默感。不過在早期那個階段，這是件嚴肅的事。

一開始，要和頭腦保持距離是非常困難的，但偶爾，我會大大取笑它有多滑稽。它總想告訴我該吃什麼，而頭腦並不吃東西啊！頭腦也不用做體力勞動，不用做愛，也不跳舞，但它總是試圖告訴我，應該在何時、如何、爲何或在何地做這些事。薦骨回應是源自於我的身體，打從一開始就很清楚。回應從頭腦那裡拿走了權力，頭腦一點也不喜歡這樣。

我有回應要去拜訪我女兒，瑪德忽，和兩個孫女，因爲是女孩們的生日，她們兩個都是在七月出生。自從我開始這場實驗，這是第一次與她們相處。我有點緊張，因爲我不想讓她們覺得外婆的行爲很奇怪。我不想讓她們不高興。結果，根本沒什麼好擔心的。關於我的薦骨回應，她們反而教會我一些很重要的事。

孩子眞的是很令人驚奇的生物。他們的時間概念與成人是如此不同。我坐在沙發上，當時七歲的亞歷珊卓拉要我幫她讀一本書，我的回應是「嗯嗯，現在不行，小甜心」。她就接受了，然後走開。但接著，十五分鐘後，她又回來問我同樣的事。再一次，我回應「嗯嗯」。

孩子們會繼續問！他們不會停止，這就是關於薦骨回應我所學到的新知識。在某個時間點，也許第三次或第四次，我的薦骨會回應「嗯哼」。當這發生時，我腦袋裡的燈泡熄滅。我了解這是因爲我的直覺中心直接連結到薦骨中心，我的回應只關係到當下。

對我而言，這是多麼重要的一課。在這一次經驗過後，每當我對某人回應「不行」，我會再加上「現在不行」，因爲我已經學到回應只關乎當下。我也了解到，如果我被詢問某事並回應，這回應就是我當下的眞理，一直持續到我下次再度被問同樣的事。

要出發去看她們之前，我就已經知道我女兒和兩個孫女都是純種生產者。在拉爲我解讀之後，我有回應（謝謝我丈夫詢問）要幫他們所有人做解讀。雖然所費不貲，但我不介意，因爲我知道這值得每一分錢。身爲愛她們的母親和外婆，這是我最想給我孩子和孫女的。

我把解讀的錄音帶寄給瑪德忽，然後焦慮地等待想知道她會說什麼。當我接到她的電話，聽她與我分享這對她的意義，以這種方式聽到關於她自己與孩子的種種，我內心感到無比高興。這對一個做母親的，感覺特別強烈。瑪德忽告訴我，在她一生中，關於自己她從不曾感覺如此好。她一直覺得自己是個怪人，與衆人不同。瑪德忽是個體人，有啓動的閘門和通道非常少，而且喉嚨中心完全沒有定義。她的動力只能來自於回應，她有兩條通道，51－25和2－14。對做爲母親的我來說，在她與我分享人類圖解讀對她的意義時，聽到她聲音裡的放鬆與自由，眞是莫大的禮物。

當我懷瑪德忽時，我很年輕，只有十九歲，並以我能力所及的最佳方式養育她，但卻極少理解。我不知道她和我是如此的不同，我對她的所有期望就是希望她在各個方面都很健康。在她成長過程中，我曾試圖引導她，卻沒意識到這根本不對。每次她放學回家撲向沙發，發出呻吟或哀嘆，我就會問她：「今天過得如何？」我會一直問她，所以她也會用言語告訴我一天的生活。我卻完全不知道，就是她那些呻吟聲，正在告訴我所有一切。她是個非常安靜的孩子，每個人總在試著讓她說話，包括我。她的喉嚨中心完全無定義，靜默永遠讓她更自在。每個人要她說話都是對她施加壓力。

我多麼希望在她成長階段中我就能擁有這些知識，對她及對我來說，這個過程將會更加健康。雖然在那段時期，尚未有這些資訊，但現在卻仍然可行。而我也充滿感激，孫女們能在這些資訊輔助下成長。至少，現在我女兒已擁有這些訊息，可以讓我們的相處大不相同。

在認識人類圖設計之前，雖然瑪德忽已經是成年人了，但對我這個做母親的來說，和我的孩子相處仍然有困難。每當她想要告訴我某件事，我總會試著「溫和地」告訴她我會怎麼做。現在，我只要詢問她，她就能聽到她自己的回應。從我自身的經驗我知道，在她的生命中，爲了從薦骨得到清晰的回應，她也必須被詢問。

我做母親的方法，因此有一百八十度的轉變。我要去她那裡的幾個星期前，我們就透過電話一起探索薦骨回應。透過回應，瑪德忽得以接觸她的天賦能量。在此之前，每當她試圖開啓對話或發起行動，經常感到渾身無力。現在，她會等候事情找上她，而在她的人生中，她也開始根據薦骨回應來行事。

有許多事情，她採行的方式並非我會採用。我很清楚的知道，儘管她是我女兒，但她與我仍是完全不同的人。她有自己獨特的生活方式，雖然我可能無法理解她爲什麼會這麼回應，但我尊重她的回應，也鼓勵她遵循實踐。而且說實在的，當我聽到了她的回應，也讓我大大地鬆了口氣。無論發生什麼，那都是她的體驗，而且我知道她的回應對她必然都是正確的。那是屬於她的人生旅程。

在我拜訪他們期間，得以聆聽他們所有人的解讀，眞是不可思議。卡羅琳娜當時甚至還未滿一歲，不過已經準備好要發出聲響了，這些聲音是她與生俱來的溝通方式。聽到她發出這些原始的咕嚕或呻吟聲，眞的很令人愉快而欣喜。我最先注意到的是，她絕對知道自己不想要什麼。如果你將某樣她不想要的東西放在她面前，她就會把它推開，並大聲的說「嗯嗯」。她已經這麼做好幾個月了。

因爲全家人都知道卡羅琳娜是個生產者，沒人會要她說出「是的，請」還有「不，謝謝」。沒有人會試圖強迫她用這些字眼。作爲她表達眞實自我的方式，她的聲音很眞誠。這並不意謂我女兒任由她如同脫韁野馬只發展出自己的方式，我女兒也有她自己的回應，他們也經常不同意卡羅琳娜想做的某些事，尤其是關乎人身安全時。

大孫女亞歷珊卓拉做解讀時，已經長大到會使用言語表達的時期。她會以言語回應詢問並表達自己。她也進入會發起自己想做之事的階段，無論是上芭蕾舞課或是學體操，或者只是單純地去朋友家玩。瑪德忽了解，小亞若要知道在這一生中，什麼對自己正確有益，她必須聆聽自己的薦骨回應。所以，當小亞想要做某件事時，瑪德忽會將之轉化成爲一個問題。如果小亞說：「我想要上跳舞課。」瑪德忽就會問：「那是妳眞正想做的事嗎？」有時候，小亞的回應是「嗯嗯」（否定）。當發生這種情況，這就是對小亞的深刻啓示，即使她只有七歲。

亞歷珊卓拉眞的很快便掌握了訣竅。她能用語言掌握自己的回答，並要求再次被詢問。我很愛看這些事的開展。她變成了家庭中的小「生產者警長」。小亞會問瑪德忽：「媽，妳可以陪我玩嗎？」瑪德忽回答：「我現在很忙。」小亞會立刻說：「這聽起來不像薦骨對我的回應。」這絕對會讓我笑出來。小亞在學校和朋友有一些相處上的難題，問我可否看一下她的圖，幫助她了解狀況。對我們兩人來說，那眞是美好的經驗。

作爲一個母親，瑪德忽受到很多來自其他人的批評。他們會說：「妳爲什麼不要求妳的孩子？」「妳就是應該告訴他們怎麼做，妳是家長耶。」瑪德忽知道她該怎麼做對自己孩子才是正確的，但要處理其他人的意見並不容易。沒有多少父母會詢問孩子。親近的朋友開始問瑪德忽有關問題，她則會與他們分享自己體驗的過程。

我和她們相處了一星期，對我們所有人來說都是不可思議的經驗。以這種方式共處是如此容易，如此的和諧和放鬆。沒有誰試圖取悅誰，或告訴其他人去做什麼事。當我們四個人要一起出門時，總會先詢問彼此。你要這麼做嗎？你餓了嗎？你想去看電影嗎？當一個家庭擁有這種知識，是如此的美妙，讓我們所有人的生活都變得不一樣了。

多年下來，我對薦骨中心的成長滿懷感激，它是一個如此不可思議的能量中心。它的存在不僅僅只是動力馬達，直白的溝通形式也摒除了頭腦的干擾。來自這個中心的聲音，呼嚕、咕噥、呻吟、嘆息、低吼，這些原始的聲音是至爲純粹的指標。每一個聲音都像是一個測量器，訴說著衆多訊息，關於對薦骨來說到底發生了什麼。這些聲音中蘊涵了如此深刻的智慧。雖然這些聲音給人一種「愚蠢」的假象，但它們並非如此。眞的！這些聲音未經美化或如我們習慣的文明方式表現，但卻是來自一個人最深層的回答。

我自身等待與回應的實驗清楚地告訴我，我自己的聲音是多麼有智慧且眞誠。這個發現也影響了我如何對待我的家庭以及我生命中所有生產者。我開始關注他們的聲音，而且會持續這麼做。我深深地尊重他們的聲音，因爲我知道這是他們的眞實。

最初幾個月的情況實在很難表達。是啊，有時候會像我拜訪家人這般得到深刻地回饋。但是，大部分時候，我都是孤獨的。孤獨地與無事可做相伴；孤獨地與我的頭腦相件；孤獨地與恐懼、懷疑與欲望相伴。

我的身體持續回應並做些我幾乎會覺得瘋狂的事。我的行爲改變如此劇烈，讓人很難相信我是同一個人。如今我所了解的是，那個我以爲是我的人，正緩慢的死去。這很令人痛苦！那些我緊緊握住的小事，隨著每一次回應被帶走。開始時，感覺就像一個崩解接著一個，因爲這許多假象必須破除。唯有崩解，才能摧毀假象。

奇怪的事情正在發生，尤其是在我無法入眠的夜晚。記得有一次，我開車去峽谷，要開回家時，結果卻開到塞多納的機場臺地。那裡擁有絕佳景觀，可以俯瞰整個塞多納。夜晚的黑暗正緩緩向白晝的光亮屈服。月亮依舊高懸。我停好車，走出車外，緩慢步行至一塊大石頭坐下來。我就坐在那裡，等待黎明降臨。紅色的岩石、藍色的天空以及日出的各色光線，形成一幅壯麗的景致。空氣中透著微微寒意，我在肩上圍了披肩。忽然間，我感覺脖子上一陣顫抖，所以我把披肩拉高包住頭部，只露出臉。我的手在下巴下方緊抓著披肩。在那一瞬間，我不再是在塞多納，而是被帶回一處遠古的土地，很類似我在鳳凰城感受到的經驗。這眞的很詭異。我不知道自己怎麼了，而且我也沒有控制任何事情。

在這所有看似瘋狂的行爲之中，唯一的依靠就是我的人生策略。它讓我保持在安全狀態，即使它也讓我的生活天翻地覆。但壓力仍持續增加，而我需要一個出口，否則我感覺自己一定會爆炸的。我開始寫作。在那些日子裡我填滿了許多本日記。大部分內容一再重複，幾乎像是經文一般，用我自己的文字一而再、再而三提醒我只要等待。等待去回應，並看看什麼會發生。

當這個過程日益深化，以文字表達自我的需求，無法忍耐，必須立刻釋放。我買了一本又一本的日記，數個月來，文字之流一旦開始便無法停止。有一天，詩的洪流出現，不到二十四小時就寫下了四十首，充滿熱情與內觀。我不覺得自己寫下了它們！我的手必須寫，而文字持續湧出，那就是我所知道的一切。

狂野的夜晚與狂野的白晝

是誰喚醒我，在
子夜時分
在我耳畔輕聲低語
「是時候了，醒來吧！」
正當我的身軀挪移進入床上的被子

正當我半睡半醒，甜蜜幻想展演之際

是誰喚醒我，在最闃黑
最深沉的夜裡？
就像發生在我大腦中的爆炸
在一毫秒間讓我警醒
當我的身體坐起
彷彿已清醒數個小時

是誰讓我像個惡魔般書寫，
準備殺死紙和筆

是什麼讓我爲音樂瘋狂
攜帶隨身聽有如另一隻手臂

那是行星、或是太陽、或是月亮、或是星辰？

或者，那僅僅只是我自己的心跳

「我就是自己。」

有相交多年的朋友認爲我有點瘋了，其他人則表示了深切的關心。我丈夫則經常被我非常怪異的行徑嚇到。我已經不再是那個非常外向、總是第一個開口說話、主動向每個人提供協助、發起每一件事的人。我變得安靜得多了。在等待著是否有任何事需要回應的同時，我也更深入內在自我。

我是個極端主義者。不是全力以赴就是什麼也不做。在剛開始的那些時日，我的等待顯得相當怪異。我已經建立我的類型，對每個人而言都很新奇。其他類型的策略還沒有人實驗。要如何解釋給別人聽，我完全沒有頭緒，只好閉嘴不語。對一個之前跟朋友打電話可以一聊幾個小時的人來說，這並不是簡單的任務。但就像我知道關於自己的某些事一樣，我明白沒有其他方法能停止說話的習慣。

我等待著，眞的很想知道，我的薦骨聲音針對各種情況和問題，會回應什麼。而這是我要回應的新事物。打從一開始就很清楚，我說的話並不是薦骨的回應。以這種方式發現更多的自己，讓我很好奇也很興奮。

我丈夫也是個生產者，與我有同樣的人生策略。但誰該詢問誰？在我們的人生中，那真是一段令人不安的時期。因爲我是如此極端，在我行動或做任何事之前，都在等待他的詢問。有一天他對我說：「妳知道嗎？我也需要被詢問。」在那一刻，我才發現要他負起所有詢問的工作，對他並不健康。我也必須詢問他。那時候，我們得搞清楚兩個生產者應該如何相處。

我記得，對他的詢問，我的回應是「嗯哼」，但我很堅決，他必須先回問我，如此一來我才能聽到我薦骨的回應。除非如此，我什麼也不會做。對我而言，沒有什麼是更重要的，即使是他。這個時候，我準備好要發現一些先前我沒有想到的、關於自己的事。那些過去我會用言語說出口的，透過每一次回應，會讓我更清楚眞實是什麼。我看見自己一直如何盲目地送出自己的能量。常常，我的新回應和舊方法會並存，我的回應以聲音型態出現，而舊的行爲模式則在身體裡，想要自行演出。那時候眞的極端不舒服。

我第一次試著向丈夫發起。我想輕鬆一下，去看電影。我應該是不要說的，但因爲我丈夫也是必須被詢問，所以我就問他要不要。他回應好，接著他再問我。我的薦骨回應「嗯嗯」，結果我們兩人都大笑出聲。如果我們倆對此並不了解，那將會是全然不同的場景。他會生氣的說：「那妳幹嘛問我？」但我們都明瞭，我必須聽從我的薦骨回應，即便我是提出建議的人。

結果我們沒去看電影。後來，反思這件事，我懷疑在我人生中發生過多少次類似的狀況？有多少次的確是我向某人建議做某件事，但卻沒有做，而事實上這件事眞的從一開始對我而言就不正確。我偏離與生俱來該過的生活到底有多遠？

因爲與丈夫的相處，讓我了解兩個生產者共同生活有多容易。我們知道尊重彼此是個生產者的唯一方法，就是要持續地回頭檢視。以往我們不曾這麼做，我將自己鎖進「等待被詢問」的框架裡，讓他成爲得負責全部發起的人。

現在，如果他問我：「妳要不要去外面吃晚餐？」而我回應「嗯哼」，我就會再問他：「那你要去嗎？」他也會同樣這麼對我。如果我問他：「你要去游泳嗎？」在他回應之後，也會再反問我。這變成我們倆與彼此相處的完全方式。

不過，那段時間對我們兩人來說也不是一直一帆風順。當我們嘗試彼此調整成「新」的人，以及彼此的相處方式，也都經歷了困難的時光。有幾次我們幾乎要分手了。然後有一天，我們辦到了。我開車夜遊返家，沒多久他就醒了。我們在客廳碰到彼此，當我注視著他，我可以感覺到自己內在的巨大轉變。我知道我再也不想繼續在一起了，但我也知道我不能起頭發起。

周圍氣氛的確會說話，甚至更早的時候我就已經意識到了。他必然捕捉到我當時的感覺，因爲他問我：「妳還想繼續在一起嗎？」而我的薦骨回應「嗯嗯」。我們兩人都嚇到了。我們已經在一起十六年了，而且是因爲相愛才在一起的。但我不再是多年前他愛上的那個女人了，再也不想嘗試取悅他。和善與妥協的老路已經消失了。

我們倆坐在沙發上。沙發面對著一大片觀景窗，這一會兒窗外正好是咖啡壺山的美麗紅色岩石。我們倆都哭了。麥可問我：「妳要我搬出去嗎？」我的薦骨回應「嗯嗯」。我問他，還是他要我搬出去，他回應「嗯嗯」。所以，我們的情況是，兩個人已經分手，但沒有人要離開。我記得自己心想，這狀況也太奇怪，完全不像其他任何關係結束時的樣子。我問麥可：「我們可以當朋友嗎？」然後他問我：「妳想要這樣嗎？」我記得我當時發出的聲音，非常深刻而輕柔，它說「是」。

我們作爲朋友一起住在同一個屋簷下。我感覺所有壓力都沒了。不知道以前我到底處在多大的壓力下。你瞧，我正在發掘自己是誰，而我眞的不明白自己對任何事的感覺，包括我丈夫。令我們兩人驚訝的是，在此次「分手」之後，我們一起過得更加有趣。我們眞的表現得像朋友，彼此相處也少了幾許嚴肅。

記得有一次，我們去旗杆市的Target買一些分房睡要用的東西。我們就像父母出錢讓孩子裝潢自己房間的小孩，在店裡不斷地跑來跑去，一直碰到彼此。我們看著對方購物籃裡的東西時，都忍不住爆笑。只不過由此小事你就可以看出我們已經多麼不同。他拿了一些奶油色、米色和顏色柔和的寢具、燈具和配件，我的購物車裡則塞滿了黑色、白色、銀色，搭配主色亮紫色的配件。

多年後我問他，在我開始回應之前，和我一起生活是不是比較輕鬆一點。他告訴我，過去我的方式的確讓相處容易得多了，但他更喜歡現在的我，更有活力、也更眞實。一旦習慣了彼此相伴的新方式，我們實際上反而更親近了。一旦兩人都學會了不要將對方的回應視爲是針對個人，我們反而能用以前從未有過的方式認識彼此。我們的回應是眞誠且眞實的。

做朋友，我們更能放鬆。緊繃的張力不見了。我們兩人都能各行其是，而不用感覺無時無刻有義務要告訴對方我們在幹嘛。回頭看看，我能明白這對我來說多麼重要。如今我的身體是自由的，想去哪裡就去哪裡，而不用感覺得時時讓麥可知道的壓力。因爲我自己也不知道。

我們開始和對方約會，我發現自己很期待這些時光，而且他也是。以夫妻身分一起生活的舊有模式已經破除。我們可以從做朋友開始，並且回應我們一起進行的每一個行動。我們誰也不用向對方妥協，我們的回應不容許這麼做。內在的完整與聯盟正在我們身上建立，而這來自於我們共同的生活之處。不同的愛從這裡綻放，奠基於對自己與對另一半深刻的尊重。

麥可很情緒化，我則否。以前，當我在自己內部「感覺」到他的情緒時，我會在他坐在書桌前時，把手放在他肩膀上，問他是否需要一杯茶。我想要讓他開心，並幫助他感覺好一些。現在，我知道這些作爲實際上是試圖改變他的情緒波，好讓我內在感覺好一點！但在當時我並不明白。後來他告訴我，他其實很討厭我這麼做。多好笑，我們會爲彼此做這些事，是因爲不了解眞正發生什麼。在回應過程中，當他處在情緒波的低點，我的身體就會走出廚房，開車到當地的咖啡館，待一下再回家。現在我能接受讓他擁有自己的心情和情緒波，但我不需要在他附近打轉，也不必收歸己有。

透過回應我也能爲自己挺身而出，對我而言，這是非常驚人且新奇的。在過去，若是發生令人不高興的事，我會試著讓別人理解我的觀點，不過最後我總是免不了哭泣。我從不曾自其中脫身，而其他人，通常是精神層面較強或較情緒化的人，往往有很大的力量凌駕於我。

有一次，我在廚房，沉浸在自我的世界中，一邊包裝當天下午要寄給孫女們的禮物。麥可從花園走進來，帶著激動的能量，讓我感覺全身上下都遭到這股能量攻擊。他因爲鼴鼠破壞了他的花園而憤怒不已。他平靜地說著這件事，但我吸收了他所有的情緒波。記得在他說話時，我的薦骨發出聲響，幾乎像是隻受傷的動物。它們就只是從我身上發出，不是我製造出來的。我整個世界都筋疲力盡，因爲這股能量而感覺身體幾乎要生病了。我的身體顫抖不已，根本沒辦法說話。就好像一股無聲的龍捲風捲進廚房。

完成了我手邊正在做的事，我等待了一會兒。然後，我問麥可，他是否意識到，當他像那樣進入我的空間時，我的內在發生了什麼事。我丈夫的情緒通道是無意識的，表示他不會察覺到自己的感受。但是，拉在幫他解讀時告訴過他，他只需要看看我，就會知道他自己內在發生的種種。

對於我的問題，他很生氣地回應，說，他不想在自己家裡也要躡手躡腳。我的薦骨立刻回應「嗯嗯」，力道大到讓我爲之一震。我立刻補充我的回應：「那根本不是我要說的意思！」我解釋道，當我正在閱讀，或看電視，或只是看著窗外時，就那樣直接開始跟我說話，對我來說並不恰當。每當我說這些，事情就會弄得更擰，然後我就感覺到情緒淹沒我。我感覺到眼睛裡充滿淚水，也聽得出聲音哽咽。喔！這個場景對我而言多麼熟悉。這一輩子我都與之爲伍。但這一次不同，我知道那些不是我的感覺。我沒有流淚，只是等待。

我可以繼續說我必須說的事，而不帶有任何情緒。這大概是我人生中的第一次，對抗當下，而沒有在眼淚中崩潰。過去不論事情是怎麼開始的，或者我有多強勢，結果總是在我的哭泣中結束，也無法再說任何話。大部分的時候，我都是說抱歉的那個人。

他釋放完情緒後告訴我，他眞的沒有察覺到他情緒波對我造成的影響。那一刻，他開始告訴我，在這幾個月裡，他只感覺到當他一靠近，我便將自己抽離，而這讓他更生氣。我也說出來，我感覺彷彿他不尊重我，逕自進入我的能量場，就開始說話，沒有和我確認當下是否想聽。我解釋，他說話的時候，他的話語充滿情緒，這兩者是無法分開的，因此對我而言有時還會變得更緊繃，因爲我的頭腦和情緒中心都是開放的。我可以感覺到麥可的能量正在轉變，他了解了我的意思。我們彼此的關係再度轉化，舊有的方式已經被新的能量取代了。

從那一刻起，我們就日以繼夜地在一起。我們變得更加親密，那也爲我們的相處開啓了一條全新的途徑。接下來的那些日子，就好像新鮮的空氣注入我們家中。當我待在安靜的空間，他開始想要說話之前，會先詢問我要不要聽聽他想說的話。當我有了回應，就已經爲他準備好了。這讓一切大不相同。這個系統的機制是如此卓越，它給了一個人所需要的一切，好讓他能與另一人和諧相處。

這很容易從我的12號閘門看得出來。如果我沒心情，什麼事也做不了，包括聆聽！最簡單的策略最是珍貴無價。學習關於自己的種種以及如何與他人相處，這個展現與昇華的過程沒有終點。

這個經驗告訴我，我再也不需要保持和善，再也不用害怕對抗，再也不用試圖保持平和。如今我的薦骨會回應，而且因爲如此，它主導了整場表演。它讓我進入各式狀況，有些非常愉快，有些則很可怕。不過，我愛我的回應，因爲我知道它是在我人生中最眞誠的事，而且我開始發現眞實的自己，並以如此新穎的方式尊重自己。

透過回應，麥可和我再度在一起，但這得花點時間才能達成。我們一起觀察並成爲實驗的一部分，這眞是個令人驚奇的過程。在解讀我的圖之前，我們是有著根深柢固行爲模式的夫妻。我們分手，但保持朋友關係，並生活在同一個房子裡。身爲朋友，我們以全然不同的方式相處，而這使我們前所未有的親近。

我現在懂了，投入這個崩解與去制約的過程到現在，我還沒到達愛自己的境界。而且，直到達成這個境界之前，我不可能眞正的去愛另一個人。和麥可一起的這些年，我以爲我愛他。我們分手的那個清晨，他盯著我的臉所看見的我，不知道自己是否還愛著他。這讓我們倆都深受打擊。但這一切是必要的，因爲在那一刻，我甚至不知道是否愛我自己。如果我沒學會如何愛我自己，我要如何愛麥可？我又要如何去愛任何人？

多年下來，自從我們以更健康且更尊重彼此的方式復合，偶爾我們會詢問彼此：「你仍然愛我嗎？」「你仍然想和我在一起嗎？」我們知道彼此的回應會是眞誠的，而每一次回應都讓我們更親近。

這些日子是多麼劇烈動盪。我不知道自己身上發生什麼事。有時我只是癱坐在地上啜泣，完全沒有任何理由。無關回憶、沒有思緒，只是墜落進入我的身體。從我眼裡流出的傾盆大雨，感覺好像我的一生隨著眼淚離我而去。我不知道這是怎麼回事。我不知道。我什麼都不知道。不知道我是誰、我愛誰，或我要什麼。我甚至不知道自己喜歡什麼音樂，除了蒂娜・透納！來自過去的一切都不再適用：我的衣服、食物、音樂或人都不再合適。所有一切都感覺如此陌生。

這些天來如此稀少的睡眠，內在有如此多的能量在備戰等待，但卻無事可做。我的頭腦不知道發生什麼事，但已經太遲了。這等待已經在我內在播下種子，並發芽成長。這是我自己的子宮嗎？每樣事物除了等待就是死去。眞的很不舒服，但無處可去。所以我等待。到底爲了什麼？我毫無概念。

Chapter 4 等待之火

我的實驗進入第三個月，這時候我收到一封電子報，拉．烏盧．胡將返回美國，在加州開課，還會有兩個入門之夜。

我讀著電子報，我回應了要去加州。先去參加在馬林郡聖拉斐爾市一家書店舉行的入門課程，一個星期之後去洛杉磯，那邊的菩提樹書店有另一場。我有同樣是桑雅士的朋友在加州，我覺得他們會喜歡人類圖。我問麥可，他可否問我一些問題，好讓我在打電話給任何人之前，可以先聽到我的薦骨回應，只是為了確定，打電話對我是正確的行動。我的薦骨全力支持我聯絡朋友，並讓他們得知這兩個晚上的活動。之後，他們邀我去他們那裡，在馬林和洛杉磯的朋友都回應了這個活動，一回神，我人已經在飛往舊金山的飛機上了。

見到我在馬林的朋友，好興奮。我和他們分享我的實驗，關於必須被詢問，如此我才可以聽到我的回應。他們很棒，他們問了我各種是／否形式的問題，好讓我的薦骨可以回應。身為奧修門徒，我們都很投入我們的追尋之旅。我開始覺得，人類圖是一種非常實際的方式，可以讓我們眞正找到一直在尋找的事物。

入門課程那一天晚上，我們一群人去了那家書店。我們大約有十二個人，一起坐在一張大桌子。拉在小舞台上，準備開始上課。要忍住不走上前去和他打招呼很難。我從在塞多納上的「四種類型」課程所深深了解的事情之一就是，顯示者是唯一能發起的類型。我知道，對我來說靠近他，天生就不正確。但我的頭腦，喔，我的頭腦，在整個課程中，讓我片刻不得安寧。

「這眞是瘋狂，妳和他說過幾百次話了。他是妳朋友，妳和他一起吃過飯，妳可以就走過去打招呼。他給了妳最珍貴的禮物，妳的人生策略，而現在，妳竟然不過去和他打招呼？」我的頭腦一直不停地說了又說。

頭腦VS.薦骨，這永遠是一場戰爭。我的薦骨中心獲勝，因此我只是坐在那裡等待。演講結束，類似他在塞多納做過的那樣，拉空出時間給大家。我的身體沒有動。我的所有朋友都走過去和他說話，有些預約了解讀。我坐在桌邊，只是等待。我愈來愈驚恐，這對我如此陌生，我這輩子從來沒做過任何像這樣的事情。我的身體感覺好像，它要因流過的能量而爆炸了！終於，我的一個朋友看著我，說：「妳不過去和拉打招呼嗎？」我的薦骨回應「嗯嗯」，然後我繼續坐著。聽到我的薦骨回應，有助舒緩了一些壓力，但不多。最後，另一個朋友說：「妳要走了嗎？」我回應「嗯哼」。然後就站起來，圍上披肩，開始朝門口走去。

就在這時候，拉也站起來，站在房間中央。我看著他，轉身離開了書店。我迫不及待地上了車，然後就虛脫了。當我們的車開走時，我注意到拉在書店外面抽菸。

當我們回到朋友家時，我的整個身體放鬆了。那是我經歷過最奇怪的事情。感覺好像我打了一場仗。我就是那麼累。但我什麼也沒做，幾乎沒說一句話。那場仗是在我體內，我的頭腦拿出最有力的武器，使盡渾身解數要從我的薦骨中心奪回權力。它差點贏了，但沒有。

第二天早上，我和朋友一起散步到城裡。他前一天晚上去參加了入門之夜，他問我拉的名字怎麼來的？我說，我不知道。他接著告訴我，他覺得是源自古埃及，而拉曾是一位高階祭司……。我朋友沒再說太多，因爲我開始覺得體內有座火山爆發了，我的整個身體開始搖動、顫抖。就在大街上，我覺得我要昏倒了。情況非常奇怪。我愛我這個朋友，他只是等著我，伸出手，說：「看起來，我可能是對的。」然後，我們去喝咖啡，誰都沒有再提起這件事。

時候到了，我該離開去我在洛杉磯的朋友家。那是第一次，我去看他們卻沒住在他們家。我知道，我需要有我自己的空間，但仍然是在他們家附近。因此，我在靠近聖塔莫尼卡海邊的地方，找到一家小巧可愛的汽車旅館。非常理想。我可以和他們在一起，同時也能獨處。我朋友讓我愛上蘇格蘭歌手安妮．蘭妮克絲。我的薦骨愛她的音樂和她的歌。她的歌深深觸動我，《*Walking on Broken Glass*》、《*Little Bird*》和《*The Gift*》是我最喜歡的其中一些。我好興奮。現在，我有蒂娜和安妮可以聽了！

入門之夜，我很緊張，我不想去。在馬林的入門之夜，我打了一場內在戰爭。我不知道我是否能熬過像那樣的另一輪戰爭而活下來。但我朋友問了我，而我的薦骨回應了，因此，我們擠進車裡，開車去菩提樹書店。其他桑雅士朋友，從聖地牙哥開車北上，我們在入口外面碰面。當我正要進去時，拉朝著我走來，說：「哈囉，帕堤帕塔。妳好嗎？」我的薦骨回應：「嗯哼，我很好。」我的整個身體放鬆下來，我知道，我不需要經歷類似我在馬林的過程了。我喜歡在入門之夜和我朋友坐在一起，結束後，他們全都想聽關於我實驗的事。我喜愛和他們分享過去這三個月所發生的事情。（那些日子裡，我仍然使用奧修在我成爲門徒時給我的名字。）。

在洛杉磯時，拉又爲我解讀。我非常討厭聽到我在第一次解讀時的聲音，努力要假裝我眞的很好。我再也受不了聽到它了！我一直用它來研究我自己。當拉爲我解讀時，除了我的人類圖，他也把我所有的爻和閘門的資料，以及它們每一個的解釋印出來給我。我把這些資料影印了好幾分，用它們給自己做了個資料夾。我影印了《白皮書》裡我的每一個閘門，並圈出我的爻。我影印我的人類圖，如此，我可以在上面到處畫畫，寫上我需要的資料，以便了解我二分人的設計，深入研究拉告訴我的訊息。我的資料夾裝滿了我自修的資料。我記得在解讀之後，坐在我臥室的地板上，這些資料全都散落在我身邊。麥可走進來，很驚訝看到我這樣。他以前從來沒看過我的這一面。我想，我從來沒有像要了解我的行爲動機一樣，這麼想要了解一件事。

我感覺已充分準備好了，要聽這次解讀。不只是因爲我對自己人類圖做的所有研究，也因爲我全心投入要活得像個生產者。我已體驗過這樣的力量有多強，以及它對我生活的影響。

這次解讀仍是人類圖解讀，和我幾個月前的那次一樣。只是，這一次我閉上了嘴巴。我覺得自己是開放的，並準備好聽拉必須要說的任何事。那次解讀衝擊力很強，幾乎強過第一次，因爲他眞的是拿事實敲擊我。我人生中所有的事情，我人類圖中的所有面向，每個閘門、每個爻和每個通道，都要依靠我的薦骨回應而定。如果我不回應，我的人生就付諸闕如。不管他告訴我什麼，都回到這一點上，一而再，再而三地。感覺幾乎就像他要痛下殺手，徹底打敗我。

九月，洛杉磯，晚上十點

拉今天爲我做第二次解讀。我在第一次時講了那麼多話，我受不了再聽到自己的聲音了。我知道我必須說話，以釋放內在緊張的能量，因爲我的內在有某部分知道，進來的訊息即將摧毀我。聽到我試圖說服自己，在人類圖以前，我一直活得像自己，眞令人作嘔。眞是天大的謊言！喔，這次解讀眞是太好了。太好了。

我已經看出來我的內在改變了多少，而他也提到這個改變，說我現在看起來和他第一次見到我時有多不同。他說，這是要開始把自己整合進生命需要經歷的過程的一部分。他告訴我的一切，只是不斷把資訊灌進來，都是我薦骨回應的一部分。除非我做出回應，否則沒有任何一小部分的我，可以變得潔淨而正確無誤。呼！要把它全吸收進來，眞的很難。他眞是個非常強大的顯示者。

然後，他告訴我一件我不知道的事情。當我和他及我朋友在鳳凰城時，他說我極端地情緒化，是因爲我完全深受流年影響。我不知道流年的事，他給我看一張星曆表。我要找一張來，並看看當時的我會遭遇什麼。從他所說的話，現在仍發生在我身上，有些爲時很久的流年，定義了我的情緒中心。我眞的認爲，我的內在所經歷的一切都是我的薦骨對生命的回應，而我相當害怕它的強度。

現在……，發現是行星將我緊緊與情緒相連，眞是令人鬆了一口氣。也有點尷尬，因爲，我的天啊，我這麼情緒化，並依此行事，以爲一切都只是我的薦骨回應！因爲，行星爲我充氣，並讓我充滿情緒能量，即使在我一個人的時候！天啊，我完全不知道。難怪，我常常覺得好像要爆炸了。那不止是我的薦骨中心，也是行星之故。我很好奇，要回去排我在那段時間的流年……。

凌晨兩點，洛杉磯

我的薦骨眞的在沸騰！帶著這麼多能量，但只是等待，眞是非常困難的事。我猜想，這也是被行星刺激的一部分，而這種狀況是火上加油。感覺好像我的發電機已全速啓動，而我那討厭的笨隨身聽電池卻掛了！掛點！我甚至沒有音樂可聽，好讓我得以將這股能量燒掉一些。我想要四處走動，出門，走在聖塔莫尼卡的街上。但每次我打開門，體內就有一聲明確的「嗯嗯」，就像築起一道看不見的牆，因此，我無法出門走進夜色裡。我覺得好像一隻被關在籠中的動物。

我被困在這個房間裡……，充滿激情……，而且沒有音樂！我試了好多次，但每次對走出門去，都是一聲「嗯嗯」。

天啊！！！沒有安妮．蘭妮克絲……沒有蒂娜．透納……，當這麼多的能量流過我時，她們通常能拯救我的日子！

我快要爆炸了。

清晨五點三十分，洛杉磯

感謝老天！這次當我走到門口時，是一聲「嗯哼」，那道隱形的牆被拉起來了。我可以眞正地走上街……燃燒能量……燃燒。燃燒吧，寶貝，燃燒吧！而且，這是多麼令人愉快的驚喜！上街走了大約一哩，星巴克有開門！薦骨的力量眞是不可思議。我以前從來沒讓它累積過。我只會藉由假裝是顯示者，然後一直做事情、一直做、一直做……，把它耗光，用盡我整個能量源頭！我不知道，當這個薦骨眞的在沸騰時，我周邊的人是什麼感覺。但是，我的內在相當強烈！感覺就好像即將發生一次原子彈爆炸。那正是我必須走路的原因，它釋放了一些壓力。

發現我的確有薦骨回應後的這些日子，和這一生其他日子都不一樣。有那麼多的能量，而我無事可做。我甚至連工作都沒有。我也不能出門去找一個。我必須等待工作來找我。然後，永遠有可能我的薦骨會回應「不」。該死的！這個實驗是個壓力鍋。

無事可做

能量不斷增加。而在我感覺將要爆炸時，唯一的出口是音樂、開車、散步和四處趴趴走。最近我的能量好充沛，當有人請我做什麼，而我的薦骨說「嗯嗯」時，我的頭腦就大發雷霆。我的頭腦不敢置信。有個做事的機會，而我的薦骨竟說「不」……。因此，能量繼續累積。然後，拉又來訪……，就好像在已經燒得很旺的火上，又倒進汽油一樣。

啊，緊繃的人生。少數幾次薦骨對某件事說「嗯哼」時，那眞是美妙的時刻。當做某件事對我眞的是正確決定時，情況是很清楚的。薦骨的「是」，感覺好像是以一條隱形的臍帶和宇宙相連……，當那聲「是」來自薦骨時，感覺好像能量持續補充。

前面這些文字，是我在一個晚上之內寫在我日誌上的。我像有火在燒，喔，而且愈來愈強烈，聽到我正被行星猛打氣，也無法阻止它們停下來！我的內在得和那一切和平共處，那段時光眞是難熬。

拉在解讀時告訴我，我不是個情緒化的人，當我明白他所指的意思時，那是個很戲劇性的一刻。我去拜訪的朋友，都很喜歡我爲了理解我的人類圖及人類圖中所有的面向，為自己所做的資料夾。他們把這事告訴我另一位朋友，當時人類圖在美國的事務是她在負責的。她想要看一看資料夾。我們當時一起在我的旅館房間，我把資料夾拿給她看，她一頁頁看，愈來愈激動。她的情緒中心有定義，而且是情緒型的人。

她終於對我說，我影印了《白皮書》裡的內容，我沒有得到允許，不可以這麼做。我無法置信。我說，我影印不是為了給別人，我影印是為了了解自己，可以在上面寫筆記，因為我不想寫在書上面。她說，沒有差。她變得對我非常不滿。我知道她是情緒有定義的人，她說我做了不對的事。她的聲音聽起來甚至一點情緒也沒有，可是，我卻感覺到自己變得情緒化。隨著爭論變得愈來愈激烈，我朋友開始顯露出更多情緒，然後我也變得更激動，直到我們實際上對著彼此尖叫。在我尖叫時，我的手指就像傳統的學校老師那樣，指著她的臉。

那一刻，我心深處閃過青少年時的情況。同樣的事情會發生在和我父親相處時，我後來發現他有個有定義的情緒中心。我們的爭吵總會變得嚴重失控，他因而得打我，以阻止事情的發展。這樣的領悟滲入我身體的每一個細胞。而在那一刻，在吵到一半時，我在事情進一步升溫之前，就站起來走出房間。

等我離她的實體夠遠時，我注意到，我的內在有種純然的平靜。我不敢相信自己的經歷。沒有情緒！我就身處在一種，我以前一直稱為「冥想」的空間裡。但那只是內在沒有情緒波動的「我」！

我內在的所有燈都亮了，我領悟，所有那些情緒，所有那些眼淚，所有那些痛苦的啜泣，從來都不是我的。我不敢相信，然而，我身體的每根骨頭都知道這是眞的。我一直在哭著、啜泣著其他每個人的眼淚。身爲一個「窮緊張」的人，事實很簡單，就是我吸收了生命中所有人的情緒和感情，看他們處於他們情緒波的哪一階段，這一刻，我可能非常滿足，下一刻就處於完全的絕望中。

我好感激我朋友對我發火，因而，我得以體驗到那麼深層的開放中心。就在當時，在加州一間汽車旅館的房間裡，我認清了眞正的開放情緒中心。

正是從這樣的領悟裡，我開始非常注意在我和別人相處時，自己身體的狀況。我了解，體內眞的可以感受到別人的感情與情緒。我之前一直以爲，當它們在我體內時，那是我的情緒！但在注意之後，我看得出來，它們是來自外部，塡滿了我。我可以感覺到來的是什麼，並且區別出它是來自低情緒波，因爲我的身體會變得十分沉重，而且會覺得好像很絕望。

拉曾告訴我，未定義的情緒中心感受到的，是它所吸收情緒的放大版。我感受到的，會比實際有那種感情或情緒的人還要強。當我處在情緒型人附近時，我可以深深感受到這一點。

我回想起，我在印度的公社和奧修一起生活並成為那個社區一分子的那些日子。我們每天會在一個大會堂集合，上千個人。音樂家會演奏不可思議的音樂，那種你無法平靜以對，只得站起來舞蹈的音樂。然後，奧修會站出來講話。每個人都情緒高漲，並充滿歡慶氣氛。

現在明白，為什麼我會常常被叫作「快樂丸」。我接收了大家情緒波的高點，並且感受到它在我的體內被放大了！哇！那真是不尋常的經歷。但我的困難在於，我對這樣的極樂上癮，當它消失時，我會覺得是我有問題。每當我無法處在這樣的情境裡時，我會感到沮喪。現在，我完全能夠看出來，是我接收了大家的情緒，並乘坐其上。

我一輩子都被別人說，我有多情緒化。我母親會告訴我，如果我繼續哭，會害自己吐。不管我和誰在一起，家人、朋友或戀人，他們都告訴我，我太情緒化，太敏感了。但那從來就不是我！我的天啊，真不敢相信。剛剛和我朋友所經歷的這件事，向我證明了，這是真的！

我現在可以更加了解，拉所說的行星的事。情緒，不管是來自個人還是行星，的確會讓我情緒高漲。從剛剛和我朋友的互動來看，這很明顯。我想要從此刻開始，密切注意行星都在做什麼。我買到一張星曆表，去影印店把我的人類圖印了一百分。我買了一支紅色的馬克筆，接下來一年，我每天晚上把隔天行星要帶給我什麼，在我的人類圖上塗上顏色。我查看所有的閘門、通道和爻，並寫下我隔天天氣的簡短敘述。結果，我的人類圖看起來好像出自某個試圖弄清楚宇宙如何運作的人瘋狂的科學或數學塗鴉！

我還在聖塔莫尼卡。有天早上，我離開旅館房間，去海灘上散步。那是個非常美麗的早晨。有一個遊民掙扎著要從他前一晚睡覺的地方站起來。我的每一吋身體都想要走過去幫助他站起來。我運用所有的覺知，阻止我這麼做。我哭著走在海灘上，因爲我覺得很難過，他一直沒請我幫忙。他甚至沒看我。我知道，如果我眞的要進行這個實驗，我必須對自己嚴格。我不想以舊有的行事方法，一頭栽進事情裡。我想要找出什麼對我是眞的正確的事。有時候，提供援助也許是不正確的。我唯一能得知的方法，是聽我的回應。但我還是覺得很難過。

在海灘散完步之後，我去了星巴克。我坐在戶外喝咖啡，另一個遊民走向我，說：「女士，可以給點零錢嗎？」我的薦骨立刻回應「嗯哼」，我的手開始伸向我的包包。這個男人伸手抓住我的手，並且說：「不用了，沒關係。我今天沒那麼需要。」我問他：「你確定嗎？因爲我很樂意給你點錢。」他說，他很確定。然後，他開始說起他的人生，以及他怎麼會流落街頭。我傾聽並回應他所說的話。講到一半，他停了下來，直視著我的眼睛，熱切地問我：「妳是誰？」我回答：「我是我。」然後他說：「妳不一樣。」而我只能大笑。然後，他準備要走了，我又問了一次：「你確定你不需要任何錢嗎？」他再一次告訴我「不用」，然後道別走開。

他走了之後，我一直坐在那裡，想著：「剛剛發生什麼事了？」這兩件事情發生在一個小時之內。一件，我有機會回應，另一件則沒有。那天稍晚，我跟拉提到這件事，他說因爲我在等待回應，當我眞的回應了的時候，我回應了他這個人，而不是出於一種慈悲感。藉由對他回應，他覺得被看見，那讓他有尊嚴。那正是他不要錢的原因。這整個經歷眞的教了我，關於我自己、我對人性的愛與回應的深刻一課。

這趟加州之旅，帶給我好多東西。拉爲我做第二次解讀，我學到流年有多重要，而且我發現，我眞的不情緒化。還有和那位遊民的神奇相遇。在離開之前，拉問我，我要不要去陶斯上關於九大中心的五天課程。我甚至還沒想過要去，我的薦骨就回應「嗯哼」，這讓我的頭腦大爲光火。我的頭腦不想再上任何人類圖課程了！

我回到塞多納，密切注意行星和人們以及我接收進體內的東西。當我走進一個房間，我立刻會發現，當我在某些人身邊時，我的胃會「緊縮」，在其他人身邊則不會。我會讓我的身體和能量場遠離，然後看看，隨著每一個新的動作，我的內在感覺如何。我開始分辨出的是，我和誰在一起，決定了我內在的感受。那不是一直不變的狀況。情緒和感情來來去去。身體的知覺依照我和誰在一起而不斷變化。

那是個很棒的觀察實驗。我慢慢明白，過去我以爲的我，有很大部分其實是進入我的另一個人。了解這點對我是大事。然後，我明白了，當我從別人那裡接收了情緒能量，而造成我負擔太大時，我可以就走開！哇！這對我是全新的概念：在任何時刻，可以讓我的身體離開任何對我不健康的能量。

以前，我處理這種狀況的方法是「當好人」。我試圖安撫大家。由於一切都在潛意識發生，我並不知道我所感受到的所有混亂其實是其他人的情緒波。我會努力讓大家感覺很好，提議泡杯茶，將「不」的答案改成「是」，我會做任何能阻止那股能量進入我的方法。但我從來不曾察覺我正在做什麼或爲什麼。

要讓我有罪惡感，讓我覺得我做錯事，非常容易。我可以被操縱，被脅迫。如果有人對我不滿，我總是把它當做是針對我個人。接著，我會努力改變，如此，他們就不會再不爽了。我從來不曾單純看到事實，他們可能只是處在他們自己的情緒波動裡，和我沒有關係！

我傳眞報名在陶斯的課程，卻接到一通電話說，除非我上過基礎訓練課，否則我不能報名。我那位朋友兩週後會教這門課，他們問我要不要參加。我的薦骨回應「嗯嗯」，我的頭腦對事情的發展發出竊笑。

對我來說，沒有關係。我並不眞的在意我是否上這門課，我唯一在乎的是，尊敬我的回應。我回應了拉問我的事，否則我絕不會發出那封傳眞。現在，沒辦法去，對我而言，事情就結束了。

兩天後，我朋友打電話過來，告訴我拉要在拉斯維加斯，最後一次親自教授基礎訓練課程。我想上嗎？「嗯哼」，我的薦骨說，我的頭腦又輸了。

我開車去拉斯維加斯，住在賭場街上。我從來沒去過那裡。上課地點在郊區。就像我之前提過的，我並不熱愛長途開車，因此，我提前兩天到達，只為能在開車之後休息。

還是一樣，我很難入睡。我會在清晨時分離開旅館，走到街道上。四周都沒人，連半夜的賭客都走了。我查了流日，可以看到我不但因為19號閘門而高度亢奮，情緒也被缺乏與需求塡滿；而且60號閘門在海王星，連結到我的3號閘門，然後把一切都遮蔽起來。我不記得其他的行星了，但有另外兩個行星和51號閘門一起定義了情緒。我看著這圖，想著：「媽媽咪呀，也許，我今天應該就不要下床！」

但我沒有。我開車到郊區，去上基礎課。我可以清楚地察覺體內的能量，我情緒高漲。我意識到，即使我一句話也沒說，我的身體也會做出情緒性的反應。這一切都很奇怪。拉解釋了人類圖的簡單元素，尤其是四種類型。這在當時是新的東西，而且房間裡沒有人曾上過塞多納的兩天課程。

上完課後，我開車回旅館，躺在床上休息。再一次，我又睡不著，在大約清晨四點時走出去。這一次，我的腳帶我來到路克索飯店。

走進路克索飯店，我幾乎昏倒
我及時走到椅子前
已知的一切，實實在在進入我的身體

看著象形文字，我知道寫的是什麼，但我沒學過！
往上看著金字塔内部的高處—
我已不在拉斯維加斯
然而，我從未到過我正被帶往之處
能量穿過我的身體，連續好幾個小時

我必須離開，這完全超過我身體的負荷
它一直覺得快要昏倒
再度走到外面，吸入當下的空氣
我沿著小徑走，高大的人面獅身像排列在兩旁

人們走過來拍照
我想要獨處，因此，我走到旁邊
近距離看到人面獅身像的那一剎那，
我知道，來自童年的
那隻「獅子」，事實上是人面獅身像
我爆出大笑

好多好多年，它每天晚上來到我夢中
我好害怕睡覺，因爲這隻沉默的獅子
從我父母家起居室的一張紅色椅子後面看著我
我痛恨這個夢……它嚇到我……我害怕獅子
在卡通裡，牠們吃人，而我是個小小孩
隨著這個記憶，開始理解，釋放更多，
知道內在無法以言語形容的事情

第二天，基礎訓練

我從路克索走回去，及時抵達飯店吃早餐，準備好出發。我早早到了教室，坐在花園裡。有一些人過來，我們聊天，但我覺得內在很平靜。在路克索飯店的這個經歷眞的影響了我。我的天啊，那只是一間在拉斯維加斯的飯店，不是埃及的金字塔。

從我開始這個實驗之後，似乎發生了一些奇怪的事情，一些我無法解釋的事情。我很高興知道，我甚至不需要試著理解任何事。我很高興，除了等待並傾聽我的薦骨聲音外，我什麼也不用做。它幫助我，讓所有這些怪異的經驗就單純通過我。

當我在拉斯維加斯時，我的內在有來自流日非常強大的發起能量。即使我知道，我仍是個生產者，我還是可以感覺到這股要讓什麼事情發生並且一定要停止等待的衝動。那是強而有力的過境。

吃午餐的時間到了，我就是讓這股能量帶領我。我沒有等待聽任何薦骨的回應，我只是決定要離開教室。我受夠了。現在甚至記不得，我受夠了什麼！所以，我離開了。我的這種行動方式，和我這一輩子的行事方式那麼相像。我就做我想做的事。我讓頭腦主導。那是很神奇的經驗。

我開車回飯店，走進房間，決定我想要游泳。我穿上泳衣，然後去飯店頂樓的游泳池。我快步走過去，跟服務人員拿了條毛巾，並表示我要一張躺椅，四處散發我的能量。

我把東西放在椅子旁邊，然後跳進游泳池游泳。等我從水中出來，坐在太陽下時，我清楚看出，在此之前我一直如何行動以及我做了些什麼。我也看到，這不再是我。我的身體此時覺得非常不舒服。它覺得糟透了。我覺得好像正設法在人生中往前推擠，而這樣子生活感覺非常不對。讓我的能量往那個方向移動是錯的。我可以感覺到，我在違背我的內在本質，而我不喜歡這樣。我喜愛活在等待回應的空間裡，它將我帶往天生的自我，自然而真實。

我回到房間，躺在床上休息，回到等待中。電話響起，是一起上課的一個學員，問我要不要去那天晚上的派對。我回應「嗯哼」，因此，我穿好衣服過去。那裡有很多人，比去上課的人還多很多。協助規畫課程的那對夫婦和拉認識很久了，和他的關係非常美好，我可以感覺到。

我的內心可以感覺到，我不再想去陶斯參加拉的下一個課程，九大能量中心。我已經上了基礎課程，所以我是可以去參加在陶斯的那門課。不過，從我開始實驗之後，我已經來到沒有什麼是有意義的階段。這只不過是其中一個例子。

然而，當我走出派對會場的門口時，拉大喊了個問題：「陶斯見，帕提帕塔？」而我那該死的薦骨回應「嗯哼」。於是，我又被逮到了。

我在拉斯維加斯再待了一晚，然後開車回塞多納。我好高興回到家，待在我自己的房間裡，遠離路克索飯店！

九月二十三日，回到塞多納

等待已成爲一個不可思議的謎
它不再含有渴望或挫折
現在它已經變成了我，我從裡到外都感覺到它
行動的保護傘已遠離
讓我變得脆弱而開放
我意識到內在有一種之前只被暗示存在的溫柔

那些在拉斯維加斯的日子，在永恆中的無盡時刻裡，向我透露我自己。有生以來第一次，在我覺得行星把我穿上「顯示者」的衣服時，我可以看得很清楚，我穿的是別人的衣服。它們不再適合我。不是這樣。不再只是行動……而沒有先等待被問，以聽到我

的蘑骨回應要說什麼。

過去六個月來，我好滿，整個脹滿了
等待……這麼長的等待
欲望……這麼多的欲望
一個人……一個計畫……
想要的這麼多
實在很痛苦

現在……當我今天坐在這裡，我感到一種深層的放鬆正在形成
沉入等待中，沉入當下
所有等待的壓力已經消失，變成信任
我的細胞知道，生存只會給我，眞正要給我的東西，好讓我可以回應並做我自己

這是什麼，我不知道
我不知道，直到它找上我，而蘑骨有回應

直到那時，此刻，我正在過的此生
是我應該在的位置
我以前從未感覺如此平靜
我整個人在內心嘆息

九月二十六日

隨著愈來愈多的想法、理想和欲望，在我等待時遠離
我可以感覺到內在有個空間在擴大
這是我自己的子宮嗎？
我不知道
這是薦骨知識最令人吃驚的一面
我什麼也不知道
此刻，我很清楚
我不知道我愛誰
我不知道我喜歡什麼

我甚至不知道我想要什麼
我甚至再也不知道我喜歡什麼音樂
除了蒂娜與安妮以外
所有過去的事物都不合
喔，我的頭腦可以告訴你所有事！
但那不是我在告訴你，因爲我不知道

我只知道，一旦它以那種方式呈現給我
好讓我的薦骨可以回應
我在這裡
等待……等待……等待，如此強烈
如此輕柔，但無知

只有在當下我才能回應任何事
我腦袋幾乎要爆炸！
那許多大師分享的觀點

等待，未知，當下

但我以前從未曾這樣感覺
我如此往外探求，努力，抓緊，希望
那些日子裡，我做任何事期待有所成就
任何事，除了等待！

九月二十九日

過去這五天非常難過
從拉斯維加斯回來以後
我愈來愈能察覺麥可的清緒波動
以及它如何影響我。有一天，我眞的幾乎生病
它全都進來，有時候，走進我的房間還不夠
所以，我得離開房子

我們在一起十六年，而我不知道
我和這位英俊男士一起度過的一切似乎變得陌生
他的情緒波動，有時會讓我的身體充滿無法忍受的不適
我的胃會緊縮得厲害
彷彿裡面有個大大的結

當他情緒高昂
和他在一起如此美好
我感到被他的感情珍愛並滋養
我暗想，是否可以待在同一個房子裡，這對我不容易
而當我懷疑時
知道我什麼也不用做，讓我深深鬆了一口氣！
存在會讓我有選擇
我的薦骨回應是或不是

但那不是由我決定

我眞的不知什麼於我是對的，直到被問
我只能描述我的經驗……就像我此刻在做的
但我無法確定任何事，直到被詢問

這個過程透露出如此深層的智慧
以前，我會試著做
任何事以改變現狀

現在，就只是，現狀
然後，我等待

十月一日

有時候，我覺得我的「自我」就要從我的胸口跳出來
裡面有那麼多想要出來
拉稱它爲我的「自我認同」

但我花了一輩子，讓那個部分主導大局
而現在……嗯……它就是得等待
對我的人生方向中心來說，等待直到我的薦骨回應，並不容易

它只能在被問時才能回應

我現在所處之處是一個強大的壓力鍋
我的直覺拾起了許多
我知道，有人想要問我，但沒有
而且我知道，我再也不能繼續用直覺了

我必須等待，先被問，如此，我才可以眞的知道什麼對我是正確的。我以前從來沒這樣尊敬過自己。重點不在其他人以及他們需要什麼，重點在我，什麼對我是正確或不正確，以活出我該有的人生。

Chapter 5 清楚、俐落、乾淨的邏輯

我正在往「九大能量中心」課程的路上。我終於抵達新墨西哥州的阿布奎基，並且找到往陶斯的接駁車。我原先不知道車程有這麼遠。當我們開進一個很迷人的小鎮時，我鬆了一口氣，以爲我們到了，卻發現我們才只到了聖塔菲。我們在這裡換搭另一輛接駁車，走完剩下的行程。我提早抵達陶斯，拿到我要和一位加州來的好朋友一起合住的小公寓鑰匙，她是位情緒型顯示者，要隔天才會到。

公寓離課程所在的旅館約兩英哩。上課第一天，我體內有太多能量，沒辦法等我朋友安排好要載我們去上課的車，我只好先離開，乾脆用走的。我一路走到教室去，耳朵裡聽著蒂娜．透納和安妮．蘭妮克絲。如果沒有音樂的話，我不知道我在陶斯的那段日子要怎麼過。音樂救了我。

每堂課下課時，我會把音樂打開，走到小陽台上。身邊每個人都在講話，我不想聽到任何人講話的內容。下課時間，我實在負荷不了。我必須把剛剛從拉那裡接收到的東西燃燒掉。音樂幫助我做到這點，而且它有助於我內在創造更多空間，因此，休息時間

結束後，我可以回去接受更多人類圖的知識。

上課第一天的晚上，我們一群人出去吃晚餐。每個人都在分享他或她的人類圖經驗。有個人問了我的人生經歷，我分享了接觸到人類圖之前那二十年的精神追尋之旅。他們問我：「妳覺得，妳的精神生活有任何收穫嗎？」我的回應是「嗯嗯」，我自己嚇到說不出話來。那答案是從哪裡來的？那甚至不是我頭腦裡的想法，從來不是！

同桌有個人對我那樣說十分不滿。她嚴厲斥責我，我怎麼可以說這種話？我怎麼可以如此不知感恩？我甚至講不出話來，因爲我和這個人一樣震驚。我不知道那個答案在我心裡。最後，當她終於不再對我吼叫時，我才能開口說，不知道爲什麼我會那樣回應，但如果那是我的回應，那麼，那就是我的眞話，即使在此刻，我還是不明白原因。我補充道，我的回應不代表它對其他人來說也是對的，只是我的眞心話。在那一刻，我只能設法說出這些話。我眞的被自己的回應嚇到。

吃完晚餐後，我們留下來聊天。那個對我吼叫的女人很驚訝，大家眞的運用人類圖來理解自己。稍後，在回應另一個問題時，先前因爲震驚而被鎖住的話開始出來了。

在那二十年裡，我有很多美麗的經歷，但它沒有給我一直在尋找的東西。我甚至不知道自己在尋找什麼，我只是開始稱它爲啓蒙，因爲那似乎是帶來平靜的東西。這些日子以來，我單從我的人類圖實驗就能清楚看到的是，我一輩子一直想要的一個東西是我自己，我眞正的自己，我只是先前不知道而已。而且，我可以感覺到，透過回應，這件事終於以一種非常神祕的方式在發生。我這些年來一直在尋找的，正是這個。而現在，我似乎已經停止尋找了。

在我聽著自己的話時，我很清楚意識到，這正是我之所以深入這個實驗的原因，即使感覺上，我每天至少要死一次！這種薦骨知識一再地向我證明，它給了我，我自己以及我的眞理。因此，即使它是我這一輩子嘗試過最困難的事，每個等待的痛苦時刻仍很值得。儘管因爲我無法就這樣走出去，做任何我想做的事而感到如此挫折，還是值得的。它的一切都值得我擁有自己。沒有什麼比那更重要。

課程本身很令人驚喜。我以前從來沒上過像這樣的課。它是學習，它也不是學習。這很難解釋。我去那裡，只是因爲我的薦骨有回應。我沒有記筆記，而且大部分的時候，我都坐在地板上，背靠著牆，常常就是把眼睛閉上，讓它全都進來。有些人帶了電腦，其他人在記筆記。但那樣對我是不正確的。因此，我只是坐著，吸收說出來的內容。

拉從頭腦中心的閘門開始，一路往下探討每個中心。那是五天的課程，因此是對每個中心的完整探索。當他講到G中心時，我豎起耳朵，因爲他開始談到愛。我一輩子追尋的大多是與異性關係裡的愛。

然後，我對愛的追尋轉變成對啓蒙的追尋。想到這一點的那一刻，我領悟到，我再也不在乎啓蒙了！對我來說，這眞是神奇的發現。我不再受到想要得到啓蒙的痛苦折磨。那種欲望眞的是種折磨。怎麼回事？它去哪裡了？它似乎和我這幾個月來的許多其他想法和夢想一起燒掉了。

拉在課堂上說，G中心找不到個人的愛，那是在火花的連結裡。我很吃驚。我在臥室裡花了那麼多時間，試圖從我的人類圖找出並了解個人的愛，以及它在我內心的哪裡。我把它和G中心連結，因爲我以爲所有的愛都在那裡。但我現在聽到了，G中心不是個人的愛。

G中心的愛，對我而言，感覺比較像宇宙的愛或普遍的愛，是當我想到人類圖和人性時，會開始充氣的那部分的我。那是一直在用力拉我，並試圖讓我停止等待，爲這個行星做點什麼的那個部分。當那部分的我，感覺它就要從我的胸口跳出來時，我感受到的是這個G中心。

除非我的薦骨有回應，否則無事可做，甚至連爲別人都不行。我在心中暗自揣想，那麼多人正在做幫助人類的事情，而那些基本上是錯的？於是我想到，在聖塔菲所做的兩個非常不一樣的實驗。如果那對我是不對的，它怎麼能幫助人類，即使它看起來像可以？它製造了一陣漣漪，卻不是能眞正療癒這個地球的正確頻率。那正是爲什麼，當我的薦骨回應那個問我有沒有零錢的男人時，它對我們兩個都是令人敬畏的經歷的原因。那是因爲，薦骨中心的生命動力的頻率進入了他，改變了那個情境的狀態。現在，我明白爲什麼拉在我問他「那我對人類的愛呢」時，他會說：「有回應才有。」如果我眞的想幫別人，不可能用其他方法。

所有信仰與想法的枷鎖消失了。等待回應帶來了何等的自由。這也許是我一生做過最困難的事情，但它卻讓生命變得如此簡單。我總是感覺很奇怪，生活會如此複雜，但看起來不應該是這樣。

拉繼續講解，個人的愛在於火花的連結裡。天啊，原來那不是我原先以爲的生命中的愛。我以爲個人的愛比較像靈魂伴侶，不是強烈的異性相吸。但是，個人的愛眞的是像那樣。當我拋掉對愛的幻想，只看我過去的關係，那常常只有異性相吸。而當我對自己完全誠實時，我看出來那些我愛的人，我有時也無法忍受和他們在一起。事實就是這樣。所以才會衍生出那麼多故事。

愛從何時變成恨？
吸引力從何時變成排斥？
一定越過了一條看不見的界線
那裡有任何的路標可以查看嗎？
一定有模式可循

我忍不住覺得，可能是像我這樣的人……情緒中心沒有定義，當那股波動朝我而來，我可以就走開，遠離那股能量。當愛開始轉變成恨，如果轉變可以發生……在千分之一秒間……，嗯，誰知道呢？

我開始玩這個遊戲，想要看看我的吸引力開始變成排斥時，可否察覺到。那真是一場值得注意的意識遊戲，有幾次，我夠快，在還沒越過界線前，就先離開了。了解這些火花連結的磁性引力，有助我看清，那眞的無關個人。那只是兩個磁石間的移動。過去，當我感覺到我愛的人遠離時，我總是變得一蹶不振。我覺得好像是個孩子，不能明白，以爲是我犯了什麼錯才帶來這種結果。我被丟下，感到孤獨而困惑，好像我是因爲某件事而受到懲罰。我會試圖改變行爲以補救狀況。喔，不理解狀況，會造成多大的混亂啊。

我現在明白，那就是這些連結的樣子，從一邊移往另一邊。緊抓一邊不放，毀掉的正是一開始產生連結的東西。我以前總是那麼做，不想要另一邊出現。我壓抑我的眞實感受，然後用笑容把它們全蓋住。也許現在，了解磁性吸力以及在中間移動的必要性後，有助於感覺起來不在那麼個人。它就只是這種強烈連結的動力韻律而已。

吸引力與排斥

我曾在這世界見過相反的兩人結合
我的雙眼發疼
我曾在這世界聽過相反的兩人共享
我的雙耳疼痛
我曾嗅聞出相反的兩人彼此相愛
沒有芳香
被迫在一起，當他們應該分開
隨時間過去，誤解殺死了神祕感

讓相反的兩人不斷加深痛苦與憤怒，仇恨與懊悔
沒有眼淚或請求或甚至歌曲，能恢復生機
死了就是死了
而且已經來不及了
永遠都不應該踏出的一步
永遠都不應該越過的一條線
一條無法被看見的線
一條只能被意識察覺的線
從愛到恨的那條線
把另一個拉近是爲了最後推開

活在朝它接近的幻覺中……
我只能說不
這條線朝你而去……
因爲一旦和愛相反……
仇恨終將來臨。

當你無聲地沉浸在愛的驚奇中
恨正悄悄地愈來愈接近。
只有一個守衛，駐守在愛的大門前
必須警告恨已接近……就算在最緊密的擁抱中
愛侶也必須在一瞬間遠離彼此

因為它憑空出現
一眨眼，一切就已毀滅

坐在課堂上，連續幾天把這些資訊全都吸收進來，對我的身體來說並不容易。它不習慣只是坐著，尤其是現在，有這麼多能量在給我充氣。有時在休息時間，我得離開人群，帶著我的音樂去快步走一走。吸收這個知識是個非常強烈的經驗。我知道，它沒有進入我的頭腦，因為我可以確實感覺到它在我的身體裡。我的身體無法坐在椅子上。那是不可能的。所以，我才總是坐在地板上，背靠著牆壁。在每堂課開始時，我會坐在椅子上，但十五分鐘之內，我就會變成坐在地板上。

學習我的人類圖中，有定義的每個中心以及開放的每個中心，是很深刻的事。感覺好像它滲入了我的細胞裡。當拉講到情緒中心時，能更了解我在這個中心的開放程度，眞令人大大鬆了一口氣。

了解情緒沒有定義的意義，眞是相當不尋常的過程。我需要體驗它，而不只是學習。自從六個月前我做了解讀後，行星沒有一天不在定義我的情緒。我還是不知道，當我一個人而且沒有情緒影響，感覺會是什麼。我的情緒總是受到刺激，不是來自人群就是行星，而且這種情況不斷流入我。它很強烈。我一輩子都以爲自己是個非常情緒化的人，而且這輩子大部分的行爲都和這些情緒直接相關。發現那些情緒從來就不是我的，首先，讓我寬心。了解我過去大部分的行爲和決定，極有可能是情緒性的，讓我懷疑自己是否曾做出正確的決定？或者，我一直受到其他人情緒的影響？那眞是相當駭人的想法。

這些日子在課堂上，我可以感覺情緒在體內，不只是行星，還有所有人的。我很久沒有天天和這麼多人在一起。從四個月前開始這個實驗起，除了在拉斯維加斯那段時間外，我花了好多時間和自己相處。但明白這點，對我是好的，因爲我以前從未察覺這點。

不要做出情緒性的決定，耗費了我所有的覺知。不要因爲這些情緒湧流過我就行動，是非常困難的事。我低聲唸著那句咒文：「我不做情緒性的決定。」並等待體內爆發的情緒性能量過去。從拉解釋流日對我的影響後，我一直很注意這現象。

想表達的需求很強大。在教室裡坐五天，眞是了不得的經驗。尤其是第三天，我的情緒完全被定義。忘了教室裡所有的人，感謝行星，有三個通道在爲我自己的情緒中心打氣。即使在我獨處時，也沒有片刻安寧。

從我開始等待後，就變得非常敏感。我有很深的察覺，知道等待事情找上我是再正確也不過的事。但如果在課堂上有問題時，要怎麼辦？我等了又等，看是否能得到解答，但沒有。在拉講到家族人和社會人時，我不懂他的意思。我知道字面上的意思，但它在人類圖裡眞正的意思是什麼？我想要問的是這個，因此，我就問了。

有位顯示者老師，並不是件輕鬆的事。顯示者與生產者間的規則非常清楚。在我解讀之後幾天，就學了全部四種類型。我記得那個關於顯示者槍手及生產者警長的故事。它幫助我了解，不同類型如何可以彼此有正確關係。如果他能問，任何人是否有問題，那就會不一樣。但帶著問題去找他，喔天啊，那可不是好玩的事。我痛恨問拉問題。那就好像迎向一個抗拒的能量場。即使，什麼話也沒說。

我知道，我無權問任何事。我是生產者，必須等待被詢問，即使是在課堂上！但有時候，等待被詢問就眞是該死的困難！無論如何，他回答我的問題所使用的聲調，引發了我很大的情緒反應，我充滿了憤怒的情緒。在那個休息時間後坐在教室裡，而不是走出去、離開，而且再也不回去，需要我的每一分覺知。就好像要馴服我內心的一隻野生老虎一樣。我簡直氣瘋了。

然而，我也知道，這股能量不是我。但在那股能量在我血液裡不斷充氣，並要將它煮沸時，認知無濟於事。那麼強大的怒氣要求採取行動。能量就是能量，天啊，這是一股要處理的強大動力。知道我不會做出情緒性的決定，幫助了我。我的身體一直沒有移動，然而，某個看不見的我站起來，離開了那個房間一百次，每次都把門在身後甩上。它在半小時內，通過了我，但那眞是要命的半小時！媽媽咪呀！好一個教訓。

這個課程對我來說，和拉斯維加斯的基礎訓練非常不同。也許是因爲，我開始較爲熟悉人類圖的用語，或者也許是因爲，我力行等待回應，因此，我的行動對我來說都是正確的。我不知道。但是，有個清楚可見的轉變。

我眞的很喜歡一起上這門課的人。我覺得和有些人有連結，彷彿我認識他們一輩子了。有個人總是問我，想不想去離教室不遠的小咖啡館喝咖啡。有時候，我們甚至會在下課時間衝去買杯拿鐵。離開教室的感覺總是很好，只是去外面呼吸，那個教室眞是個壓力鍋啊。其他時候，他們會邀請我加入，一起去逛街或吃晚餐。我並不總是回應「嗯哼」，但當我如此回應時，總是玩得很愉快。

我等了又等，等拉講到薦骨中心。我真的很想要更加了解這個中心！我唯一知道的是，它是個回應機制，而且是以聲音回應。正是這點，成為我整個實驗的前提。我從解讀中，明白了一些很私人的事，我想要更深入鑽研這個中心的知識。他花了整個下午講解薦骨中心。喔，天啊，這些訊息穿透了我。它如此深入，我甚至無法再坐在地板上，背靠著牆壁了。我發現自己躺在桌子下，披肩墊在身體下面。桌子有鋪桌巾，我發現自己感覺非常安全，四周都是這些幾乎垂到地上的布，我有保護，不會被看見。那是個非常怪異的經驗。我喜愛聽到的知識，但我的身體就是必須躺下來。

在我所有上課的歲月中，聽過最愉快的咯咯笑聲之一是，一位我先前回應下課後要一起去喝咖啡的女人，在課程結束後走過來，拉起桌巾，探頭進來問：「帕堤帕塔，妳還想要去喝咖啡嗎？」我的薦骨回應「嗯哼」，於是我的身體立刻從桌子下面爬出來，站起來，然後我們就出發了。我領悟，其他人會覺得，就讓我在那裡，但因為她知道，我需要做的只是回應，於是她開口問。然後，我的能量就準備好可以作用了。

有時候在下課時，我會把披肩鋪在靠近窗戶的地板上，如此，當我躺在那裡時，太陽可以照到我。我覺得好像一隻貓。我愈來愈進入我的形體。所有我頭腦對我應該做什麼或不該做什麼的想法，尤其是在教室裡，對我的身體沒有任何控制能力。我的身體做它必須做的事。一直觀察著這點，眞是很了不起的事。我知道，我在人類圖的課堂上，雖然這樣的行爲可能被視爲有點奇怪，但它會被接受。而且它的確是。

我的開放頭腦此刻幾乎可以聽到讀者正在暗想，嗯，拉在那堂課上說了什麼？我不記得了。它在我的身體裡，而且已經成爲我的一部分。但是，如果你想要這門知識的詳細內容，我很確定就是在這本書《九大中心與其閘門》裡，可以在人類圖英國分部買到。

我從不會試圖記住人類圖。我甚至不想學它。我坐在（或躺在）這些課堂上的唯一理由是因爲，薦骨把我放在那裡。喔，東西進來而且很深入，但不是一般的方式。我總是覺得被這知識貫穿，而且我常跟拉說，覺得自己好像一頭老母牛，坐在這些課堂上，把不管講授的是什麼，吸收通過我的身體。

我愛上了邏輯
它的清晰俐落
它的明確
它的模式

從混亂中得出不可思議的道理

完美的公式
完美的等式
可以被證明
一個片刻接著一個片刻的實驗

邏輯很不可思議
但有一個所在，不知道邏輯是否也適用……
它也能穿越通往我自己的大門？

它可以一步一步到達門前，但它進得去嗎？
覺知可以進去，但我認爲邏輯
一定會拋在後面

我眞的很喜歡顯示者朋友當我的室友。她眞是個大火球！關於顯示者的能量，有個非常不可思議的事情，尤其是現在，我自己不再試圖做顯示者的時候。那段時間，在各自透過我們自己的獨特形態，處理課堂上的資訊時，我們有很難以置信的美妙對話。我們交了些朋友，有時候，會有人來吃晚餐或只是殺時間。那裡有一些桑雅士（我的顯示型朋友以前也是），透過我們和奧修的共同經歷來分享人類圖，真是非常生動的經驗，因此增添了一些感受。

第一天晚餐時，對我大加斥責的那位女子，想找我出去，我一直回應「嗯哼」，所以我們就約好時間。我感覺，她在陶斯有了重大的轉變。她的臉和眼睛，後來都變得柔和許多，好像有什麼打開了。她告訴我，這輩子一直很害怕愛人，因爲，也許那個人無法回應她的愛，或者她會失去那分愛。即使和她自己的小孩相處時，也是這樣。呼！那重重打擊了我。一個母親害怕她自己的孩子，對她是多麼大的毀滅。我覺得她的恐懼在那一刻，像面具一樣脫落了。她看出來，這全都來自她的頭腦。我覺得，她好像一個可能會長成美麗玫瑰的小小花苞。

我記得，這些花苞有時候會枯萎，從來沒有綻開，散發出它們的芬芳。我覺得，這位女子有機會散發出她的芬芳。在我看來，她的確話太多，但其他人喜歡那樣。我們都非常不一樣，而那正是我最喜歡人類圖的一點，容許並接納差異。

這是課程的最後一天。我覺得好像已經過了好幾個月。時間眞是奇特啊。在這五天裡，我覺得光是坐在那裡，我就好像一而再、再而三地突變了。我記得，拉在爲我解讀時談到突變，我問他：「什麼是突變？」

他向我解釋：「你知道奧修談到關於手指間的空間的故事。邁爾斯．戴維斯也說過類似的事。有人問他關於音樂的事，他說：「嗯，存在於音符之間。」你想想這是怎麼運作的。我們在空間中移動，因此，當一個波動上升，它不會回到同一個地方，它沒辦法，因爲我們正在空間中移動。所以，個體性的運作是在一瞬之間的，它在那裡，或不在那裡；它在那裡，它不在那裡。所以，當它在那裡時，它在。當它不在那裡，空間正在移動，等它回來的時候，它在不同的地方了。

「現在，等它回來，在這中間，永遠有突變的可能，突然出現的新東西。這是維持我們生存的演化動力。所以，它會發生，這是重點，它在空間裡，它在中間的空間裡。而且等它回來，它突然就不一樣了。

「這是變化的動力。而突變造成的結果有很多。它可能是一種生物上的突變。我是變化的動力。我的一切是獨有的，而個體是變化的。因此，我在做的是，我正在改變人們看世界的方式，他們看自己的角度。

「那是種突變。我帶來突變。如果它眞的開始了，那麼它就變成一種活生生的突變。每個人慢慢地，我稱它是一種病毒，在身體裡有一種病毒，而且它會接手。這是突變的運作方式。因此，帶來突變的可能永遠都在你身上。例如，身爲母親，你總是有帶給你的孩子突變的可能。換句話說，他們基因的遺傳物質有些不一樣了。」

那天晚上，我們在公寓裡開了場派對。我那顯示者朋友把我們的場地提供出來。她先問了我有沒有關係。她不一定總是記得要問，常常就直接告知我。這對我來說，並不容易接受，因爲我痛恨被告知！那天晚上的派對，每個人都帶食物或飲料來分享，我們還叫了披薩。感覺好像是慶祝活動。我們熬過去了？嗯，至少我在慶祝我活下來了！拉帶著他的吉他來，那眞是結束課程的完美方式。我喜歡聽拉唱歌。對全班來說，那是很好的能量轉換。我的顯示者朋友第二天早上就走了。我又多留了幾天，只爲能獨自一人消化我所吸收的所有東西。

十月十三日，**陶斯**

啊，獨自一人的寧靜
平靜，寂靜，溫柔，甜美

課程在進行，我享受與人分享空間
但我很高興再次獨自一人

和情緒型顯示者同住，經驗非比尋常
被告知而不是被詢問……是出於習慣
那和愛無關，因爲我知道她愛我
我也愛她！
過去這幾個月，我們已變得非常親近

我明白被告知帶走我回應的所有可能
它鎖住我，凍結我的聲音，什麼聲音都出不來
然而，顯示者在身邊也很棒
我眞享受能量的交換
那眞的是陰和陽。
在這五天裡，我身體的每個細胞都飽滿
拉傳遞出來的內容，淹沒了我

我呼吸每一句話，進入我內在

話語湧入，愈來愈多
每一句話都加深我的理解
現在，它全都在我裡面

整整五天不在時間之流
讓我放鬆，更成爲我自己
振動令我著迷

它在這裡然後它又不在
當它從它去的不管哪裡回來時
一切可能都不一樣了
我喜歡這樣而且我理解
這正是現在發生在我身上的事

愛，喔，甜美的愛

就讓吸引與排斥呈現原有的樣子
知道那並非針對個人
只是機制
別緊抓不放，否則會雙雙一起被摧毀！

理解就像把雙腳放進游泳池
感覺如此之好
昨天晚上，我完全無法入睡
我整晚醒著，如同在陶斯的大部分夜晚
在這裡的五天，我也許總共睡了十小時
我喜歡課堂上的電流
我喜歡那種強度……它燃燒了我
我開始眞的喜歡被燃燒

我不知道發生什麼事
但我今天和昨天不一樣

我的外表沒變……然而，某個東西變了

我已準備好返回塞多納的生活，依照我的人類圖生活
喔！我好愛人類圖
有這樣的系統存在，讓我身體裡的每個細胞激動雀躍！

什麼／如何／哪裡／多久都無關緊要，全都不重要
它已開始
而且它正向著人類前進
而且它會以其獨特的方式展現在我們面前

我們無法想像的巨大可能性
可能像水流過岩石
慢慢地，慢慢地，沖走岩石
直到岩石消失
或者可能像火一樣前進，猛烈燃燒

所有在它路徑上的一切都在火光中灰飛煙滅
新生命從灰燼中重生

喔，人類絕望地需要新的生命
這麼多的痛苦折磨
窮人與富人都一樣
痛苦折磨有多種不同的面貌
無盡的可能
我的41號幻想閘門近來很忙碌
我對人類圖存有許多幻想……
有時候，我覺得它好像把我逼瘋了
有那麼多事我想做
有那麼多我想貢獻
但沒有人問我任何事
我必須等待。

仍然在陶斯

這些日子裡，當我閉上眼睛躺在床上
體內有許多嗡嗡的聲音和振動
拉告訴過我，這來自我的24號鬧門
有時候，身體會因爲外面的一個聲音而跳起來
與體內共鳴成振動
沒有語言，只是因爲那是最強烈的聲音
那麼多的回憶

從我的雙眼落下
又濕又大的水滴
從體內深處
釋放痛苦
陶斯是童年
所有保留在我體內的眼淚

從我爺爺去世之後

鳳凰城有我生命中那些男人的深層記憶……

從我父親開始……

我非常幼小時的回憶。

我在馬林一直哭

爲了我失去的第一個眞愛。

痛苦藏在心碎的回憶裡

消失在眼淚中。

洛杉磯與拉斯維加斯

古老的記憶湧現

從我不知道的地方

大量的回憶

從這一生與之前的時代湧現

眼淚落下，釋放它們也讓我自由
我內在的空間愈來愈大

光年似乎颼颼掠過
然而，我從未從此刻離開
那是條線還是個點？
如此快速地衝過宇宙
因而讓人誤以爲有一條線
它將飛往某處，幻覺

十月十五日，午夜

有什麼吵醒了我，我躺在床上……
那是童年，它今晚來找我
將我從回憶與痛苦中釋放
父親、母親、祖父、手足、老師、其他小孩

喔，身爲一個脆弱易受傷的孩子並不容易

許多往事湧現
回憶快速傾瀉
眼淚將它們全都領到門外
內在有個預先設定好大小的空間可用嗎？
就像電腦的硬碟那樣？
保存回憶的空間
釋放出來後會挪出空間給未來用嗎？
回憶，眼淚，回憶，眼淚
還有多少回憶
彷彿排隊般就等在這些後面？

我小時候一定是個奇怪的小東西
在鳳凰城的夜裡四處徘徊
被如此

熟悉同時又陌生的未知所驅動
我觸摸我生來該當的小孩
一個人在泳池
光著腳在草地上行走
沉默地與月亮一起

這個童年的小東西回來了
一個精靈少女，幾乎隱形
感覺
每一個時刻都有魔法

絕不能被提及的魔法
世俗的小事，咖啡和報紙
絕不能被化爲
一個它們不屬於的世界的話語

生命只是魔法，沒有別的了
而我獨自一人
完全孤獨地帶著這種魔法
當我需要躺下睡覺
我知道我必須睡在草地上
讓它的味道進入我的鼻腔
因此，在飯店的中庭
我躺下來入眠
我知道我很安全

在接駁車上，離開陶斯

人們眞的很擔心
因爲司機遲到，他們可能會錯過班機……
沒有人說話……我的內在可以完全感覺到
司機愈開愈快

只讓他們變得更加焦慮
我的胃緊縮到不行
八個人在一個小空間裡……我未定義的情緒中心
以及未定義的頭腦，把一切全都吸收進來！
和其他人關在一個小空間裡，怎可能會比較輕鬆?!

阿布奎基，等火車

一家餐廳，啊，營養，眞好
我有一或兩天沒吃東西，我已失去時間的軌跡
昨天晚上，只睡了大約一小時……
我現在眞的會失控
如果我不知道我的極限並愛它們
我乘著它們從這裡到那裡
所以，現在來點咖啡和蛋。
嗯！完美！

我似乎無法停止寫東西⋯⋯
我在陶斯已經寫滿一本日誌。

未來那麼神祕
我不知道會發生什麼事
現在，我不會試圖再讓任何事發生
與我以前的做事方式相比，極大的轉變
不管我有多想要某個東西
我再也不會試圖想要得到
或也許，我根本不想要？
可能只是過去的制約⋯⋯
我什麼都不會知道，要等到我被問
「你想要嗎？」

眼前一個被媽媽抱在懷裡的小嬰兒剛剛過去
那一刻，我的雙眼閉上，在那瞬間

我去了某處又回來
眼裡有淚……我「看見」
會有一個時候
這門知識將會迫切被需要
我看到了

鳥兒啁啾
唱著牠們的歌曲
喚醒我內在的一切
那些我還未發現的事物
有那麼一瞬間
一切都在鳥兒歌聲裡知道了

購物中心，仍在等待今晚的火車

我似乎只能走幾步路，找到一張長椅

停下，坐下，讓這些語話傾吐而出
不久前，我在一張長椅上打瞌睡
我需要睡眠，好多人來去匆匆
他們咻地經過
聲音慢慢消失
我更深深沉入我的井裡

明年我流年的主題是需要
我希望不會把我耗盡，需要但是不要試圖得到！
19號閘門會定義我的49號閘門直到一九九九年二月！
我的情緒中心將有很長的時間有定義！

當我第一次知道時，我好害怕這段時間。但那是在我開始了解行星對個人的衝擊之前。它們和人給你的感覺不一樣，那是不一樣的。那幾乎就像是給你試吃某樣東西，如果你有用正確方式過生活，那只不過是約莫像順勢療法那樣的劑量。而你得到的，恰是你自己療癒所需要的量。而如果你不是依策略過生活，它可能會變成致命的劑量，而事情會變得極爲糟糕。

我很害怕我的需要和欲望，因爲它們已經爲這一生帶來那麼多痛苦。我現在懂了，那只是因爲我把一切都混在一起。我並不眞的清楚我想要什麼（喔，我的頭腦害的！）我也並不清楚我需要什麼。因此，欲望變成需要，而需要變成欲望。當我並不是從我的薦骨回應，而我的頭腦追尋著任何它認爲我的想要和需要時，一切眞是一團糟。

現在，過去這二十四小時，關於這點，有那麼多事情澄清了。我眞的覺得已經準備好，張開雙臂迎接木星會隨19號閘門一起帶來的理解。覺知，那一直是給我的鑰匙。對穿過我的感覺保持覺知，並繼續信守我的咒文：「我不做情緒性的決定。」到了某個時候，我就不再需要記住那一點了，因爲它將已完全消失。但目前，喔，哇！我的確需要保持覺知。了解了這點，我不再害怕情緒中心的閘門將帶來的教訓，尤其知道了我每一天的流日。很快，它們就不再陌生，而我能在它們走進門時，就認出來。

眞了不起，發現我不是情緒化的人
而且甚至無法體驗情緒
因爲行星多年來都定義著我！
嗯，一切的重點都在學習等待，因此，我就只需要等待！

我一直很注意觀察欲望與需要
它們很不一樣
我一再地注意到，如果有人問我：「你想要做這件事嗎？」
那和「你需要做這件事嗎？」
非常不一樣

欲望如果無法實現，不會殺死身體或精神
但是需要會

在太陽中燃燒
我腳下的草地
水流沖過我
不會感覺寒冷，從來沒有

咖啡加糖和奶精
可口可樂

在我感覺想要時，立刻躺下來

音樂
在車裡……
在我房間裡
以及在我旅行時

沉默
樹木
花的香味
在我需要散步時走路
當眼淚想流下，讓它們流下
去笑
不管我在哪裡或是離開時，感覺自在
紫色

但最重要的是，我需要等待

火車站

天啊，那麼多無盡的時間已流過
從我上了接駁車後，我已在這本日誌裡寫了這麼多頁

坐在這裡，等待火車
讓我想起很久以前一次經歷
在印度跟隨彭加後，我回到美國，思緒清明
然而，我對發生的事情毫無頭緒
無法理解，而且無法在它離去後讓它回來

那個時候，外在的某個東西
改變了我內在的某個東西
它能夠讓我找到我所追尋的

我需要和朋友分享
我從紐約搭美鐵到加州然後回來
在途中下車拜訪朋友
其中一站就是這裡

而我坐在這裡，這一刻
體內有深層的能量轉換
然而，這一次和那一次極爲不同
那時，我不知道發生了什麼事
它來自身外，然後消失不見
未曾留下足跡，好讓我再度找到
這一次，它完全在我體內
是的，我聽過解讀
但只有我自己進行這趟旅程
一次一步
它不可能消失，它已在你自己珍貴的足跡裡

我等待的每一刻
我不行動的每一刻
我薦骨回應的每一刻
這趟旅程的腳步引領我益發接近我自己
這一次，那轉變在我體內扎根
它在我的等待中生根落地

六年之後，就在同一個火車站
和當時同一個月台上，我甚至伸展了我的雙腿！
我現在坐在這裡，百分百的完美
知道我一直
渴望的，尋找的，希望的
真的就存在我體內！
它無關，完全和任何其他人都無關
如果我等待被詢問，而且如果我從我的薦骨回應

而且只按照回應來生活
我會活出我的生命，我會是我
這是我這輩子唯一想要的東西，只要當我
多麼漫長的旅程，努力要找到這個
而它一直就在體內

現在，因爲我的薦骨回應
我開始發現我是誰，慢慢地，慢慢地
在當下，自然且眞實
每一個回應都多發現一點我
我開始看見自己
那麼神奇，而且那麼難以證明
一個小小的聲音，而我整個人生都以它爲基礎
它就是那麼簡單卻又那麼深奧

但是，喔！沒有那麼容易

我必須等待
而我必須等待
當朋友遠去
我必須等待
當我的人生在我四周崩解
我必須等待
當沒有人問我任何問題
我必須等待
等待
等待
也許是永遠
而即使到了那時，誰知道我是否會被詢問我需要被問的事情
以向我揭露所隱藏在我的內在

稍晚

我好傷心，那麼深刻而美麗的感覺
這一次沒有眼淚
它不知來自何處，深不可測
將我包在一團灰色的雲中
我大大鬆了一口氣，我終於了解
不要在「我很傷心」後面接上「因爲」
過去這幾個月，我把自己折磨得多厲害
而這一輩子，我把自己折磨得多厲害
只因爲天氣正在轉變，只是我不知道！
風現在可以自由吹動了
在這個哀傷的空間裡
沒有什麼把它鎖住
了解事情如何運作是何等珍貴

我發現大部分人說話我都不喜歡聽
那眞得讓我很頭痛
四周有那麼多喋喋不休的聲音
有時候，我想要就走進大自然
而且永遠不要走出來
它的寂靜召喚著我，呼喊著我
我渴望它

我很高興我帶著隨身聽和音樂
它幫助我待在人群中卻不會受干擾
上過這麼多人類圖的課後
我準備把我所有個人研究的資料夾都燒掉
但我想，我目前就把它收到櫃子裡吧
我想要繼續排我的流年，留神觀察即將發生的事
看著這場戲的發展——the Leela
但除此之外，我現在只想要過我的人生

快要到旗竿市

麥可會到旗竿市的火車站來接我。我很高興，他是那麼安靜，話不多的一個人。是的，他有時候很嚴肅，而且，是的，當他用他的邏輯頭腦說話時，有時候，我很無聊，而且，是的，他有情緒波，可以讓我非常不舒服……但他身上有種不凡的美，還有在我們共同生活的家裡，有種很不一樣的寂靜。我們並不那麼常說話，即使是我們整天都在家。我們這種伴侶關係，給了我們深深的滋養。我們共同都有的二爻的特質，我們兩個都很喜歡獨自一人，但不是一直。因此，我們共處，然後分開，再度獨自一人。這是種完美的舞蹈。我很感激這種方式。

一九九七年十月三十日

從我的解讀之後，我好需要我的音樂
和音樂的這種愛戀
強而有力，純粹的薦骨能量音樂

只有那才有用
我需要戴上我的耳機，或是開車時，讓音樂在車內轟炸
它注入每個細胞，是我的完美頻率
音樂直接進入我的生命動力並且帶我和它一起……
音樂的力量在我體內爆發，就像一千個太陽發出的光
體內的喜樂需要表現出來
沒有言語，只有動作能表達

塞多納，兩天後

麥可和我今天早上去吃早餐
我們兩人之間的分享非常深刻
被詢問然後回應
揭露出我的靈魂，讓他和我都能看見
不可思議的揭露
我不知道我體內有什麼

只等著要表現出來
這種等待多麼神奇而美麗
我們一起經歷過這麼多
在一起十六年，而一個小時的解讀就把它全都吹成碎片
粉碎一切不眞實的東西

現在……慢慢地……我們建立起新的關係
基石建立在我們眞實的薦骨回應
和他的情緒上
而不是來自應該和想法和願望
很眞誠，但不輕鬆
回應可能像劍一樣鋒利，一樣粗暴
或者可能像玫瑰花瓣一樣輕柔易碎

但慢慢地，每個回應
將我們再次帶向彼此……以一種新的方式

更多氣息……更多空間
讓我們各自活出我們的眞實

另一天

當我想要待在這個世界裡
我有多不可思議的時光
而且是多深層的放鬆！
不打算
去愛
或在乎
或親切
或了解
或任何事！

我是我，只要等待回應

我發現那種等待，以及不要發起和催促
對其他人是多大的尊重
尤其是對陌生人身上
我得到的回應大出我意料之外

計程車司機待我如公主
服務生周到得不得了，爲我的優雅得體感謝我
空服員要確定我百分百舒服自在
而且問我是否所有需要都滿足！
我沒有扮演任何人或做任何事
我只是等待回應
我從未曾感覺如此自由
如此有活力
或者生命如此神奇

瑪德忽，我可愛的女兒

她有多珍貴
從她在我懷裡的那一刻起
我就知道，我會永遠愛她照顧她
昨天晚上，我們在電話上聊得多愉快
關於我們的解讀後，各自的人生
她也是薦骨人，而且帶著深深的尊重與尊敬
彼此是獨一無二的個體，我們得以告訴彼此
我們的旅程如何展開並分享深層的感受
我如何能找到言語來形容
身爲一個母親，我內在的這種感覺像什麼？

星期日早上，塞多納，烘焙者咖啡

我愛人類圖
它就是那麼的簡單又複雜！
我怎麼變成如此著迷於邏輯？

公式？我變成的這個人是誰？
我自己都不能相信
任何以前認識我的人也不能

夜已深，我坐在地上，被書本和人類圖筆記包圍
排著我的流日……給人類圖上色
那些資訊進入我的細胞
我不知道它怎麼進去
我不知道我怎麼記得要做什麼
我不知道我的嘴如何張開，然後言語流瀉而出，
與某人分享他們的人類圖

這是給全體人類的禮物
那無關精神心靈
那是關於當個人
那是關於過生活

我生來要活在
這個人的形體裡
這個幻境裡
二元性裡
還有什麼能比那更具精神性？

過去五個月，我一直在擺脫萬古的塵埃
那些來自我以爲我應該是誰的無盡想像……
在那下面，我開始瞥見
我一直在尋找的鑽石！

Chapter 6 呼吸、筆和紙

愈來愈多時間流逝
每一個時刻都成永恆
每天當我要排流日圖
我必須先努力想起那天的日期
我甚至記不得月份
這種情形以前從不曾發生

行星過境相當奇妙
我逐漸一點一滴地了解
未來幾天，我任何開放中心
都不會被行星定義
行星的確要讓我做自己

雖只是一扇小窗但已足以窺見我自己！
六月解讀後，這幾個月行星一直定義我的情緒中心
我一直沒有機會
體驗我的開放！

我還有幾天的時間，它們會回來
會再次定義我的情緒直到一九九九年二月！
噢，我不能一直躲在掩護下了
情緒中心教我的事得要學

一九九七年十一月三日

上次寫完後發生好多事
感覺好似過了幾輩子
而實際上我靜止不動

就在我的「人類圖生日」前，麥可敲了我的房門，要求進來。我們聊了一會，他指著散落在四周地板上的所有流日圖，問道：「妳曾有過任何懷疑嗎？」對此，我的薦骨立刻回應「嗯哼」。我對那個答案如此坦率有點吃驚，但仍然可以清楚感覺那是我的眞我。

我接著補充，我未曾疑慮的一件事就是我薦骨的回應，我已經漸漸發現，那是我未解之謎，是我的眞我，一個住在我內心的眞我。除了透過回應將它召喚出來之外，完全隱藏起來，不讓我看見。在我說著這些話的時候，那股不可思議的力量充滿了我。

那天晚上，我做了個和奧修有關的夢。從拉六月爲我解讀的一個月前開始，我就不曾做這樣的夢了。在夢中，一位同是奧修門徒的老朋友來找我，說奧修想見我。我飛到奧修住的地方。我走進一個大房間，朝坐在椅子上的奧修走去。我身邊有很多熟悉的面孔。我心中對他的愛，從我的胸中飛奔而出。而他對我的愛，生氣勃勃地在他的雙眼中閃耀。他叫我坐下，告訴我，我看起來很美，然後說：「帕提帕塔，我希望妳幫忙，讓我的人再團結在一起。」

那一刻，一切都安靜下來，除了來自我薦骨的聲音「嗯嗯」。毫不猶豫。立即的。然後隨之是這些話：「我現在要過我自己的生活。」然後，我就沉默地坐在那裡。我的內在如此鎮定，如此平靜。我知道這是我的回答，我的眞我。房間裡的頻率隨著我的答案蕩漾出去而改變了，很清楚可以感受到。奧修的眼睛以一種不可思議的力量穿透了我，感覺好像《西藏度亡經》中的所有階段，都從他的眼中湧出，進入了我。我竟能完全鎮定，讓我很吃驚！

即使在夢中，我也無法相信。我內心暗想：「天啊！如果我不知道這就是我的眞實，我眞的會立刻失控。」在夢中，大約過了三十分鐘，我什麼話也沒說，繼續坐在那裡。內在非常安靜，我只是堅持眞我。我沒有動搖，沒有內疚，沒有恐懼，沒有羞愧，沒有懷疑，沒有憂慮。房間裡的能量變得愈來愈強烈，奧修的眼神變得愈來愈尖銳，而我只是不發一語，坐在那裡等待。最後，奧修露出大大的笑容看著我，他如貓一樣咧嘴而笑。他慈愛地摸摸我的頭頂，然後說：「很好，帕提帕塔，妳去過妳的生活吧。」

這個夢如此清晰，極度眞實，因此，當我醒來時，我很驚訝發現自己躺在床上，而不是和奧修在一起。我以前從來沒有像這樣堅持眞理過。在奧修門下那些年，我從來不曾對他說過「不」。是在這個夢中，我才了解一種不同的臣服。我覺得，這是奧修在我們共處的那些年裡，一直試圖要讓我了解的那種臣服。我一直誤以爲是向他臣服，向他的社群臣服。顯然，眞正的臣服是向內在的能量臣服，是這個能量回應了奧修。那聲「不」不是一個想法，它就來自我的體內，它來自我最深沉的地方，它不是來自頭腦，是我薦骨的回應，向我展示了我的眞實，而且繞過了我的頭腦。我的頭腦絕對不會對奧修說出「不」。

一九九七年十一月八日

一位會算命的朋友來訪。我們的人類圖非常相似，都是沒有情緒定義的生產者。我的頭腦一直拚命擾亂我，它不斷告訴我，我涉入人類圖太深，它會掏出火力強大的武器，實踐我的實驗對我及我的生活造成了重大傷害。雖然我知道，不要因爲它說什麼就採取任行動，但要我就這樣不管它眞的很困難。我的頭腦很狡猾，它利用我自身的眞實經驗，加以扭曲到剛好足以讓我擔心的程度。朋友問我，是否要幫我算一下，我回應「嗯哼」。

這次解讀把我頭腦裡的爭辯炸成碎片。開始的時候，她說，她正走進我內在一個空曠的地方，那是間廟宇，裡面沒有神。它是神聖的，我必須停止可以做任何事的想法。我對任何事都沒有控制權，能量與我一起運作，我卻一直試圖要把所有事都變成自己的事，它根本不是我個人的事而已，還有其他的事在運行。

她說，有個很巨大的東西，愈來愈聚焦、清晰，最後她說：「喔，天啊！那是座巨大的人面獅身像，它正守護著妳內在的喜悅之屋。」她告訴我，它大得令人望而生畏，我不能再把內在的喜悅推向外在了，我必須將它視爲我內在的廟宇。重要的是，我要知道，這座人面獅身像不僅在守護這個喜悅，也在保護並注意著我。對此，我倒抽一口氣並大聲說：「就像它在保護孩子一樣保護我。」我沒有告訴她，任何有關我的賭城之行的事。

她離開後，我馬上癱平在床上，靜止不動，等待著。那一刻之前，我從未感受到這種全然的臣服，彷彿一直抓住不放的那一小片的我，現在放手了。我確確實實獨自一人，而且非常平靜。就只是等待，完完全全地等待著。第二天是我的人類圖生日，我整天都充滿了那種寂靜和等待的感覺，即使是我和其他人在一起也是。

要開始這個實驗，很簡單，但我不知道，它會讓我經歷什麼；而要相信這個過程，其實並不容易。需要時間。每次我的薦骨有回應，我能夠看出它似乎眞的知道什麼對我是正確的，所以我就會再生出多一點點的信任。我並不是帶著信任進入這個實驗。我開始這項實驗只是想知道，眞的依照「等待被詢問」這個前提來生活，到底會發生什麼事。我並不知道，這個實驗竟然打破了我活了這麼多年來，所發展出的所有行爲模式！我並不知道，生命的每一個層面都受到影響，而且所有的關係都會經歷深層的蛻變。我現在明白，不可能知道前方有什麼，因爲我從來不曾從這個角度生活過。這眞的是新的體驗。

等待持續滋長、深化
我感覺今年冬天其他一切都可能消失
只有等待會留下來
不做，不希望做，不因爲不能做而沮喪
只有純粹的等待
等待之中內在的力量持續滋長

我的能量愈變愈清澈
我幾乎記不得等待之前的時光
我曾是那樣的行動家？
我眞的那樣追逐事物嗎？
想要的東西非要到不可的那個人眞的是我嗎？
那似乎已經是好久以前的事了。

十一月十一日，星期二，烘焙者咖啡

灰色的一天，寒冷的天氣過境
太陽躲開我的眼睛、我的身體
咖啡與紫色讓我保持溫暖
此生我沒有什麼是確信無疑的
沒有，除了我呼吸的
這一刻。相當不可思議，就這樣！

很好玩，人們經過
打招呼然後閒聊
我胸口裡對塞多納這個城市有一種感覺
我感覺和他們很親近，即使我也感覺像個陌生人。
我感覺是塞多納社群的一部分
有時我會在烘焙者咖啡跑我的流日圖
旁邊好多人好奇觀看，我只是等待、觀察

看看是否有人問我任何我有回應的事！
和總是習慣貢獻自己的過往的我，是如此不同！

我不認識的人想要我跑他們的人類圖，我有回應
我解釋自己並非認證的分析師，但很樂意分享我逐漸了解的事情。我充滿敬畏，這些人以正確方式來找我。他們提出了是／否的問題，因此我可以回應！
我和他們一句話也沒說，但也許我的能量場說出了一切？
他們是陌生人，而他們似乎知道

我整個人生從解讀之後已經改變了
它給了我那把通往自己的鑽石鑰匙
發現自己內在的寶藏
我只和人們分享那顆鑽石。
我已見到它所帶給我的。
它也可以帶給其他人。

一張人類圖引發下一張，不久，我猜想那眞的是種病毒
我的身體單純地吸收了這個訊息
成爲從我口中順暢流瀉而出的話語。

星期三，十一月十七日

就是今天！
我入住城裡一間美麗的渡假中心
我想要完完全全一個人
我不想和任何人接觸

月初我來看過這個地方，確認可以預訂走廊盡頭的房間，如此就不會有人出現在我的能量場。

我準備這個地方所花的心思，讓我想起以前戀人要來找我的時候。但我要見的不是外面的戀人，這是我花了一輩子在找的戀人。我要和我內在的戀人相見。我要見到我！

今天是沒有任何行星定義我情緒中心的第一天，這是解讀五個半月以來的第一天，我可

以在所有開放中心都沒有被填滿的情況下，體驗我自己！

我很酷！
我不敢相信！
我很酷！
我眞的很酷！

發現我自己，這眞是奇蹟
身邊沒有其他人，也沒有行星和我嬉戲
我眞的很酷，而且很平靜。我充滿敬畏
一輩子都情緒化，而且以爲那就是自己
現在這一刻，就像把腳放在沁涼的水中，超級甜美！

體驗自己內在的冷靜，很深刻的感受
此刻持續進行，今天和生命中其他的日子都不同
好像活在我以前所謂的冥想中

也許那些時刻就是我在做我自己
情緒沒有定義頭腦也沒有定義
沒有感覺……沒有思想……只有內在不可思議的平靜

我一直非常急躁，一輩子情緒化
也因此受到懲罰，總是被命令別再情緒化
別再哭，別再歇斯底里
發現原來那從來不是我，我確實嚐到那滋味，就是現在
一直感受到我的平靜，那眞是美好

從姊姊手術後我照顧她開始，她就藉著問問題，成爲我很棒的支柱。她很有興趣想知道透過人類圖之眼看到的自己。她想請拉爲她解讀，我們說好等拉到加州，她飛去那裡，然後我去和她碰面。

感恩節前幾個星期，她和我談到照顧父親的事，他已經不再能照顧他自己了。她問了我各種問題，很明顯，讓他和我一起住，對我來說是不正確的。但我對其中一點有回應，就是在塞多納一帶找找看是否有不錯的療養院。麥可和我發現一個眞的很不錯的地

方，我們去紐澤西過感恩節時，把介紹小冊子也帶著。

從我夏天照顧姊姊琪卡見到父親之後，他的狀況惡化得很快。看到父親變得如此虛弱而且健忘，眞令人傷心。他一直都那麼強壯。很清楚，他不能再一個人住了，他無法照顧自己，不記得要吃藥或吃飯。對一個純粹的個體人，需要自己動手做事情、保持獨立，可以想像這個景況對他有多麼難受。

我試著找到適當時機給他看看介紹小冊。麥可很棒，一直問我問題。父親是個非常情緒化的人，因此時機很重要。在我回應就是現在後，我問父親，他願不願意看看在塞多納我家附近一家療養院的介紹資料。他情緒立刻激動起來，我們想要把他送到療養院，我們怎麼可以這樣？他很好，可以照顧自己，他不需要任何人的協助。我什麼也沒說，但我內在的感覺可以知道，他有多不安。我只是等待。

最後，我們沉默地坐了一會之後，他說：「妳到底要不要給我看？」那眞是完美，因爲他問了我一個是／否問題，那可以帶出我眞實的回應。我說：「嗯嗯，如果你不想看，就不要。這件事，我不會強迫你，只是看看那個可能性。我不想要你做任何你覺得不舒服的事。」那是我的眞心話，他感覺到了。

他盯著我，就這樣看了很長一段時間，最後終於說：「我再也記不得要吃藥了。還有，我在停車場找不到車。」然後，他敞開心胸，開始告訴我，所有的事情對他來說有多困難。最後，他又問了一次，想看看那些介紹小冊。看了一會兒後，他甚至對有不同公寓房型可以選擇，感到很興奮。我告訴他，他們有一間公寓可以讓人試住，可以住進去實際看看，感覺那個地方怎麼樣。他喜歡這個概念，說他會想想看。這讓我很高興，因為我知道，他是情緒型的人，需要時間。

我們在一起共度了一段甜美的時光，我盡力幫他安排事情，這樣會在他仍是獨居的時候，可以輕鬆一點。但我清楚知道，他不能再自己一個人住了。而我很感激，在這個狀況發生之前，我懂薦骨的回應。因為我知道，開始回應之前的那個我，會提議要他來和我們一起住，而且我知道他會接受。天啊，那對我來說錯得離譜，而且非常可能導致我身體生病。

等我回到塞多納，姊姊問我，能否幫忙提醒爸爸吃藥。早上她可以負責，上班途中過去看看，我可不可以每天晚上，在電話中帶他走一遍程序？我有回應，也這麼做了。但那是一齣你不知道該笑還是該哭的悲喜劇。我會打電話給他，他會在一個房間接電話，然後必須走到另一個房間去拿藥，但在他走去另一個房間的途中，他會忘記我在電話上。我可以聽到他在另一個房間吹口哨，忘了一切，藥丸和我。他愛吹口哨。我會對著電話，用最大的音量叫喚：「爸，爸，拿起電話。」最後，他會經過臥室，聽到我的呼喊，然後他會漸漸想起來我在電話上。接著，我會試圖要他走去另一個房間，然後拿起電話，甚至不會提到藥丸的事。那樣似乎有用，有時候。

他設法度過這段艱困的時光，直到終於在一月搬到塞多納。他喜歡每一位女士。在他這個年紀，女男比例對男士真的很有利。而且他很浪漫。我父親是個純粹的個體人，12-22和39-55通道定義了他的情緒中心。結果，他很享受住在那裡，而且一個月內就交到了女朋友。

十二月一日，塞多納

我想那是從人類圖之後
我愛自己的其中一項
我變得「有人性」，這非常神奇
帶著它所有的
劇變
洞見
誤解
限制

一切！

過去這幾個月來，對自己日漸的理解，讓我得以如此深刻地理解我整個人生。我感到，過去的「錯誤」所帶來的恐懼逐漸消退，而其帶來的學習是如此深深嵌入我的內在。我的人生一直是如此激烈，探險常常會帶我進入極為黑暗、孤獨的地方，我從來不覺得我能找到路回來。

但現在，不管我的人生或是我看來有多怪異
時時注意著自己的那個我從來不曾離開我
它讓我採取決定性的行動，無需害怕會發瘋
我外在的行動，在很多人眼裡可能視爲詭異且混亂
但我知道這些怪異的行動、言語、奔放的想像力
眞的揭露出我並將我帶入清明的神智。
進入我自己眞正的清晰內在，而不是他人的看法！
每一次的蔫骨回應帶我更接近
內在的平靜以及和自己內在的眞實更校準

天啊，我這些日子可以如此洋洋灑灑
筆和紙對我就有如呼吸一般重要！

十二月五日

我愈是等待……
和周遭的世界愈是格格不入
我發現自己常常在派對、聚會、團體活動場合……
於現場發生的種種感到如此置身事外
但這種感覺很對，而且出乎意料地也不再重要
因爲我完美地融入我的內在
我正在體驗做自己的美好
我的內在權威以如此的內在力量充滿我
我未曾這樣過
它以不可思議的喜悅充滿了我

我感覺好似高飛天上的鳥兒
可以深深地放鬆
所有那些努力去了解、努力去想通、努力去做對
努力……努力……所有那些努力，喔如此深沉的疲憊！

現在的生活是簡單地如此令人難以置信
活在等待中，等待回應的出現
如此，我的能量才會前往對它來說正確的去處
發生的事、我去哪裡、我做什麼、我和誰在一起
都不再是我所能掌控

十二月九日，烘焙者咖啡

我再也不會感到筋疲力盡了
就像是全新的生命，全新的我
疲倦，是的！經過眞正體力活動後甜美的疲倦

還有躺在床上那種不可思議的感覺！
但不是筋疲力盡，不是能量耗盡
當我等待回應，能量總是充盈飽滿

過往我總是沮喪，因爲我的內在有那麼多要給出去
要分享，而且我多想別人找我做事情……
尤其是人類圖的事
連那個現在也消失了

我充滿了眞實存在的未知與朝氣
想要知道的欲望消失，轉變成對自己人類圖的理解
掌握薦骨的知識讓我的頭腦不再劇烈攪動！
因爲知道了，不再需要知道其他了
那裡的疑惑眞不可思議
關於，喔，好多數不清的事
糾纏了我一輩子，想要知道的需要

已經不在了
隨著一個月走到下一個月
在我等待時
我的存在充滿了我
然而我無法以言語形容
因爲我毫無頭緒
每一次的回應都透露了一些事
每一個是
每一個否
告訴我那麼多
那是要發現眞正的我
在一層一層之下……
赤裸裸……
天啊……做我自己多麼美好

在這個空間

我看著人們離開我的人生
我看著人們進入我的人生
我感覺到來自周圍行星的拉力
而且知道沒有什麼要我做的事
除了回應，如釋重負的深深嘆息充滿我

數星期之後

我不知道這種渴望還在我體內
我知道它會被摧毀，就像以前一樣
但是，喔，這種痛
一點也沒有更輕鬆

我的夢想
從我緊握的雙手中被奪走
這種毀滅讓我徹底粉碎

然而瞬息之間又是多大的祝福
我如此龐大的能量卡在夢想的欲望中

我甚至搞不清楚是怎麼了
我深刻地感到解脫，那痛苦終於消失
我覺得從緊緊被嵌入的內在釋放出來
我的能量唯有經過徹底粉碎才能被釋放

一開始以爲我會死，那痛苦如此巨大
好像一把正中刺穿我心的刀
但刀刃鋒利、乾淨
那一刺如此完美，熾熱的灼痛圓滿達成任務
傷口幾乎就在形成的同時癒合
我未曾以如此閃電般的速度經歷粉碎
我不再害怕它們來臨
我獨自一人

總是回到這個狀態
我自己一個人

二月，在加州，和姊姊一起

我不知道爲什麼這麼久沒寫
也許我對等待愈來愈自在
當等待令人難以忍受，寫作可以釋放我的能量
就像打開一輛過熱汽車散熱器的蓋子

我剛從洛杉磯回來
我和姊姊在那裡碰面
和彼此以及人類圖在一起
我請拉解讀了我的流年……資訊令人驚奇
我來年的第一份個人氣象報告！
拉解釋了我明年將得面對

以及處理的主題

在這過程中我將能獲得所有需要的協助

我隨身帶著自己畫的人類圖，像張海報那麼大。我根據「共鳴魔法」課程上課內容整理出我個人擁有的爻的資訊，都在上面。我好愛所學到的關於爻的知識。每一個爻解釋的方式非常好，我可以不需要查閱每一個個別的爻就可以分享更刻深的閘門知識，這些資訊強大有效，卻又那麼簡單！

我得進行另一個關於我的爻的計畫。這一次得以視覺呈現，所以尺寸最後才會變得如此大。我需要看到我的共鳴與和諧，以及依每一個爻分組的所有閘門。同時看到我所有的嘗試與錯誤，眞是神奇。以這樣的方式看見自己眞是不可思議。我把它帶著。我想拿給拉看，想知道我是否走在正確的道路上，但我也知道我不能。得要有事發生，讓它隨回應出現。如果沒有，我就把它帶回家。

我去給拉做流年解讀，之後他問我要不要喝杯咖啡。我有回應，我們就坐著聊了一會。他說了些什麼，然後我就伸手去拿海報，攤開，開始問他。他把它從我手中拿過去，坐著看，還仔細讀，感覺彷彿好長一段時間。我有點緊張。

然後，他說我已經了解它了，但他建議更改兩個字，這一改一切就此不同。只是從這小小的改變，我更加了解自己。

姊姊和我在洛杉磯碰面，我們一起度過美好的時光。拉為琪卡做了她的第一次解讀，她回到飯店房間時，拉跟她說的話讓她充滿活力、興奮不已。關於她的情緒，她知道、也懂了，深深地鬆了一口氣。對事物拿不定主意，她以前總覺得是自己有什麼問題。她發現她的情緒有波動，也明白了為什麼她向來會有那樣的感受。我喜歡和她分享這些事，這讓我們甚至比原來更親近！很難相信，我們小時候多常爭吵，多痛恨彼此。現在，她不僅是我的姊姊也是我的朋友。

我們也請拉為所有的家人解讀。家裡每個人的人類圖都擺在桌上，他就好像牆上的蒼蠅，看著我們全家人的活動。真是不可思議。所有那些訊息，而且是真實的訊息，怎麼可能從那些圖就看得出來？真是太令人震驚了。

當拉在說的時候，看著我父母、哥哥、姊姊和我的人類圖，童年的影像一幕幕閃過……真實的往事。有一次，拉說到我們的大哥，我們兩個都很愛他。拉說他是個聖人，以及其他非常確實的事情。大哥幾年前死於心臟病，他有開放的意志力中心。突然，我感覺眼淚從我的腳趾往上移動，充滿了我。它們準備要從我的眼睛流出來，此時，我充分意識到，我並不覺得悲傷，那不是我！因此，眼淚從頭到尾沒有流下來。幾秒鐘後，我姊姊開始啜泣，我一隻手環抱著她，我能夠感受她所感受的。然後，她停止哭泣，拉問她是否還好，她說是，他繼續解讀。

稍後我了解到，我的一生有多瘋狂，不只是因爲我姊姊，而且也因爲我生命中所有情緒型的人。我開始想到，開放、沒有定義的中心，因爲沒有通道，沒有固定的訊息在流動，開放的中心會更快接收到訊息。就像這個例子，我姊姊的眼淚淹沒了我，更快準備好要從我的眼睛流出，因爲沒有通道會限制它們。但是，對她而言，這感覺必須通過固定的路徑，而這要花更多時間。我終於明白，這是爲什麼總是我先哭，每個人最後都是在安慰我。我哭的其實是他們的眼淚啊！喔，明白這一點，是多不可思議啊。

我也了解，好多人看起來並不情緒化，只有在我跑了他們的人類圖之後，才看到他們是的。而我卻總是看起來情緒化。光想到這就眞有趣。

我飛回塞多納，我姊姊回紐澤西。我們知道很快就能再見面，因爲一月爸爸搬入塞多納的療養院時，她會陪他一起飛過來。回來之後幾天，那位陪著拉在洛杉磯並爲他安排一切的朋友，打電話來說，他們在那邊的工作結束了，正在考慮要來塞多納，問我願不願意幫拉安排一個一天的課程，還有一個入門之夜以及解讀？我的回應是個立即的「嗯哼」。我願意嗎？喔天啊，我身體裡的每個細胞都在跳上跳下。有人問我，請我幫忙人類圖的事。我好興奮。我想要做這事好久了。

我從解讀之後開始回想，在塞多納，「四種類型」的課結束後，我開車去接拉。要我不開口提供協助，對我來說，是全世界最困難的事情。我多麼想把人類圖帶進這世界，但我知道，我必須等待，讓人家問我。現在，六個月之後，終於有人問我了。

你可以想像，有多少現成的能量等著想要化為行動！安排那些活動、幫他們找住的地方、聯絡大家、想辦法去鳳凰城的機場接他們。我充滿喜悅。我是個快樂的薦骨人！和我朋友合作，安排拉來塞多納，事情並不容易。有那麼多事是我想執行，但她不想的。我看出來，我們的工作方式非常不同；而且，雖然我是被問所以來幫忙，但我必須在她控管下做事。那不是令人愉快的經驗。我確定，我的薦骨絕對不會再回應要和她合作。但當我問拉這件事時，他說我的薦骨永遠只是在回應那一刻，而且它根據的只是那一刻，對我而言什麼是正確、健康的。當我了解，我的薦骨可能很容易會把我再放進另一個像這樣的情境時，我大為震驚。我知道，我的頭腦絕對不會允許我再次和她共事，而且它會確保我下次說「不」。讓薦骨引導我，有時候可能會眞的很討厭！

他們抵達的前一天，我有一個很奇怪的體驗。我正在家裡做某件事，然後我對著空空的房間說：「別把糖裝進罐子裡。」莫名其妙我就說了這句話。他們到的時候，拉說起我朋友要他帶著糖，結果袋子在他的行李箱破了，所有東西上都是糖。我心裡想著，哇！看來，我的等待有附帶的效果，直覺變清明了，我以前從來沒有發現過。我的開放中心忙著接受，遮蔽了我的直覺，我因此從未察覺。這些日子以來，它似乎愈來愈大聲、清楚了。

入門之夜擠滿了人，我想大約來了五十個人。我很享受規畫事情，但我不喜歡受人控制。我了解，過去要控制我有多麼容易。我只會說是並服從，再也不是了！我正在進行自己的私人革命，我自己有內在力量和內在權威，而且非常謝謝你，但我不需要任何外在權威來控制我或告訴我要做什麼。那並不是說，我不再接受任何可能。但那要看它怎麼呈現。我不是在這裡被任何人或任何事控制，甚至我自己的頭腦！回應則完全是另一回事。

拉來塞多納上了一天的課程

「如何在人類圖中找到內在權威」

他在這一天傳授的資訊非常深奧

那眞的是人類圖的鑽石

這一次我記了些筆記，但大部分的時候只是把它全都吸收進我的身體。不可思議！那只是一天的課程，但在那一天結束時，我卻如此飽滿。我一句話也說不出來。我甚至無法待在房間裡。課程一結束，我就跑出去曬太陽，然後雙手環抱著一棵樹。喔，這些日子我好古怪。我好愛樹木，先是我童年時的桃樹，後來是爬樹，然後，就從我位在高高枝頭上的位置看著世界。成年以後好久，我都還會爬樹。最後一次是我從印度的普那旅行回來的時候，那時我三十歲。我坐在加州一處海灘人行道對面的一棵樹上，看著所有走過的人群。我第一次去普那時，一直去擁抱樹。樹木接納我，我這個人，不問問題，不做評價。它們是我的朋友。

我下課回到家後，還是說不出話來
我走進我的房間，關上門
讓蓮蓬頭的水灑遍全身，我需要這水
然後，我躺在床上
完全清醒，完全靜默

這次的經驗和之前幾次很不一樣
我知道，完全沒有什麼是我要做的
也沒有什麼是我要知道的……

除非有人敲我的門
問我，然後我回應
我深知入骨

我身體的每一根纖維都知道
生命知道我住在哪裡
毋須擔心沒有人問我
因為這一刻，我知道，這一生
不管要給我的是什麼，都會來到我面前。我甚至不需要離開我的房間！
那種感覺，永遠不會忘！

我等待。如果某件事沒有發生，我知道，那不應該是我需要努力讓它發生的。我知道在這一刻，它只是還沒有發生。在生命的開展中，要信任它原有的樣子。過去，所有事我都得使力，這再也不重要，這種想法已完全消失。那已不歸我管。

我並不是因為冥想而變得靜默，我並非憑想像試圖得到我所想要的，我不是用正向思考來改變人生。我完全沒有把任何這些方法用在自己身上。對我來說，那些仍然全是某種形式的「做」。那仍然是用眼睛看我的人生，說這是「好的」，這是「壞的」。我只想等待，看生命會送什麼給我，帶什麼給我，提供什麼給我。我只想過該有的人生。

我無法停止頭腦去思考、比較、抱怨和嘮叨。我能做的是，不要依那些想法行事。不要讓我的頭腦干擾我生命中正在發生的事。我逐漸明白，我的頭腦對眞正發生在我身上的事，或是我眞正的需要毫無頭緒。因爲如此，我的頭腦總是試圖假裝它確實知道，它總是告訴我「做這個」、「說這個」等等等等。

不讓頭腦干擾我的人生，一種全新的生活方式逐步形成。我等待，看是什麼來到我面前，讓我也回應。我生命中的其他人知道，他們可以隨時來找我，問我任何事，不用擔心是占我便宜，或者以爲我只是在當好人。他們告訴我，這給了他們不可思議的自由，在想要的時候就能來找我，而且不管他們問什麼，都能得到我的眞實回應。他們也知道，我不會干擾他們的生活。他們知道，如果來找我，尤其是生產者的話，我會問他們問題，得到回應，眞誠地幫他們找出對他們正確的事情，而不是由我告訴他們，我認爲他們應該做的事。

另一個不干擾生命的情況是，不干擾正在穿越我的事情。如果我心煩或生氣，不管是什麼，我就隨它去。我不會努力排解它，或「修正它」，或「影響它」。我只是就讓它這樣。自從人類圖之後，這對我是新的作法。過去，我一直都在評斷所有事是「好的」或「壞的」，還有所有介於兩者間的不同程度。如果某事物是「壞的」，或者有任何「壞的」程度在內，我會試圖從我的內在改變它或消滅它。現在，沒有「好」或「壞」。現在，一切都只是生命在流過、穿越我。

我喜愛讓所有事物進入我；我喜愛對某件事眞的生氣的時候；我喜愛我充滿歡樂與喜悅的時候；我喜愛感受到關愛；我喜愛我不在乎。讓我內在的所有窗戶打開，是如此美好。就讓事物吹進來，然後停止。在所有吹過我的事情之中，眞的知道我在所有這一切裡有可以依靠的錨；我的錨就是我的人生策略。身爲生產者，我不是依照我正在體驗或思考的事情而「行動」，我只是等待某件事情，去回應。我知道，沒有回應就行動，只會帶來瘋狂。

我大部分的人生都活在這種瘋狂中，那眞是一種刺耳的雜音。現在，情況多麼不一樣。我的人生音樂不再是噪音，它已經變成一首交響曲，一個時刻接著一個時刻地展開。它是交響樂團，包含甜美與笑聲、哀傷與痛苦、冷靜與溫暖。它是一切。

我在每次轉變時，試圖干擾、操縱和管理我的人生。那只造成更多混亂和瘋狂，而且過程中讓我筋疲力盡。不要干擾，讓它就是它原來的樣子，我得以放鬆進入所有穿越我的情況裡。每一個時刻的音符串起，成爲美麗的音樂。它已成爲生命本身的音樂。我的生命。

夜之聲

那是什麼聲音
我立刻提高警覺
在我的床上
黎明前好幾小時

又來了……現在又有
我起床查看
什麼也沒有……
到處都沒有聲音

回到床上……
又有聲音……
它回來了……

然後我笑了
那是我的睫毛刷著枕頭套的聲音
當頭腦無聲
夜晚寂靜
你甚至可以聽到樹葉從樹上掉落
掃過地面……

另一次陶斯之旅

看來我又要去陶斯。我收到電子報，上面有拉將在三月教授的課程的所有資訊。我對「性欲」的那堂課有回應。我眞的很想透過人類圖的眼光來了解那件事！我還回應了一堂「灰色課程」的課。看起來很抽象，但我的薦骨有回應，所以我們會去。麥可想要開車，和我在「灰色課程」上碰面。因此，我會提早飛去，然後一起開車回來。

我飛到新墨西哥州的阿布奎基，然後再度轉搭接駁車到陶斯。我很高興，頭幾天能住在旅館裡，因爲我的班機誤點，等我到陶斯時，天色已黑而且很冷。我登記入住旅館，快快吃完晚餐，回到我的房間，比我上次來這裡時要冷多了。明天，性欲課程就要開始。

在課堂上，拉說的某些話觸動了我。他說，只看我們人類圖中的紅色部分，單獨看潛意識定義，然後再單獨看意識定義。我等不及要這麼做，因此在休息時間，我用一張空白的人類圖，動手塗上紅色。我很震驚地發現，這個潛意識的部分是一個反映者。我記得，盯著這張圖，我所看到的讓我感到很困惑；然而，同時我可以感覺到，這種形態的我所透露的眞實。我總是感到非常開放，我總是感到被其他人穿透，比我的開放中心顯示的狀況更常。當我塗上我的意識部分，也就是我的個性時，我發現，這個部分是投射者，唯一有定義的通道是7-31。我總是非常清楚地意識到自己是「領導者」，這是從小學我被選爲班長時起，我這一輩子都知道的事情。

我不能說，我在那一刻就了解它所代表的所有意義，但光是看著這樣子的我，就已對我造成很大的衝擊。稍後，拉談到「乘客」與「車輛」這兩個層面。乘客是意識層面的自己，可以說是「我所認爲的我」。車輛是潛意識的部分，在人生之旅中載著我們，不管後座的乘客想什麼、渴望什麼，以及試圖控制。這種看法非常發人深省，我內心有什麼似乎被觸動了。

有時候，我眞的很痛恨聽到眞相。發現我的性欲是關愛，可眞駭人。我不想要那樣！但它就在那裡，邏輯直面而來，無從逃避。我可以看到，這一輩子我有多努力要表現得很「辣」，而我根本不是，我很冷靜，而且無處可躲。如果我不曾親身經歷過，我不會相信我很冷靜。喔，要接受我很冷靜而且不熱情，眞是非常困難。花了好多年才終於安於這個事實，並且眞的能欣賞，這就是我眞正的樣子。在課程中，我唯一放鬆的時候，似乎是休息時間。我不知道，它爲什麼影響我這麼大。我猜，有些我對自己深層的幻象粉碎了。

我把眼鏡放進口袋裡。我想要感受雪落在我臉上，我愛那種感覺。我耳中的音樂和我臉上的雪對我幫助很大。爲什麼這門課這麼讓我不安？只有在休息時間，我才能呼吸。我不想聽大家説話。我的內在沒有空間，其他人沒有被摧毀嗎？我是唯一瀕臨崩潰的人嗎？我的頭腦如此激動而憤怒。「冷靜」到底怎麼可能性感？關愛？眞是無聊。我的臉很冷，這眞是非常愉快的感覺。啊！讓一個冷靜的人平靜，鬼扯。爲什麼我的反應這麼大？我又爲什麼這麼生氣？我幾乎可以察覺到，另一次粉碎就要來臨。我從來沒有這麼執著過，除非對的是一個幻象。

在灰色課程之後

我的天啊……
這一次我眞的準備好要燒掉所有人類圖教材了
我好飽，好像吃了太多好吃的東西
幾乎要吐了

我受不了再聽到關於任何什麼的任何事
而且我不想講話

我只想獨自一人
還有別再跟我說任何人類圖的事
除了實踐它！那就是我唯一想做的事。實踐這門知識！

Chapter 7 我愛這個實驗

進行這個實驗即將滿一年，已經不再感覺自己是在試圖逆水游泳了。過去這幾個月，我了解在人類圖之前，我的確一輩子都在往上逆游，習慣使然，已經成爲常態。這也讓我明白，爲什麼停止發起後，我會那麼疲憊的原因。對一個生產者來說，發起就像逆著水流往上游，那樣做很耗能量，要使用極大的能量去處理所有的抗拒。生產者有巨大的能量，但如果能量沒有正確運用，身體與心理的耗損最終會造成傷害。

我也看得很清楚，在人類圖之前，我是讓頭腦掌控我的人生。頭腦是厲害的偽裝大師，在薦骨中心上場之前，一直在要我。頭腦有一個裝滿戲服的衣櫃，足以媲美任何一齣百老匯的大戲，它可以拉出一件戲服，一眨眼間就換好，永遠可以成功騙過我，相信每一次的新造型。過去幾個月，頭腦因爲薦骨的回應變得很憤怒，我因而可以看清楚它，也才知道它有多麼聰明。

我花了將近二十年，學習在冥想時觀照。這是個不可思議的工具，但如果不知道內在做決定的是誰，很容易會把權力交給某個外在的人，或甚至是頭腦。有幾次我注意到，針對某個決定，我的頭腦會如何利用言語，試圖要我反抗薦骨的回應，而那些言語聽起來非常類似我這些年來所遵循的，以爲就是來自於我的本心！那眞的很令人震驚。過去這十個月以來，即使是最微小的決定，我都尊重薦骨的回應。「你要喝咖啡嗎？」對薦骨中心而言，決定是大是小，並沒有差別，它只是回應，它是個回應機制。做爲一個機制，它一開始有點生鏽，因爲它很久沒用了。薦骨中心對來到它面前的事，開啓或關閉，生鏽的是這個要開啓和關閉的鉸鍊。所以每一次的回應，不管多小，都有助於這個機制再度運作。一旦開始了，鉸鍊會自己保持在上好油的潤滑狀態，而薦骨就可以持續回應。回應時，薦骨所說的是，對這件事是開放或是關閉。薦骨中心隨時都是準備好，可以問；但是它的能量不是可以一直用的。我從實驗中對此有深刻的體會。

過沒多久，回應就成了我過日子的模式。我不再需要想著它，努力讓自己閉嘴，或抵抗誘惑，克制發起事情。回應牢牢扎根在我心裡了。這個階段，困難的是面對我原先信以爲眞的幻象。這是崩解的時刻，非常痛苦。因爲不管是不是幻象，正在死去的是我以爲仍是屬於我的那部分。實驗到第八年開始，粉碎停止了。

這幾個月以來，我清楚看出，頭腦面對薦骨的回應毫無招架之力。我看著它試盡書裡的所有花招（它現在還是！），想奪回它的權力，但始終無法成功。即使當我得面對人生四分五裂，我也不想和薦骨的回應對抗，不管頭腦怎麼逼我。我會維持這種戒心，至死方休，因爲頭腦絕不會放棄。它會打個瞌睡，也許冬眠很久，但它絕對不會離開。

有一件很重要的事，我要在此清楚聲明。我從未因爲實驗這樣生活而獲得我所想要的任何事物。有這一切的崩解，註定不會有這種好事。這讓我有點想笑了，因爲如果最後得不到想要，爲什麼要進行這個實驗？我可以解釋爲什麼要這麼說。在開始的階段，我一直在注意我想要的有沒有發生，想要卻沒有得到，成爲我看待所有事情的標準。現在，我已經看得很清楚，這正是痛苦的根源。這種折磨持續了好多年，只要我還想要事情照我想要的方式發生，痛苦就會持續。

但即使是在我經歷崩解的那些年，我也一再看到，人生如何完美開展，即使我想要的、希望的、或認爲應該發生的事，我都沒有得到。我卻可以從發生的事，以及其發生的過程，得見其中的美麗。這讓我充滿敬畏。過去，我也常對精采壯麗的事情有敬畏的感覺，但是，這種敬畏很不一樣，只是簡單的日常事物，未經我的干預，也會非常完美地展現。最初那幾年，在展現的時刻，我不見得都看得到，但事後回顧，我總是可以發現我的人生是如何完美的發生。

在某個時刻，我想大約是第五年，這種狀況有了改變，變成我擁有的就是我想要的。不是事後回想，而是在生命感應的那一刻。這絕非妥協，也不只是接受命運的安排那回事，而是興奮地了解到，我人生中所擁有的正是我想要的。生命透過每一次薦骨的回應所帶給我的，對我是最合適的。這是一大轉變，也讓我發現純粹的魔法就存在於日常生活中。

不過，讓我們回到我在故事中的時刻吧。實驗的第十個月，我仍然瘋狂寫日誌！

四月一日，在床上

過去這幾個星期
我對人類圖的深究
似乎已消退
而我認爲
這和愚人節一點關係也沒有

我不知道，這是否是暫時的，這就是正在發生的狀況。我必須等待，看看什麼會展現。無法從這裡得知未來。從來沒有。我只能活在此刻，然後看看要帶給我什麼。

我好極端，我不是全滿就是全無。我記得有個朋友開玩笑地問我：「妳沒有中間地帶嗎？」我的薦骨還回答「嗯嗯」，然後我們兩個大笑起來。

那是關於薦骨我學到的另一件事，它對一切都會回應。它不會分辨說的是嚴肅的事情或只是開玩笑，它就是回應，它甚至會回應我在餐廳偶然聽到的其他人的對話！

有時候，我覺得好像一頭怪物被釋放了

一頭強大的怪物

某種轉變正在發生。我可以感覺到。人們還是發現了我，要我幫他們看人類圖或談人類圖，然而我內在有別的事在進行。

我對人類圖的探索一直都很個人且自我，從來不是關於我要成爲一個分析師。它總是關於我要成爲我自己。潛入邏輯的清澈冷水中，非常美好。整個宇宙是如此合乎邏輯，讓我深深敬畏。

我以前敬畏宇宙的神祕。現在內心有了這些了解，以公式和物理和數學爲基礎，我的敬畏更強烈了！

感覺好像我必須更深入整個人類圖系統，直到我自己了解。拉如何爲我做第一次的解讀，他如何得到給我的訊息。我不知道是因爲必須這麼做，甚至不知道我已經正在做。我只是持續尊重每一次的回應，到最後，所有這些課程我都去上了。

薦骨回應掌控了我的一切，這讓我全然爲之著迷。我就讓它帶著我去上課，去買書和錄音帶。傾聽、並深深吸收所有這些不可思議的知識。我幾乎要得到自己的解讀了……幾乎。

但是還缺一塊。拉在我的解讀裡談到59號閘門第五爻的基因角色和它的誘惑，是來自薦骨中心的一個主題。直到在陶斯上了性欲課程之前，這都是個謎，我甚至不知道自己試圖要解開它。他繼續談這個不同的爻之後，我終於明白他表面的意思，以及他是如何取得對我的認知。誘惑是人類圖中任何第五爻的主題。

同樣的理解也發生在他上課時提到，有些爻是個體人、有些是家族人而有些是社會人。他解讀我的時候說過，就連我的家族閘門也很個體。另一片拼圖歸位了。

我從不知道我在做著這一切。雖然這一切都發生在我的潛意識，但眞的在發生。

我從不知道，這對我有多重要，從知識的公式中看出，拉如何從解讀中得出他告訴我的事情，這非常非常重要。回顧時我才深深了解這一點。

我沒。有。辦。法。接受我之外的任何一個人告訴我「我是誰」。他不可能是預言者。透過我自己親身的體驗，一天又一天，已經證明這所有的訊息都是眞的。我全心全意潛入這個實驗中，根本不知道水究竟有多深！

我必須。

我不能就接受拉的話。

我不能。

我必須自己看到。

我必須自己發現。

關於人生策略與內在權威，已經證明是眞的……然而，我必須持續鑽研自己個人的人類圖研究，直到我理解他所用的方程式。我這些想法，我甚至不曾意識到。我必須理解，我的解讀所根據的公式。只有到那個時候，我自己才能眞正得知，是那個系統，而非那個人。這很重要，不是那個人。這輩子我不想再重蹈覆轍。上次我就是那樣看奧修，幾乎毀了整個靈魂。

我必須自己領悟那是以邏輯爲基準的系統，這才能幫助人們明白，並勇敢做自己。它以此爲基準，不是以人爲基準。我必須明白，不是拉自己在我身上看到什麼，所以告訴我看到什麼。基準必須植基於系統的公式裡，這套系統教導內在權威，因此，不可能是由外在權威來告訴人們應該做什麼。必須是這套系統展現出人們如何得到他或她自己的內在權威。否則，這套系統就是個謊言。

確知的確是系統本身之後，我更加深入我的實驗。我這一生可以只靠等待與回應過活，公式的眞實性被我發現後，好似對我吹了一大口氣，把我更深深地推向自己。也許在潛意識，有某個部分的我還撐在那裡，因爲尚未確認而無法放手？也許我的生存其實潛藏著風險？我不知道。我只知道，現在我可以完全放手了。

於此同時，潛意識層面的探查也同樣重要。拉關於我個人所說的所有事，我不會輕易地信以爲眞。我接受，是以實驗爲前提，就是這樣。自那之後，我只信賴薦骨的回應。如果薦骨在拉告訴我某些事時回應「嗯嗯」，我會聽我薦骨的回應。如果，是我誤解了，我相信它會在另一個時刻以另一種方式再回來找我。但在每一刻，不會有一丁點的我，把我內在權威交給任何人，尤其不會給他。這點非常重要。

對我而言，這套系統眞正的試煉就在於，如果薦骨對拉正在說的事情，眞的回應了「嗯嗯」，而我相信那個聲音，勝過相信拉告訴我的事情。這絕不是過去的我會做的事。過去，對我的指導者或老師時，我總是懷疑自己。

對拉不是這樣的，這套系統帶著我超越，天啊……我覺得好像一隻在空中飛向自由的小鳥。

我知道，我的回應一直以來都在接受考驗，我甚至佯裝不知。現在，陪審團已作出決定，判決是將我釋放。一直到那時我才確信不移，任何情況，我對回應的眞實性堅定不移。

有其他的例子，很深刻的例子，觸及我內在從未揭露的地方，從來沒有，現在也浮出表面了。我無法置信，這麼簡單的策略會將我帶到這樣的情境。如果它不是如此奧妙，它的簡單就會顯得荒謬。

多年的誤解與長久坐困於自己頭腦的牢籠之後，我終於被釋放，可以自由離去
成爲我自己
用我的力量
用我的眞實
用我的等待
正是這一點，標示了我人生的開始

四月十日——在空中

在鳳凰城與紐約之間某個地方

看著每一件朝我而來的事情，然後
尊重著不管是什麼樣的回應
我知道，我的人生方向一直是正確的
經過這十個月的等待後，我現在知道了，毫不懷疑
任何我需要知道的事，最終都會在正確的時刻來到我面前

眞正明瞭我無法控制，我沒有選擇，還有我唯一能做的就是等待，就好像拿著一支魔杖，將我的人生施以魔法。活出「自我」眞是神奇，我什麼也不知道，除了回應的那一刻，以及發現我是誰的驚喜與快樂，恐懼消失無蹤。

對任何事情的任何成見，在眞理來到的那一刻，飛到九霄雲外。聽到從我口中發出的回應時，我常感到震驚，我從來不知道會是什麼回應。從來不知！

這些日子以來，我的人生裡不再有那麼多人了，和我之前的生活眞是強烈的對比。在這個實驗之前，我的人生擠滿了人；現在，我的人生有了更多空間，不再發起事情讓它相當空曠。不是空洞，有什麼不見了，不，這種空的感覺很對味。我不再忙著執行所有的點子。天啊！光是這樣就留下了那麼多空間！

31和12號閘門是我僅有的眞正聲音，嗯，讓我眞的沒什麼選擇！好玩的是，以前耗

掉我非常多能量的事情，一件又一件，卻再也不能引起我的興趣。

沒有很多事拉扯我，或吸引我。等待占據了我的人生。而古怪的是，我不再知道，我在等待什麼，還是我只是在等待。我住在這個稱爲等待的空間裡，感覺如此活在自我裡，好像所有零碎的東西都在轉動，移往它們正確的位置，好像拼圖一樣。路易斯．卡羅在《愛麗絲夢遊仙境》裡有一句很棒的話：「在這世界裡，我是誰？啊，那是個大謎團。」那是這些日子正在解開的謎團！

我想到在此之前的人生，我用我以爲的自己，覆蓋在自己身上。而且，是的，我喜歡。我有過快樂時光，那些都是眞的，但在底層，我從未停止尋找，而且渴求更多。我可以感覺，我的人生有欠缺。那些年，我一直在尋找。現在，不再有欠缺，我也不再尋找了。

我花了將近五十年，根據外在的想法，努力去做對的事。什麼都比不上，從空無理念與理想——不管是奧祕的或是世俗的——的內在，縱身一躍進入生命，讓純粹的生命動能流過、穿越我。

當我回應，那是一股未經修飾、活力充沛的能量，卸下過去曾有過的所有概念和情緒。回應源自於我的身體，既古老又新穎，然而，我可以感覺到，它們也來自另一個不在我體內的地方，但也不是我的頭腦。

當我讓這股力量從我體內湧出……不加修飾……不加改變……我的臉上浮現微笑……感覺到「喔，天啊……你現在就像三月的兔子一樣瘋狂！」然而，我知道，一切如此之正確……我是如何……不管怎樣。

我愛這個實驗！每天的情況只讓我愈來愈喜愛等待，因爲，除了等待，看看什麼會來，我再也不想要別的。

我現在眞的看清楚了，我要的，我現在不要了！我現在明白，得到我想要的，永遠不會滿足我。我只會想要更多，這是一個無止盡的循環，直到死去。欲望似乎透過我頭腦的門來來去去。這種欲望和我薦骨的回應毫無關聯，也和我生來要過的人生無關。是我的頭腦，永遠不讓我脫離欲望的旋轉木馬。

我眞正想要的只有找上我的事情……然後還有，我薦骨有正面回應的事。只有這樣！我眞的想看看，我的人生七年後是什麼樣子。差不多要走完一年了，感覺好像一瞬間！這幾個月充滿了粉碎與重生，把眼睛擦亮，如此，我才能眞正看到。

我的內在有什麼變得非常巨大，好像我懷孕了一樣。我懷了我自己，但巨大的感覺不只於此，還有豐富的人生滋味，好似以前從未曾品嚐過一樣。當我和別人在一起，我嚐過各種滋味，尤其是在普那社區的那段日子。但在我自己的內心，從來沒有過。

前幾天，以前認識的一位桑雅士請我解讀。那眞是奇妙的經驗，因爲以前的我極不可能和這個人有任何聯繫，但有個在加州的人告訴她可以來找我解讀。那是段神奇的時光……當我意識到人們眞的從細胞裡接收這些訊息時，我的身體總是彷彿有一片漣漪穿過。

我可以感覺到發生在她身上的情況，我感受到她的轉變已經開始。我不知道爲什麼……但到目前爲止，我的薦骨對於做解讀要收費的回應一直是「不要」。我在這門知識裡，還只是一個生嫩的初學者，我不知道的還有那麼多。結束之後，她想要給我點什麼，而我對看手相回應了「嗯哼」，讓我們兩個都很驚訝。我們兩個都覺得，既然我那麼著迷於我的實驗，我不會想要看手相這樣的事。呃，我的薦骨可完全不是這麼想。我喜歡這些讓我驚喜的時刻。

她開始說出在我手掌中所看到的事。眞是吸引人，因爲和我的人類圖實驗完全有關聯！她說，目前我的人生有個斷層，然後她倒吸一口氣，語氣變得很強烈，她說如果其他人看我的手相，會說我快要死了或是會生重病，別聽他們胡說。有一條生命線的確斷了，然後相隔一點點的地方，有另一條生命線展開。

她繼續說，這個斷層是我人生中一個非常強烈的時期，我正處於兩個狀態之間。那正是我從解讀之後的感覺，我處在舊的我，和我薦骨回應後所發現的我。她繼續說，這是個大轉變，會花一些時間（七年？）。然後，轉變會完成，我將過著完全不同的生活。

我覺得，這幾個月來我已經知道這個過程正在我體內進行……活在等待中……我也可以感覺到轉變在進行。我知道，我在死去而我也在誕生，兩者同時在發生。但看到它眞的寫在我的手掌上，讓我很震驚。我並未和很多人談到這幾個月發生的事情。我等人家來問我，但問的人並不多，所以，我必須書寫。

她繼續說，新的生命線一路延伸到我的手腕，我會活很久，變成一位非常老的婦人，我會享有很多喜悅。啊！就是這個詞，喜悅。那正是在我體內愈變愈大的東西。我稱它爲豐盈，但其實是喜悅。從我薦骨中心的生命動能釋放出來的正是它。即使當我獨自一人，什麼也不做，它也存在。

明年是我五十歲生日。從拉爲我解讀後，我就一直覺得，五十歲，我的人生才要開始。幾乎就好像，它是我整個人生的轉捩點。

她說的另一件事是，很重要的，我絕不要區分光明與黑暗。對此，我突然爆出大笑。這是人類圖教會我的事，每件事都是一種二元性，我所有關於光明與黑暗的幻象，在了解這點後消失了。比那更深一層的是，我學到，我薦骨的回應沒有字彙，像光明與黑暗那樣的字詞甚至不存在。它只是迎向我眼前的事物，做出回應。它是單一專注的。

爲了讓生命能存在，總是需要兩邊都有。如果一邊消失了，另一邊也會。正是兩極讓彼此活著。我以前會緊抓不放並努力爭取光明，完全只有單邊。現在，我必須說，我已愛上黑暗，因爲深度存在於黑暗中。有任何東西眞的能永遠一分爲二嗎？即使是陰和陽，我的內在有一種感覺，它在超脱時空之處合而爲「一」。有個地方，超越二元性嗎？它是不是就在我們自身裡？

五月某天

我覺得自己好像一個新手科學家，在實驗室做實驗，在過程中，記錄下所有的觀察結果，持續往前。過去這幾個月，自由降臨；我了解爲什麼我會成爲開始了解薦骨知識之前的那個人，那個「舊的」我，大部分人都喜歡（除了社區發生混亂之後，那時人們眞的恨我），我非常能夠適應新環境，只要確實配合每個人的計畫就好。我對人總是友善、照顧、理解並體貼，而且把別人放在自己之前。

我以爲我這樣是因爲我是個充滿愛的人。我不明白，那是我的頭腦驅動我的行爲。我的頭腦認爲，有愛心的人應該有某種行爲，絕大部分是根據我整個人生從別人那裡吸收來的概念而成。而發現很多這種「有愛心」的行爲，只是我在保護自己的方法，很令人震驚。藉由表現得很隨和，我就不必經歷某個對我不滿的人的情緒能量。誠實看待這一切，眞令人眼界大開。我的內在並不是沒有眞正的愛與關心，有的，但不只是一種固定的行爲模式。這十一個月以來，我明白我有多不眞實；然而，我卻認爲自己向來眞誠。

花了這些時間才達到這般成果，不過如果現在有人不喜歡我或不喜歡我的回應，我也覺得無所謂；甚至，如果他們生我的氣，我也無所謂。那一刻，我可能會不喜歡接收到的情緒，但如果那是我不要做其他人想要我做的事的結果，那沒關係。這情形常發生在和麥可一起時。喔，我可以感覺到他的波動。但那不會讓我改變或甚至想要改變我自己在那一刻的正確性，只是爲了避免這種結果。

當某人對我爆發情緒，我不會再改變我自己或我的決定，我可以走開就好了。我也深深明白，情緒型的人因爲我的回應而對我不滿，不該怪他們；那是他們內在機制的作用，就像我的回應一樣。

那是如此深刻的釋放，我自己幾乎不敢相信。只因爲我並不了解眞相，所以花了一輩子，努力當個不會讓任何人不滿的人。整個去制約的過程要花七年，但在甚至不到一年的現在，我對現況就已經好興奮，我無法想像，七年之後，我的內在會是什麼樣子！

過去這一年，我已看出等待並不容易。我明白，我並非生來是顯示者。我內在的生命動力是回應的能量，不是發起的能量。我的內在確實體驗到這點，眞是神奇。那不再是我上課所學，而是我所發現的我的眞實天性。

我以前眞的會發脾氣，尤其是對人類圖的學員，他們都不向我發問，好讓我透過回應來認識我自己。我不懂，爲什麼不這樣，我們都學了同樣的知識啊。整體架構設計得如此簡單、清楚，呈現在大家眼前，我不懂爲什麼大家不這麼做。我猜，這幾個月來，我長大了一點。只有一點點。我的頭腦還在評斷事情，我也看著它那麼做。但我開始了解……慢慢地……非常緩慢地，它就是沒那麼簡單。

每個人是如何被制約，是個非常重要的因素。我記得拉談到希特勒，上千人生來都有相同的人類圖，但只有一個成爲希特勒。我一直非常愚蠢且天眞。是的，人類圖很簡單，但它同時也非常深奧，有很多層次。這種理解對我很有幫助，不要期待別人會問我任何事。然而，我相信，總是會有個人在那裡問我，我所眞的需要知道的我自己，因爲生命動力會派一個人進入我的生命來問我。它眞的就是那麼簡單。

很明顯，動力會使用所有人，我也被生命動力所用。每次我回應，我知道它是來自那個地方。生命派誰來找我，他們問什麼，我如何回應，這些我都無從得知。眞不敢相信，我以前認爲，人生由我決定，我可以做些什麼，以改變它的發展方向。如果我可以把過去四十八年來，我用以試圖改變我人生的能量加起來，我想，我可以用它來點亮紐約市了。我不會了解我浪費了多少能量啊。我現在明白了。情況逐漸明朗，內在有個蓄水庫，不斷在累積。這個蓄水庫，在我停止對外追逐，以及不再試圖改變我的人生後，開始啓動，正在運作。

我仍然發現自己處在言語塞滿嘴的情況，要提供支援、要告訴別人我的想法、要發起一個行動、要告訴別人我對發生的事的感覺。讓它們只留在我的口中，眞是非比尋常的經驗，好像有一隻看不見的手覆蓋其上，這樣才不會全都傾瀉而出。觀看這一切，眞是個神奇的實驗。但是，喔，並非一直都很順利。在早期，這幾乎是不可能的。

我記得，拉在我第二次解讀時告訴我，如果我對某個人不滿，不可以就跑去告訴他們，我必須等他們來找我，問我，是否對他們不滿。這種情況在我解讀之後不久就發生了。我對一個朋友非常不滿，我實驗，我等待，什麼都沒說。有一天，我在商店遇到她，我可以感覺我仍然對她不滿。她開始和我說話，然後，她眞的問我，是否對她不滿。該死的，如果我的薦骨沒有回應「嗯嗯」就好了。不過，那眞的讓我大爲震驚。是我的頭腦對她不滿，而我沒有！這讓我想起，所有那些我曾對另一個人（通常是戀人）表達不滿的情境，既冗長又火爆。我是眞的不滿嗎？還是，那只是頭腦告訴我，應該要給出這種訊息？這樣的「談話」浪費了我多少能量？

六月二日，烘焙者咖啡

和這比起來，我在當奧修門徒時的冥想眞是容易。那是慶祝生命，去愛、去唱、去舞蹈和傾聽我的心。我從來沒像現在這麼樣遵守紀律。等待被問本身就多麼有紀律，還有尊重我薦骨的回應，那就眞的很難。這個實驗是我做過最有紀律的一件事。我以前從來沒有這麼專注在任何事上。沒有什麼比這個更重要。但現在，經過一年之後——我可以用我每一滴生命來說，這眞的值得。好一場實驗啊！

六月六日，塞多納的一家咖啡館

近來，行星一直考驗著我。我的情緒中心被接通，我覺得快要爆炸了。能量奔流過我，要我出門，做點什麼，尤其是35-36「無常的通道」接通時，要做不一樣的。做驚人的事，狂野的事，任何事，只要停止這種等待！這在我的身體裡產生了一種奇妙的感覺啊！如果不依循這衝動，好像我就要粉身碎骨。頭腦此時又掏出最強大的武器，它偶爾會這樣，而現在因爲流日的關係，似乎給了它額外的彈藥。繼續聽著頭腦告訴我，我的人生微不足道、我毫無價值、我很懶……最厲害的一句：這是將近五十年後，我整個人生的樣子！

它大喊，停止這愚蠢的等待！去印度！去歐洲！去澳洲！隨便去哪裡。找份工作。做點什麼！放膽去冒險！喔，以前頭腦說，向前走去冒險時，我會立刻跳起來，幾乎就是只要它激我，我常常就上鉤！呼，眞激動。

要說什麼……我坐在這裡……讓一切流過，也許是我有生以來第一次，我未依照這股高漲的情緒能量而行動。我內心深處知道，如果我屈服於這些衝動，就不會得到這一生我最想要的東西。我情緒性地做出決定，或是將權威交給頭腦，讓它指揮我去做什麼。我不會讓這些發生。如果會，那都是以前了，我一輩子都是這樣，憑一股衝動。

這好不舒服，好像削掉一層皮，底下那一層好赤裸、好脆弱。等待在我的內在燃燒，我知道不能迎向任何事。我無止盡地活在未知中，有時，它是天堂，有時，它是地獄。但是它實際存在，而且它是眞理。除了等待，無事可做。

七月二十三日，下午

我女兒和小孫女從阿什維爾來玩，大孫女去奧地利看她的祖父母。我們幫瑪德忽在上城的住宅區找到一個愜意的小地方，這樣，她可以暫時脫離全職「媽媽」的角色，休息一下。因爲麥可和我分房睡，我們不再有客房。不過，卡羅琳娜會睡在起居室，我們有一張充氣床。這樣子，我們都可以遠離彼此的能量場。而瑪德忽可以有獨處的時間，只要當瑪德忽就好。

卡羅琳娜是生產者，她有25-51「發起的通道」和34-57「力量的通道」。眞是個小發電廠！拉在她一歲時曾爲她解讀，從那之後，我們就以生產者看待她。從那時起，我們所有人都會問她是/否的問題，她可能不是一直都懂我們在說什麼，但被問的這股能量深化成爲她的頻率，她從一開始就一直在發出聲音。過去這幾個月，大部分都是「嗯嗯」，因爲她眞的知道，她不要什麼！她有定義的意志力中心有21號閘門。

這次來，她開始對事情回應「是」的聲音了。有一次，她坐在廚房桌前，我問她要不要喝點果汁。她以我聽過最甜美的薦骨聲音回應。那聲音是如此珍貴，我的心幾乎要碎了。這個回應讓我的眼睛充滿淚水。她和我們住了一星期，和她在一起是純然的喜悅，因爲她就只是一直回應。她的薦骨回應總是搔動著我的薦骨，我最後總會因單純的喜悅而大笑！她的回應非常堅定。她知道她要什麼，不要什麼……在有人問她的時候！她眞的從心裡知道。這次來，情況很明顯。

看著我的所有家人，帶著對人類圖的了解過生活，眞是美好。我喜愛看著我女兒，依循各自不同的類型對待她的孩子，看到她尊重她們，並知道不管生命帶給她們什麼，這是她們將會據此面對生命的基礎。看著這一切的發展，我身爲母親與外婆，眞是如釋重負。那是我能給她們每個人最寶貴的事物。而且，看著每個人的眞實天性閃閃發光，受到歡迎，得到支持，已遠遠超過任何我希望得到的事物。

既然我父親現在住在塞多納，就很容易看出他把我制約得有多深。我花很多時間和他在一起，都不是長時間，而是很多次，但每次去看他的時間都很短，這對我而言非常理想。當我和他在一起，不需要太久的時間，我就可以感受朝我而來的一切。那眞是不可思議的發現。呼！還有，他也因爲我不再用以前的方式和他相處，變得好生氣。我不再努力順著他、滿足他，那是我成年後大部分時間的作法。即使在他身體還健康時，我也總是把他放在我之前。不管爸爸要什麼，我都配合。除了青少年時那短短幾年之外，我從來沒說過不。我總是附和他想要的事。我什麼都做，如此，他的波動才不會傳給我。

現在，當他的情緒撼動山河時，我不會把它當作是針對我個人。這我現在明白了，那只是他的機制。因此，我不再努力「讓他覺得好過點」；相反地，我只是告訴他，爲什麼我現在得立刻離開。下一次我們見面時，他會是在他情緒週期的另一段。這種理解，讓我解開許多過去種種的枷鎖。許多童年的回憶也因此被沖刷而去。

就在昨天講電話時，他說，要我幫他做一些事，我薦骨回應出「不」的聲音。突然間，他對我的聲音大發脾氣，說我到底有什麼毛病，一直發出這些愚蠢的聲音，還有，

「馬上停止這種愚蠢的胡鬧！」我嚇到了！要我停止胡鬧的要求，我的薦骨回應「嗯嗯」。然後我告訴他，那些聲音是我重要的部分，它們不會停止。如果他不喜歡，我們之間就會有麻煩了。呼！那是我內在力量展現它的權杖，眞是不可思議的體驗。他立刻說：「不，不，沒關係，親愛的。」

那一瞬間，閃電般的頓悟發生了。我也曾在薦骨型生產者的孩子身上看到這種狀況。它讓我想到小時候，我和我的聲音是有連結的，就像卡羅琳娜那樣，它被掩蓋了，然後，就再也發不出聲音。我被教導要使用言語，我失去和這種強而有力的回應機制的連結，它原本可以一輩子指引我的。我不是在抱怨人生的發展，因爲我對現在擁有的人生心存感激。我覺得眞的很幸運，甚至能在我的生命中嚐過這種滋味。在那一刻，我得到這份覺知，一閃而過。

我幫忙看顧卡羅琳娜時，就已經有這種感覺了，孩子還那麼小就用提問的方式對待，實在很少見。允許她發出的聲音，視爲是她的回應，還尊重是她的眞我，這更不尋常。那不只是因爲她可愛，這其中寓意深長。沒有人要她說「不，謝謝」和「好，請」，是要讓她感覺自己回應的力量，並保持連結。

我內在看到的這一切，讓我深刻意識到，薦骨聲音有多麼重要。還有，爲什麼對某些生產者來說，一旦了解了，爲什麼要重新連結會如此困難。薦骨的聲音對生產者來說，正是他們生命的來源，沒有它，他們就不算完整活著，那是不可能的。因爲不尊重薦骨回應，就是否定存在他們體內的生命動力能量。即使是情緒型的人，內在權威不是薦骨的人，薦骨仍是他們的生命動能。他們經歷情緒週期時，仍然必須要聽到薦骨的聲音。不管薦骨中心開了哪些閘門，對他們做出最後的決定都有很深的貢獻，這種貢獻無法以聲音以外的任何方法發出。

目睹父親和我之間，因爲他當時沒有這種認知，我的人生因此變成這樣，我明白，這是一個爻的結束。現在，因爲瑪德忽自己懂而且也讓她的孩子懂，我們都可以正確地走向未來。現在，薦骨聲音終於得到尊重。

七月二十五日，黎明前

又換檔了，我昨晚注意到。知道我對任何事都沒有控制權，不再嚇到我了，事實上，它有助我更深入這個實驗。

臣服這個過程

了解這個過程

尊重這個過程

對我來說，還是很陌生，我才剛過了一年

體內還是有那麼多能量……而且，行星還在定義我的情緒，因此，那裡所有的一切，就加在我自己的薦骨能量上。它總是在震動，轟轟，轟轟，總是啓動著，總是準備好要出發，只在等待一聲「前進」！

有時，我覺得被卡得死死的，我得等待換檔，因爲我自己沒有能力可以換。過去，我會把被卡住這件事的所有責任，一肩扛起，彷彿都要怪自己，都是自己沒有作爲，才無法改變現況。以自己不能換檔來比喻，太妙了，我單純地開懷大笑起來。不過，這也讓我納悶，是誰在開這輛車和換檔？

麥可問我，我是否已開到超速檔。「嗯嗯，也許是三檔」，我回答，然後大笑。他說，他無法想像，我開到超速檔會是什麼樣子。有時候，我可以感覺到，我的能量對他來說就是太多了。我的直覺非常快速，我像閃電一樣，我知道，這個實驗進行得愈久，情況就變得愈是如此。我們得找出彼此的相處之道。他問我是否想去吃午餐。我回應，接著問他，他回應，我就站起來，走出門。他得做完所有必須要做的事，才會自在，然後才能走出門去。我坐在車裡，只是等待。不急，不要不耐煩，就等待。但這讓他抓狂。他覺得壓力好大，他很生氣。

因此，我在學習。當我們兩個都回應要去吃午餐後，我會接著問，他知不知道需要多少時間，他才能準備好出門。他會告訴我，而我就繼續做我手頭上的事，直到時間到了。我在找方法尊重彼此。只要花一點創意和時間，沒有什麼比了解更珍貴了！

七月二十七日……烘焙者咖啡

從接受了這門薦骨知識後，已經十三個月。時間簡直就是飛逝而過。最初幾個月，我會去感受自己和之前有多不同。現在，隨著生活愈來愈在等待與回應中度過，薦骨引導的那個人現身，我已經記不得實驗開始之前的那個人是什麼樣子了。那個人感覺好遙遠。這樣生活好自然。對我是誰沒概念，對我應該說什麼或我應該做什麼或我要如何行動，都毫無所悉。那一切，消失了……多麼自由啊！

半夜

最近，無法睡太久……

但我今晚睡了一會。我注意到，我在夢中也在用薦骨聲音在回應！不久前我醒來，領悟到這件事，我好興奮。在我的夢中，也意識到要等待……等待別人問我。很有意思，這種理解現在也進入我的夢中世界了！

七月二十九日，深夜

我以前並未眞的了解，對我生命中的其他人，「提問」有多困難。有些朋友說，一開始，如果我回應「嗯嗯」，會有一種拒絕的感覺。但現在，經過這麼多個月之後，他們已經能了解，那聲「嗯嗯」並非針對個人，它比較是和我有關而不是他們。喔，聽到這話眞好。我的朋友也了解，「嗯嗯」可能下次會是「嗯哼」，即使是對完全相同的事情！因此，要他們問我已不再是困難！那正是我孫女讓我看到的我自己！

反思過去這幾個月

現在，我實驗這個機制已超過一年。我從踏出的每一小步學習到，等待與回應對我的眞正意義。是我的就會來到我面前。此刻在我每個細胞裡。而因爲這樣，所有的不耐煩似乎煙消雲散。我可以一等再等三等，再也沒有關係了。我不再擔心不會有結果，我知道會有，但我不知道是什麼，而且我不知道是什麼時候！我愛這樣！正是這樣讓生命變得有趣。

我喜歡大寫T的時間。小寫t的時間，是我頭腦的時間。它總是在趕時間，什麼都立刻就要，而且永遠不滿足。大寫T的時間，是生命的時間。它是生命朝向完美境地的行動，因此，該要發生的就會發生。那是正在展開的故事，而我們都有連結，參與其中，而且是這個故事的一部分。

我可以感覺到，等待在我身上引發的作用。內在眞的有火在烹煮，而且愈來愈旺。薦骨感覺好像有條臍帶和宇宙相連，當它回應時，是和宇宙的生命動能連結。如果我不等薦骨回應，沒有它就採取行動，我就和那股能量來源失去連結。不是永久的失連，但我永遠都需要回到等待與回應之中，以便和它再度連結。

對這第一年，我感到很激動，它那麼簡單……在概念上，但在現實上，沒那麼簡單。事實上，等待一開始眞像地獄。我眞的覺得我快死了，我的行動一直是我的一切。

停止行動

停止發起讓我難受死了

一直到了現在，我才知道，它不是在殺我，它是在殺死那些假裝是我的冒牌貨

因爲，我在這裡！而我才剛開始而已！

不再有因爲

悲傷的鳥兒
唱出這些耳朵聽過的
最美麗的苦樂參半
隨著眼淚從眼中流落
如此美麗……令人痛苦

快樂的鳥兒
在藍天中飛得如此高
越過雲朵進入天堂
將我帶進牠的羽翼之下
快速飛行讓我無法呼吸

牠們兩個都過得自由自在
不受「因爲」的束縛

歌聲迴盪進入永恆
因爲翱翔留下一條通往星辰的隱形通道

無樂之歌
文字攤平在頁面上
一度空間
沒有聲音可以表達
所有文字無法説出
沒有圓
沒有邊
沒有甜
沒有劍
只有來自一個地方
的文字
如太初一樣古老

從無盡的源頭
它們倒了又倒
從時間開始之前
以及在那之前

Chapter 8 站在我自己的甜美聖地上

我幾乎不敢相信，從拉解讀我的人類圖之後，才剛過了一年多一點。人生策略這麼簡單，看起來好像很容易。但是，眞的要遵從？遵從這個策略，眞如地獄般痛苦。我原先以爲我會因爲沒有作爲、不主動發起而死，現在呢？那種甜美滋味是我從未體驗過的。還有，發現我眞的有一個可以信賴的內在權威，拯救了我的人生。我非常期待拉爲我解讀凱龍星回歸。我回應要去陶斯參加那有如馬拉松、漫長的「三百八十四條爻課程」，然後聽我的解讀。我之前不知道有凱龍星，那對我而言是一塊重要的拼圖，它會透露出什麼，我非常好奇。

看著自己逐漸掙脫制約的羅網，我發現了好多關於自己的事，讓我非常震驚。其中最大的一件是，我不再在乎別人怎麼想我了。這對我絕對是一件大事！另一項是，活了四十九年之後，我不再對任何事興致勃勃了。我以前會不假思索一頭栽進幾乎每一件事。現在呢？它得喚起我內在的某個東西，不然，我寧願一個人。這一切對我來說，太令人吃驚了！我幾乎不敢相信，這個在眼前誕生的我。

藉由臣服於薦骨的回應，讓它指導我人生的每一個決定，我發現有一件事，眞的很值得注意。它知道！它眞的知道，我在每一個時刻的需要。它知道，我在每一個時刻應該做什麼。它知道，我在每一個時刻應該和誰在一起。它徹底理解，什麼對我是天生正確的事。這眞是令人太驚訝了。我喜歡！我薦骨的反應眞眞切切讓我的頭腦大吃一驚！沒有任何東西會比薦骨的回應更細膩。它爲我這個樂器調音，我愈回應，就會變得更靈敏。重點是，我什麼都沒有做，什麼都沒做。我的薦骨透過回應保護著我，因此，我不需要再以任何方式保護我自己。這有如創造了一對充滿活力的雙人組，我內在的力量與我的脆弱攜手並進。我以前絕對不可能會相信，我的内在會存在著這種運作。

鏡中之眼

我看著鏡子
我的雙眼回望
充滿著
我無以名之
彷彿永恆的一切

正朝現在急速衝來
仇恨的眼鏡
變成禮物
我不會永遠
想要
讓我的雙眼被看見
有個祕密
它們說得太大聲
甚至對我也是

這個時候，我還不知道我的生命即將再次因為薦骨的回應而徹底改變。我對要去陶斯上三百八十四條爻的課程非常興奮。拉會在秋天回來美國，他會和家人搬到陶斯去。而且，雖然我有點擔心要連續坐好幾天，學習輪軸上的每一條爻，其實我心中暗暗期待著。我準備了一本資料夾，收納我的筆記和圖表。我知道，如果我想要把所有資訊都消化吸收，必須要把一切條理化。我依照輪軸上卦象的進行，一頁安排一爻，這樣我才能記筆記。

踏入這趟旅程至今，算是很深入了，我發現自己其實很喜歡在上課時寫筆記，並不是努力抄下每個字，而是在某一點眞的觸動我內在時，簡單寫個註記。我仍然不是在學習這個知識，而且對成爲一位分析師的回應持續是「嗯嗯」，表示對我就是不正確。

幫拉安排課程和解讀的那位朋友打電話給我。從我開始實驗薦骨回應後，我們的關係就變得有點緊張。她要幫我和拉預約時間做凱龍星解讀。她開始跟我聊，說起我不想成爲分析師，眞的很可惜，因爲幫別人解讀，我會做得很棒。接著，她問我：「妳不想幫別人解讀嗎？」我的薦骨回應：「嗯哼。」接著我說了這些話：「如果有人問我，而且我有回應，我會做。但我也會清楚地讓大家知道，我不是個認證的分析師。」我加了這句話，因爲，第一，它是眞的；第二，我知道她不會喜歡聽到這個。

「妳是什麼意思？」她問道，語調很生氣。因此，我簡單解釋，我不會主動提議要幫任何人解讀，可是，有些人會要求我，我就讓薦骨來回應，並尊重回應。接著，她告訴我不可以那麼做，那是被禁止的。然後，我說，我只是遵照我在人類圖系統中學到的策略，我不是在追求什麼，但如果有人來找我並要求我解讀，而且我有回應，我就一定會尊重那樣的回應。

她接著說，她得和拉談這件事，因爲他是最終的權威。我的薦骨怒吼：「嗯嗯，沒有人對我有控制權！」我不敢相信，我的回應這麼凶猛。我不敢相信，我讓自己陷入這樣的處境。喔，我的天啊，在電話中，事情變得一發不可收拾。我被這通電話撼動到不行，甚至在掛斷電話後，都說不出話來。我坐在家中辦公室裡的桌子前面，房間有一道拱門通往我們的起居室。麥可正坐在起居室裡看電視，整個過程都有聽到。當我放下電話，開始走向我的臥房時，他問道：「發生什麼事了？」我說不出話來。我只能搖著頭和手，當時一句話也說不出來。他接著問：「妳還要去陶斯嗎？」對此，我的薦骨回應：「嗯哼。」

我直接走進我的房間，爬上床。我完全筋疲力竭。我第二天要去陶斯。這一次我準備開車去，行李已經裝上車，我已經準備好要出發。我床邊有一支電話，早上電話鈴響，把我吵醒，是我姊姊打來的。她隨口問起：「妳今天不是要去陶斯？」我的薦骨回應「嗯嗯」。我們兩個都嚇到了。她知道那個聲音的意思。她說：「妳在開玩笑嗎？」我的薦骨再次回應：「嗯嗯。我不去了。」我愛我姊姊，她眞的懂人類圖，而且深深了解我的需要。她說晚一點打給我，再問我一次。我的所有朋友都知道我要去上另一個人類圖課程，因此，當我白天遇到別人時，他們所有人都提到我要去陶斯的旅行，幾乎和我姊姊一開始問的一樣：「那麼，妳今天要出發去上妳的人類圖課程囉？」我的薦骨整天不斷回應「嗯嗯」。當我姊姊又打過來，再次問我是否要去時，答案是一樣的。

但是，這一次的情況更糟，因爲麥可和我原本的計畫是，我在陶斯時，他要去紐澤西出差。結果，他兩個星期不在家，我不但沒去陶斯，而且還一個人待在房子裡。這可不容易。

我整個人都呆了，沒想到情況是這樣。我好失望，因爲我眞的很想上這門課。那些我希望薦骨會回應不要上的課程，它總是回應要去；而現在我想要去，它卻回應不要去。但我知道，薦骨連結我脾臟的內在智慧，正是從最深的層面透露訊息，去上課對我不健康。

我和其他人類圖學員建立了很美好的關係，見不到他們讓我很難過。我從車裡取出行李，把所有東西歸位，然後，我給朋友發了一封傳眞，表示我不去了，並取消和拉的解讀預約。這封傳眞在接下來的幾天，很快地引發了一連串憤怒的互動。陶斯的課程開始了，而我卻坐在塞多納的家裡。

這是截至目前爲止最艱難的回應。爲了尊重這個回應，讓我幾乎痛不欲生，甚至比薦骨對我的音樂家朋友們的回應那一次更糟。麥可不在，而我單獨一人。很多去上課的人類圖朋友，會在晚上打電話給我，告訴我發生的事。那眞是既美麗又痛苦。我的內在有那麼多悲傷，破壞力非常大。過去這幾天，我哭得很凶。我內在充滿了非常非常深的悲傷。

過去這幾天，我完全沒有心情做任何事，我甚至對走出房子都沒有回應。只要想到我原本應該是要坐在陶斯的教室裡，待在這裡變得更加困難。我的資料夾躺在桌上，空空如也。正在進行的一切，我不在其中。自己一個人好艱難，我不敢相信，我的內在有多痛。眼淚並未釋放它們。從實驗開始的頭幾個月之後，我就沒有這樣哭過了。哭了這麼多的眼淚，似乎沒有減輕任何痛苦，似乎沒有什麼能幫助我擺脫。我所能做的只有呼吸，順其自然。

今晚是滿月。我臥室外面的露台召喚著我，於是我走出去，讓月亮觸摸我。它穿透我的每一個細胞，並用它的美麗填滿我。在這樣的月光下，有什麼改變了，我感覺身體解脫了。我泡了個熱水澡，關掉電燈，打開百葉窗，躺在水中，讓月亮照亮我。水與月亮在一起，這種結合溫柔卻有力。

月光灑遍了整個臥室，我整晚躺在床上，深深地啜飲進體內。現在我很高興自己一個人，原來家裡沒有其他人是如此的完美。我非常放鬆，愈來愈深入內在的自己；我非常放鬆，更加沉浸於未知中。

尊重不去陶斯的回應，耗盡了我的精力。不去，感覺非常痛苦，但是我知道這是正確的決定，因爲我的回應是「嗯嗯」，而且，我在白天被問了那麼多次，它始終沒有動搖。這個決定帶來許多痛苦，比這幾個月裡的任何決定都要多。現在，我感覺好像跨到了另一邊。月亮已經幫助我走過這一關，它的能量柔和，卻非常強大。

痛苦已經消失。在我和月亮共處那段時光之前，它還活生生。之後，它已不復存在。就在一瞬間，它竟然就這樣消失？它去了哪裡？怎麼可能？這一刻我覺得就要死了，而下一刻，不但活力充沛，而且充滿寧靜的喜悅？這個薦骨眞是神祕啊！我想，如果我能活一千歲，我可能仍然無法發現它的全部。我覺得，我已準備好一輩子追隨薦骨的聲音。

體內擁有這樣單純的答案是多麼有力的事，尤其在引導我度過這次的經歷之後。咻！粉身碎骨，註定會發生，別無他法，但每一次崩解之後，內在的空間就變得更寬大。我的內在有許多幻覺，把眞實的我排擠到一邊，我是多麼擔心沒辦法熬過這次的瓦解。我非常愛人類圖，我愛和拉以及人類圖同學一起上課。但如果這對我不是正確的事，我沒有別的選擇。不管這多令人痛苦，我必須尊重我薦骨的眞相。

所以，我人在這裡，躺在沙發上，看著紅石公園，再一次等待。當什麼事都沒有時，等待就是我的休息區。我現在對於等待，感到很自在。它已經不再是剛開始時的那種折磨。它感覺起來非常正確，非常自然。我不敢相信，我怎麼可能繼續用以前那種東奔西跑的生活來累死自己，我喜歡這個稱爲「等待」的地方。

等待之謎

等待的謎團慢慢向我揭露
當我臣服於內在眞理
當我吸入做自我的花蜜
這些年所有的誤解融化
進入現在這個時刻並消失
渴望與挫折變成接受與信任

這種信任張開它的翅膀覆蓋我的生命
我在等待時感覺到有所支撐
宇宙唱起歌曲歡迎我成爲自己

每一個時刻都帶著魔法
每一次呼吸都帶著未知
當我聆聽來自內部的召喚

當我聽著這個隱藏的聲音發出的祕密耳語
我知道我確實站在自己的甜美聖地上

不再想改變，不再想移動
不再想重新安排或反對
展開在我眼前的命運模式

就如同它現在的樣子，就如同它現在的樣子
令人陶醉的奇景正在折毀
總是想要更多的瘋狂的地基
面紗從我的雙眼滑落，活著是一份多好的禮物

被一雙神祕的手托著支撐著
每一個時刻都帶著魔法
每一次呼吸都帶著未知
當我聆聽來自內部的召喚

當我聽著這個隱藏的聲音所發出的祕密耳語
我知道我確實站在我自己的甜美聖地上

將一千種發光的祕密
寫進眞理之書
聖地，聖地

沒有去陶斯是一次令人崩潰的經驗，卻是我實驗的眞正轉捩點。我清楚明白，我不再有任何外部的權威，也不再接受任何外部權威。聽到我的薦骨，對於被告知有某個我以外的人對我有最終的權威時，我在電話中回應的力量，讓我非常震驚。情況變得很明顯，這個內在權威，是我的餘生中，我最終會聽從的唯一主體。

再也不可能告訴我要做什麼，並期待我會聽從了。這正是我那麼喜歡人類圖的原因，它不會告訴我「聽好，這才是對的」，或是「這對你是錯的」。它告訴我，如何自己得知這些事。它告訴我，要信任我的內在有引導我的力量。有些人對「系統」抱持某種看法，我開始進行實驗之前，也是這樣。但是，如果我沒有至少嘗試一下，實驗看看，我有可能錯失它所會帶來的不可思議禮物。我絕不可能發現這個強而有力的內在權威。

我不知道，我是否還會再坐在人類圖的課堂上。讓喜愛的事物溜走，就像墜落深淵。此時唯一的慰藉是，知道我的決定對我是正確的；我信任生命的這個過程。我相信，如果某個事物是我的，它會來到我面前。我活在等待與未知中。經過這一段時間之後，我逐漸愛上我內在這兩個地方。

和女孩們共度耶誕節

麥可和我兩個人飛到阿什維爾，和瑪德忽、亞歷珊卓拉以及卡羅琳娜一起過耶誕節。我們裝滿禮物的行李箱搞丟了！幸運的是，它們在平安夜被送到瑪德忽家門口。和全家人在一起眞是甜美的時光。這些日子，我非常放鬆。既然現在我沒有上任何人類圖的課程，我似乎是以一種新的方式在過生活。我很喜歡。我們烤餅乾，切成各種和耶誕節有關的圖案，女孩們和我花好幾個小時來裝飾。我好愛這兩個小女孩。和她們在一起，傾聽她們的回應，帶給我很多喜悅。知道她們發出的每個小小的聲音，都在告訴我她們的眞我，多令人驚奇！看著瑪德忽和她們互動，引導她們，幫助她們做出正確的決定，令我非常悸動。我們是多麼幸運啊！

等我們回到家，有人邀請麥可和我參與一項事業。那是個重大的決定，我們兩人都想要做出正確的選擇。這幾個月來，我一直有意識到，麥可的回應大部分是來自他的喉嚨而非他的薦骨。我一直不想說什麼，因爲那通常只會讓事情變得更糟。我也知道，這項實驗需要時間，而且每個人狀況都不一樣。但由於我們面臨的決定很重大，而且也知道正確回應有多麼重要，麥可因此深入自己，而且也成功接觸到內在發出聲音的部位。聲音開始出來了，我好高興。

我們花了好幾個小時，問彼此關於這個決定的各種問題，並傾聽我們的回應。而且，因爲他是情緒型，還是三分人，他需要時間，讓內在清明。這個時候他薦骨的回應，只是他內在眞實的部分片段，還不是最終的澄明。等到他內在終於清明了，回應終於出來了，是「嗯嗯」。顯然，這件事對他來說是不正確的。他眞的很可愛，他看著我說：「就是這樣嗎？一旦妳回應了，就必須接受妳的答案？」我回應：「嗯哼，就是這樣。」在那一刻，他懂了回應以及等待情緒波結束對他眞正的意義。他了解這並不容易，尤其是如果頭腦喜歡這個主意，而且已經很興奮的話。他後來告訴我，如果不是和我一起，他很懷疑自己會有辦法進入自己的回應機制。

和另一個了解這個運作的人一起生活，眞是不可思議。我是直覺型，而麥可是情緒型。這些年來，情況愈來愈清楚，如果我對某件事立即回應「嗯哼」，但如果他情緒波走完，而他回應「嗯嗯」，我們就不會做，就這麼簡單。對我們要一起做的事情，他的情緒是最終答案。當然，如果我立刻回應「嗯嗯」，他甚至不需要經歷他的情緒過程。但有時候，他眞的很想做某件事，他就會走程序，得到清楚的答案，然後從那個答案中，以不同的方式再問我一次。很多時候，我的回應會改變。

對身爲生產者的我而言，是問題的措詞觸動了回應機制，這變得非常清楚。我先生和我開始在日常生活中，親眼看見這個現象。有一次他問我，想不想和他一起去看電影，我回應「嗯嗯」。我看得出來他很失望，而我從我的回應中知道，我不想去。我於是建議，來玩一下，用不同的方式問那個問題，只是要看看可能會有什麼改變。他的其中一種問法是：「我眞的很想要妳和我一起去看電影，妳願意來嗎？」我立刻回應：「嗯哼。」很神奇吧？

我開始看出，如果我被問：「妳想不想做這個？」會得到一個和被問「妳需不需要做這個？」完全不同的回應。一點點細微的差別，就改變了一切。然後，試著用另一種方式問幾乎相同的問題：「妳做這件事，可以嗎？」又帶來不同的回應。對每一個生產者來說，有那麼多事情等著去發現。這是趟不尋常的旅程，儘管有那些痛苦和崩解，那些恐懼和懷疑，這會是一個薦骨人經歷過最不平凡的冒險。它是場內在的旅程，而且是無止盡的探索與發現的過程。

但更重要的是，知道我內在有某個東西是我可以信任的，眞是令人大大鬆了口氣。能夠毫不懷疑地說出「我相信我自己」，是件深具意義的事。

安於當我自己，不代表我的生活不再有衝突、混亂和劇變。事實上，似乎我愈依靠回應過日子，我的生活就變得愈緊張。前幾天晚上，我先生和我起了很大的衝突。我可以感覺到，他的能量正穿過我，它在告訴我，他對我們所討論的一切的感受，而那是很強烈的感覺。然而，我的薦骨在那裡，像個戰士一樣，在這一切事情中間，回應著「嗯嗯」。我們眞的身陷其中，我的薦骨說出它的眞話，他的情緒被擋回去。

過了大約二十分鐘之後，一切結束。我坐在那裡，臉上帶著大大的微笑。我對發生的這一切心懷敬畏。透過回應面對我先生，是多麼符合人性又自然，而且，不管什麼樣的能量進入我，都沒有關係。我的眞心話就是我的眞心話，我不會爲了維持和平而否定它。在我體內流動的能量是如此純淨。

我的頭腦要理解這種事是很困難的，它玩的是不同的遊戲，玩了很久，已經讓我相信衝突不對，而且那樣代表不愛對方。哇！這眞是出乎意料的天啓和自由。在笑了一會兒之後，我凝視著我先生，說：「那眞的很好，很健康。」他同意我的話。

我可以想到我生命中有很多人，如果我勇敢面對他們，對我是多麼健康。不是從我的頭腦或從我覺得什麼是對、什麼是錯，而只是藉由我的能量說出「不」來面對。多麼乾淨，多麼純粹。

作爲人生角色6/2的人，我眞的喜愛和諧。如果我的能量有回應，創造和諧，那非常美好；但如果沒有，我也不在乎！我每一次這麼說，都讓我感覺眞是要命的好。在顧慮別人快五十年後，每一次我寫下：「我不在乎！」感覺眞是愉快。

當有人問我，要我做某件事，而我薦骨回應了「嗯哼」，哇，這眞的很了不起。我們兩個都能感受到在那個「是」的能量裡。當和諧自然形成，能量在生命之流中湧現，這是眞正的和諧，其中蘊含豐富的生命能量。相較於以往我所認爲的和諧，只是我在避免衝突，而且常常違反了我的本性。我不會再這麼做了。

當我的能量說出「不」，而最後導致了衝突，我也不再像以前那樣逃離衝突了。我不會衝向它，但我不會再想要逃離。我現在視它看爲生命的一部分。大自然有令人難以置信的風暴，龍捲風、颶風和海嘯，不是每一天都陽光普照，無風無雨。同樣一股穿越大自然的能量，不應該也穿越人類嗎？現在，我還是不喜歡置身於颶風，也不喜歡身處衝突。但那是人生的一部分，我現在能看懂了。

看著情緒有定義的人，我知道他們對面對衝突毫無問題。我近距離觀察過，他們就是直接說出他們的想法和感受。我看著我姊姊去買咖啡，確切地告訴店員她喜歡的口味，我可以感受那個人的能量朝我姊姊而去，但我姊姊就站在那裡，受到情緒中心的保護，一點也沒受到干擾，而她先生和我（兩個都是情緒未定義），以前常會因爲害怕而遠離那整個互動過程。

我看著我先生和其他人在人生中前進，他們的故事和我非常不同。但是，我正在學，不再害怕對我不滿的人的情緒。對我不正確的事，我也不會因爲沒說「是」，而是說了「不」，因此產生罪惡感。我不會想要取悅、安撫別人，說就讓事情過去。如果是正確的，我永遠會努力尋求和諧。如果是不正確的，那麼我就勇敢面對衝突。

參與或觀察兩個情緒中心沒有定義的人衝突，可眞是一場大秀。非常快速，非常憤怒，充滿能量，然後一切就結束了。消失了。我曾有過最愉快的經驗之一，就是和我的兩個孫女在車上。她們兩個都是純粹的直覺型生產者。我在開車，她們在後座吵了將近十五分鐘。「嗯嗯」，一個女孩說；「嗯哼」另一個說……。整個衝突只聽到這兩個聲音，這兩個聲音來來回回，來來回回。最後，我放聲大笑。那能量眞是不可思議地純粹又如此強大。我問她們：「妳們兩個是不是同意，妳們意見不合？」她們兩個都說「嗯哼」，然後就結束了。

將近五十年來，我會盡一切努力避免衝突，維持和平；現在，我讓薦骨來主導。有時候，它航行順暢，有時候，海上有暴風雨。如果我的能量對某件事說「不」，造成某個人眞的很不爽，現在，沒有關係了。我不能違逆我的能量，爲了避免別人對我不爽。

我已經看到，讓薦骨在生命中引導我會帶來的結果，沒有什麼比那更珍貴。我愈是活出自我，我生活中的衝突就愈多。在依照人類圖過生活之前，我的生活比較像靜止的水。但那幾乎是假象，也許甚至是停滯的。它不會像現在這樣，有飽滿的生命動力流過它。即使我的生命不是一碗櫻桃，我也不會拿它去換任何東西。我不會拿我內在的眞實，去交換成爲全世界任何一個人。以純粹自己的身分喝一杯咖啡，拿這來換我在印度時體驗到所有頓悟之喜的總和？門都沒有！

就算有外在的衝突與干擾，有時候事情的確會變得一團亂，而我也不明白到底發生什麼事，以及爲什麼會發生，當這樣的過程慢慢展開，我的內在會有一種信任。我信任薦骨的回應，即使它讓我陷入最不舒服的情況。我清楚看到，是我的這個薦骨，在旅程中帶領我，這個有時候比什麼都更像在坐雲霄飛車的旅程！

每天晚上當我睡覺時，不管白天經歷了什麼，我都不會因爲發生或未發生的事而感到苦惱。我躺在床上，安然入睡。混亂之下有平靜。我以前認爲，我的外在生活必須要平靜，如此我才能感到內在的平靜；我藉由避免衝突，而有了很多年的那種外在平靜。其實內在從未平靜過。

大約是這段期間，我和父親有了另一次激烈的衝突。我之前提過，他現在有女朋友，兩個人在他的安養中心過得很快樂。我一個星期會去看他三到四次，通常是帶他們兩個人一起去吃午餐或晚餐。看到他這麼快樂，眞得很棒。他喜歡旁邊有同年齡的人，他常常告訴我，當他和那些「男孩」一起玩撲克牌時，他們會問他：「所以，約翰，你幾歲啊？」當他說他八十八歲時，他們會開玩笑，說他只是個嬰兒。他喜歡城裡音樂家會來演奏的夜晚，中心的居民會聚在一起，唱著他們那個時代的歌曲。

有天早上，他打電話給我，要我帶他女朋友去看醫生。我的薦骨說「嗯嗯」。他對我大吼：「妳是什麼意思，嗯嗯？」好像我竟然會對他說不，這是令人無法接受的事。我只是回答，不，帶她去看醫生，對我是不正確的事。我接著建議他和中心的接待人員聯絡，他們可以安排這些事情，那是爲什麼大部分的人會住在那裡的原因。他變得非常生氣，最後說：「如果妳不願意幫我，那我和妳就沒什麼好說的了。」隨著這句話，他啪一聲掛了我的電話。我沒有不高興，我沒有生氣。我只是看著電話，然後把它放回去並且咯咯笑了起來。哇！我咯咯笑，而不是胃揪起來！

眞心接受所發生的事，對我眞是一件神奇的事。我不會帶著我父親一起進入我的人生故事，但我確實可以說，我一輩子都隨時準備好要幫助他。當他手術後需要我時，我從瑞士飛回來。我幫他搬過一個又一個家。每當他在任何一方面需要我時，我照顧他。我確定，這對他是個衝擊，我說了不。但它也讓我了解，他如何期待我，總是丟下我的生活去幫他，因爲我總是就那樣做。

我先生在另一個房間，他喊道：「妳父親剛剛是不是掛妳電話？」我回道：「嗯哼。」他接著說：「妳要那樣放過他嗎？」我回應「嗯嗯」，然後發現自己拿起電話，撥了他的號碼。當他接起電話，我想他會以爲我改變心意，但我沒有。我需要告訴他，我必須告訴他的話，而且我可以用一種非常冷靜沉著的方式說。聽到我自己的聲音，還有我如何告訴他，讓我很吃驚。如果沒有我的薦骨力量作後盾，我絕對無法辦到。我解釋，有時候，我到那裡去幫他是對的，而有時候則不是。我告訴他，我也有我的生活，如果他不能了解這一點，那麼，我們彼此眞的沒有什麼話好說了。

然後，我等待，我沒什麼話要說了。他對我的態度整個改變了。他說，他很抱歉，而且他會去服務處，看他們能否帶他女朋友去看醫生。我告訴他，沒什麼好對不起的，我們只是需要了解彼此。那天晚上，電話響了，是我父親。他一邊哭，一邊告訴我，他有多難過對我發那麼大的脾氣。我好感激，能透過人類圖的角度來理解他。我也很感激，這一切都在電話中發生！我讓他哭，他是情緒型人。在那之後，除了我愛他，真的沒有太多話好說。他告訴我，他也愛我。

從這一刻起，我們的關係整個改變了。我說的是，一個父女間持續超過四十九年非常固定的模式，完全改變了。那一通電話改變了一切。我以前總是以爲我父親尊重我，但我從這次經歷中了解，他從來不曾眞的尊重我。喔，他尊重我的成就和我在人生中做過的事，但不是我這個人。直到他眞的開始帶著尊重看待我，我才明白這一點。這是一次完全不同的經驗。他開始會用詢問的方式，看我是否能幫他做事情，而不是告訴我或要求我做。而且，他眞的會等待，聽我的回應。他不再假定我總是會說好。

我們的連結從此時起變得非常深厚。他常常打電話給我，對某件他女朋友遭遇的事非常不爽。因爲他的12-22和39-55通道，他極爲羅曼蒂克，而且他的反應都很強烈。我會聽他說，讓他都說出來，也因爲我知道他是情緒型，我總是說同樣的話：「爸，你爲什麼不放輕鬆，好好睡一覺，我相信到了早上，事情就會感覺不一樣了。」他會說：「妳眞的這麼覺得嗎，寶貝？」而我會回答：「嗯哼。」

果然，第二天早上，他會打電話給我，然後說：「妳說的對極了。今天早上，一切都不一樣了。我們現在要一起出去，我晚點再打給妳，親愛的。」這種情況，每個星期至少發生三次。感謝老天，我了解狀況，不然我就會和他一起坐著他的雲霄飛車上上下下，那是我大部分人生裡在做的事。

我擔心他女朋友，不知道她如何因應我父親情緒波動的所有上下起伏。我向她問出生資料，她不知道出生時間，所以我排出那一整天大約二十張圖。在所有的圖裡，她都是情緒型，而且也有39-55通道。這一點和其他圖裡同樣都有的設計告訴了我，和我父親相處時，她其實是可以很容易掌控自己的。我看得出來，他們就是喜歡攪亂彼此的情緒。

我還注意到另外一件事，也是大約這個時候開始發生。我父親走進大廳時，開始喃喃發出薦骨聲音，每次他把一隻腳放到另一隻腳前面時，就會發出聲音。他會在從座位站起來時，發出這個聲音。他會在往任何方向移動時，發出這個聲音。當我第一次聽到時，大吃一驚，它們絕對是薦骨的聲音，而且不斷發出。但它們和我的薦骨聲音很不一樣。他的是移動時所需的聲音。薦骨聲音事實上給了他能量。薦骨聲音是對生命的回應，但在這裡，我看到的是生命動力給了他移動的能量。他需要那些聲音才能移動！薦骨中心是生與死之地。它是再生或衰退的中心。

顯然，我父親正在脫離「生命」，他需要那些聲音，才能繼續「活著」。就算他安靜坐著，聲音還是會發出，但最響亮的聲音是在他要走路時。就好像，馬達需要持續「再生」並運轉，那聲音有助這一切發生。

Chapter 9 命運介入

開始進行這項實驗之後，我一直心存敬畏看著我的生命是如何展現。我絕對不可能寫出現在已成爲我生命故事的這個劇本。眞是奇怪啊！這麼簡單的一句話，「等待生命走向你」，竟能帶來過去這一年半我所遭遇的一切。我的生命眞的已經成爲我生活之中美麗的奧祕，而這都是來源於薦骨回應的結果。薦骨中心是體內一個令人驚歎的所在。我很感激這門知識找上我。我很感激，我可以實驗。它改變了我的一切。我快要五十歲了，但我覺得我的生命才剛剛開始。

在實驗的這個階段，我收到一封來自人類圖組織的電子報，上面說拉十二月底會在陶斯教一堂課。我很高興，我的薦骨立刻有回應，因爲我眞的很愛人類圖。我發了封傳眞去報名，然後收到一封回覆說，我必須同意一些條件，才能同意讓我報名。我讀著這張清單，我的薦骨對每一項都回應都是「嗯嗯」。我傳眞回去，說我不參加了。

這一次，我沒有那麼心煩意亂。我已逐漸明白，最重要的是，包括學習這門不可思議的知識在內，都要我尊重薦骨的回應。如果這意味著，不能再上拉的課，那麼就這樣吧。由於最後這封傳眞，我非常懷疑他們會准許我再去上拉的另一門課。

我喜愛在塞多納的生活。當時，那是麥可和我完美的居住地點。那些紅色岩石在我的實驗過程中，有如深沉無聲的朋友。我常常只是看著它們，和它們「在一起」，尤其是在實驗的初期。整個七年的實驗歷程，我可以感覺它們支持我走過來。

那時候是一月，是右角度交叉的不預期，當時我根本不知道那是什麼！我上午收電子郵件時，發現有一封是拉寄來的。他想要帶家人來塞多納，問我可以在他停留此地時，幫他籌畫一個入門之夜、解讀和一個兩天的工作坊嗎？還有，我可以幫他們找一個可以住十天的地方嗎？我的薦骨對這些問題全都非常有力的說「嗯哼」，於是我立刻回信。我毫不誇張地說，我嚇到了。我已接受並臣服不能再上拉的人類圖課的事實了。可是現在，他要來塞多納，而我會去上另一堂人類圖課！我好高興。幫拉和他的家人找個可愛的小窩，以及籌畫上課解讀這些事很容易。透過一位主持電台節目的朋友，我幫拉在入門之夜前安排一場訪問。

我知道有一個人會對這個消息興奮不已。我在一個派對上認識他，他前來自我介紹，請我告訴他人類圖的事。他的一個朋友找我解讀過，一直叨念他，叫他也來找我解讀。我開始告訴他微中子的事。對想知道人類圖的人，我從來沒有從微中子開始講起！

聽著自己嘴巴講出來的東西，眞的非常奇怪，但是他很興奮，他說他喜歡微中子，問我願不願意幫他解讀。我有回應，於是我們約了時間。我去他家，盡我所能告訴他關於人類圖的一切。提醒你，我不是一位分析師，只能把我所知道的事告訴他。但他無法滿足，想要知道「這是什麼意思？」還有「那是什麼意思？」而我能說的只有「我不知道。」我想，那一定讓他很火大。不過我告訴他，可以從哪裡取到人類圖的資料。我想他一定馬上就去訂。

這段時間，我們偶爾會碰面一起喝杯咖啡，他會吸收所有他能從我這裡得到的人類圖知識。他也會偶爾出現在我家廚房門口，伸出雙手說：「小豬還要。」當然，他那麼可愛，我的薦骨很樂意說「嗯哼」，並把我所知的一切與他分享。

他是我第一個打電話的人，並定下第一個拉的解讀預約。城裡還有其他人也想要解讀，我也能聽到我的凱龍星解讀，那個我因爲沒有去陶斯而必須取消的預約。我的凱龍星回歸是明年，我很期待聽到這項資訊。拉和他的家人終於抵達塞多納，並安頓好。第二天早上，我把拉接到我家，所有的解讀都在我家進行。他首先說的幾件事之一是，他有了大麻煩。他的伴侶愛上了塞多納，他很擔心她不願意離開。喔，命運！祂們的確攪亂人們的生活。

事情的確是這樣。他們一家最後在塞多納住了兩年多。那段時間，在塞多納進行了許多人類圖的事，開了很多不同的課程，而現在，我都可以參加了，因爲命運介入，就是這麼突然，塞多納有了人類圖的課！眞是不可思議，只要從我家開車就能去上課！我的薦骨對拉開出的每一堂課都有回應，我的頭腦也不再抱怨，我偷偷覺得，它開始愛上學習這些訊息。

拉也開始在每個新月的第一個星期四晚上，講授流月預測。這很有趣，我們大約有二十個人上課，我們不但會收到那個月的天氣資訊，也因此有機會定期進行團體聚會。人類圖的社群，這種感覺眞是美妙。

我在洛杉磯的好朋友們（我在實驗開始時曾去拜訪），最後搬來塞多納。他們開始爲此時已經公司化的人類圖總部工作。一位住紐約市的老朋友，人生正經歷一段艱難時光時，聯絡上我，問我有什麼建議，我分享了人類圖系統對我有用的經驗，他很有興趣，想多知道一點。我跑了他的圖，他是從我印表機裡印出的第一個反映者！他和伴侶來找拉解讀，後來也搬來塞多納。

那些日子裡，我常常聽錄音打逐字稿，從中學到好多！有醫療的錄音、哺乳動物的錄音，還有拉講他的遭遇的錄音。

在聽打哺乳動物的錄音時，觸發了我深層的反省，我回顧在解讀之後的感受，以及我上過的拉教的早期課程。我總是覺得自己比較像哺乳動物，而不是人類，要我的頭腦理解這一點，眞的很奇怪。我的天性中有某種本質，我的細胞可以深深地感覺到，我會開玩笑說，覺得自己好像是教室裡的一頭老母牛。隨著每一次的回應，每個薦骨的聲音，這種感覺在我的體內日益增長。

當我在鍵盤上打進哺乳動物的內容時，這種認同愈來愈強烈，這些訊息好似美麗的樂音流瀉出來穿越我。我覺得我好像是以哺乳動物而不是人類的方式與我的閘門連結。看著其他人的人類圖，以這種方式來看閘門，更能深入了解其中的含義。聽打這些錄音帶是一次非比尋常的經驗。

我跟拉說我這些內在的感覺，他告訴我：「那是因爲50-27『保存的通道』，那是主要的哺乳動物薦骨通道，是他們生存、連結與性傾向的關鍵。一旦妳和薦骨同步，妳就與一個深層的古老源頭接上了，那是一個寶庫。」

我也把凱龍星回歸解讀聽打下來。再回顧一次拉解讀的過程，對現在正在寫書的我，眞的很神奇，解讀時他告訴我的一切，現在正在發生，就在寫這本書的當下。

我喜歡解讀，但我從來不會就此把它們當眞。我沒辦法。我傾聽對方所說的事情，並全部吸收進體內，然後就只是當個薦骨型人。如果我不那麼做，會把我搞瘋。我的頭腦會不斷測量、比較和檢查我的生活，看這些事情裡，是否有任何一件已經發生了。如果我的頭腦不斷回頭比較我的生活和我的解讀的話，我的生命就不會以同樣的方式發展了。

現在，在我人生的此刻，看著我的凱龍星解讀的全文，眞是完美，因爲它是我至死方休的主題，而且和現在正在述說的故事有非常高的關聯性！我內在有很深的感覺，如果不是搬到伊維薩，不會有這本書，它不會在其他任何地方完成。信任生命的發展，是實踐我的策略最重要的副產品之一。現在，再次看我的凱龍星解讀，由於正在展開的一切，使得他在超過八年前告訴我的話，更加不可思議。這是那次解讀的部分內容：

爲了讓你在人生的這個階段維持健康，這是你生命的最後一個階段，那麼，這次回歸要帶給你的，有沒有活出這個特質非常重要。要看的第一件事是，這是一個完整的人面獅身輪迴交叉，不但是這樣的配置，而且，它是全部。除了人面獅身，沒有別的了。你有31-7、8-1、33-13和2-14這四條通道。

你擁有它全部的能量核心，你有三種不同的方式，透過人面獅身像的閘門到喉嚨來表達。你必須釋放你的內在，其中有清楚的任務，你必須溝通人面獅身的全部三種可能性。個體人說：「我知道你現在在哪裡。」邏輯人說：「這是你從這裡可以去的地方。」

而抽象人則說：「我知道你來自何處。」記住，這三個面向全部都在運作。

你必須活出它。你要努力完成的是關於人類經驗的反思，你自己能看得清楚，同時將它具體化，然後活出你的影響力，因爲它對別人是有價值的。給你的指引，同時也是要你去帶給別人。整個人面獅身的配置，你必須眞的了解，是能夠從不同觀點明確有力地表達。你的內在需要表達，那是底層驅使你活出、拯救這一切的動力。

你在剩下的歲月要保持健康的唯一方法在於，是否有活出你的影響力，爲他人指引方向。儘管你之前經歷過各種事情，現在你已經進入人生中最有力量的階段。但是，再說一次，是做出貢獻，意思是，你的獨特必須準備好，貢獻必須經由你的獨特性。記住，你一輩子都一直把東西藏在體內，那正是爲什麼寫作會找上你，因爲那是一種清空自己的方式，而且你別無選擇。

在這次解讀的時候，我還不知道人生角色6/2和它的三個階段。我也不知道，凱龍星回歸對我這樣的6/2人生角色有多麼重要。我記得，我第一次聽到人生角色6/2的三個階段時，拉要我聽打他所錄下的十二種人生角色。這是還沒有公開過的知識，因此在我打字時，我也是第一次看到。

這些資訊非常有啓發性。我必須不斷停下來，查看我的親友，看他們是哪種人生角色。我所聽到的話和我所鍵入的內容，不可思議地完全切中。我剛剛進入最後的人生角色，6/2和6/3。我很興奮整理到我自己的人生角色，6/2，那時剛好是這個錄音檔也快要進入尾聲。我打到6/2，當時是晚上。我記得很清楚，戴著耳機，坐在書桌前，地板上有腳踏板可以用來控制錄音機，非常好用，而且可以在我手不離開鍵盤的情況下，重新播放一個句子，直到我把一切都記下來。

我專心聆聽，而我能做的就是一邊打字一邊哭。傾聽拉解釋我做爲6/2人生角色的三個階段，眞是不可思議。我知道，每個人的人生都很辛苦，而且我們每個人都是被設計來過我們現在的人生。但對我來說，聽到我的前兩個階段，就像從許多痛苦的回憶中被解放出來，我在過那兩個階段時被誤解與被錯看的回憶。好像拉就在那裡，看著我所經歷的人生。喔，細節不是完全一樣，是那些主題。

當我整理到人生角色6/2的第三個階段時，在房間的一片靜默中，我先生在我後面的書桌前安靜地工作，鍵盤的敲擊聲是房間裡唯一的聲音，我尖叫出來：「不要！我不要從屋頂上下來！」

然後我讀到，從屋頂上下來這件事會發生在我的凱龍星回歸！那就是不到三個月之後！我光想到要重回人世就嚇壞了。在屋頂上，我冷眼旁觀，置身事外，而且最重要的是，安全。我知道，沒有什麼可以讓我想要冒險再去過哪怕只有一點點像我人生前三十年那樣的生活。聽寫6/2的工作一直沒法完成，因爲我必須不時停下來，爲我認爲是我可怕的命運而哭泣。從我實驗初期之後，就沒有像那樣哭過了。我一團糟，我很害怕，而且覺得非常、非常脆弱。

在經歷的時候，我從來不懂，不管多緊張多痛苦，那個當下，我完全沒有辦法理解發生在我身上的是怎麼一回事。我所能做的永遠都是堅持住，希望自己能熬過去。經歷只有走過去，到了另一邊後，才可能有任何理解。

我記得隔天與拉碰面，把存著逐字稿的磁碟片交給他，我告訴他我有多害怕。他的話有效減輕我的焦慮。他說，那不會像我的前三十年一樣。這一次會完全不一樣，因爲現在，我會以我的眞我從屋頂上下來。關於從屋頂上下來，我所學到的其中一件事是，我會遇到類似的動力，以及我人生前二十八年出現的人和情境主題，那段災難連連的人生。那時候，我覺得不可能再熬過去，可是，過去竟然回頭促使它發生！現在，我明白了。這一次會不一樣，這一次，我知道關於薦骨的知識，而且正在實踐。

回想這些讓我了解到，現在的我有強而有力的立足基礎，即使我眞的再次深入世界。我回顧童年以及那種無法理解、吸收到的所有情緒，其實是我父親、姊姊和一個哥哥他們情緒的痛苦。我明白，我不明所以而其他人都知道的深層焦慮是源自空白的頭腦中心與邏輯中心。我理解爲什麼我總是覺得脆弱、沒有保護，因爲沒有意志力中心可以

「捍衛」我。

我的人生之所以那麼緊張、痛苦，最大理由之一是我沒辦法說「是」或「不」，而且對自己說出的答案放心。我總是懷疑自己，而且別人可以很容易讓我覺得自己很笨、感覺內疚或羞愧。客觀地看自己的過去，我非常清楚地看出，這種情況完全不可能再發生，因爲我現在站在我的眞實裡。我深深地放鬆，而且開始暗自對我的凱龍星回歸感到很興奮。

十一月二十二日

大約再過三個小時，凱龍星就會回歸到我出生那個時刻的同一個位置上！我的內在感受到強烈的興奮，非常期待人生的下一個階段。能量如此多，好像我體內的井滿溢出活著的純粹喜悅。在我最瘋狂的夢中，都不曾期待過人生會像這樣子。我覺得好像我現在才剛出生。過去不管發生了什麼，眞的都已消失，不只是從我的記憶中，也從我的這個身體裡，我一直背負的沉重包袱也消失了。我想，我薦骨的回應把一切都掃出門去了！我感到如此乾淨，如此嶄新。

我已經開始感受到「從屋頂下來」行動的張力。我不再保有我事不關己的有利任置，保持置身事外，只是觀望。人們更常出現在我眼前，面對面。也有更多的性能量在我體內，朝我而來。我不再「分離」，又重新全心投入生命。還有，天啊，我多麼感謝擁有我的薦骨回應。我不知道，沒有它，我要怎麼倖存下來。

深夜的呢喃

在屋頂上，多容易讓生命遠離我
體內那個特別之處有一層自動防護罩
沒有人也沒有東西可以接近我
雖然我的門永遠敞開
我周圍有一層隱形盾牌
人們可以來來去去
卻不曾「碰觸」到我

現在，過去幾個月來

一切都不一樣了
我已及時全力投入一個新的未來
那個嬰兒、那個孩童、那個少女、那個女人
全都活在我心裡
只是躲起來所以沒人可以找到
等待安全才再次現身

陽光照耀
召喚她們全都回到白日的亮光下
她們猶豫，那麼多過去的記憶
然而她們情不自禁再次轉身面向太陽
面向活著的喜悅
以及身爲人不可思議的經驗

沒有承諾
除了那首無聲的歌曲

「如果我等待，回應，我會活出自我
活在這裡，不管那可能是什麼樣的人生」
那並不表示我所思念或渴望的事物會出現
那不表示夢想會成眞
那不表示所有我內心的話語能被表達出來
那不表示在體內等待的事物能被召喚而出
那只表示我會過著我在此要過的生活
不多，不少
在此種認知裡，信任與臣服不會只是文字

它們必須是深層的
從我自己的身體、從我自己的細胞發出的祭品
包含血、汗和淚的祭品
有我整個生命的祭品
帶著我對某種無法解釋事物的愛的祭品
直到臣服於現狀，成爲我的呼吸

好多朋友試圖說服我，爲我的五十歲生日舉行一個盛大的派對，但我的薦骨一直回以「嗯嗯」。我在一九九九年一月滿五十歲，那天沒有任何活動，平淡地度過。拉是二月搬到塞多納，解讀了我的凱龍星回歸；我在一九九九年夏天幫拉聽打人生角色的錄音逐字稿。我的凱龍星在一九九九年十一月回歸。多完美的時間安排！

我很感激，在我被生命從舒適又安全的屋頂拉下來之前，已經了解「6」人生角色的進程。了解我的人生角色，對我有深遠的影響，我得以了解那麼多讓我心神不寧的事情。它幫助我，慶祝從屋頂下來而不是抗拒它。而且我必須說，從我的凱龍星回歸後，生命一直很不可思議。我從來沒想過，我可以這樣過日子，如此全心投入而不害怕。我想，如果我在之前的幾年不是深深投入我的實驗的話，我是熬不過去的。從屋頂上下來，對人生角色有「6」的人，是一個非常吃重的時刻。

我之前非常害怕從屋頂上下來，現在，我就是盡情享受在人生大池的時光……游泳、潛水。就像在一個古老的水池中沐浴一樣，將過去的痛苦、傷害、失望、恐懼和誤解洗去……

而且，即使有時候，因爲有人再次靠我那麼近而眞的很緊張，那些我在屋頂上從來不用處理的事情，都沒有關係了。因爲，待在屋頂上那麼久之後，我的薦骨已準備好指引我，穿過回到人世後的迷宮！

我請一個朋友幫我看清我想要做什麼，慶祝從屋頂上下來。她問了我許多問題，讓我自己可以明白我想要做什麼，我的薦骨中心竟然想要個盛大派對！拉在十二月會有五天的「神祕課程」。而我覺得，那會是這個派對的完美時間，因爲那時我所有人類圖的朋友，都可以來和我一起慶祝！

我以前從來沒有爲自己辦過派對。我小時候不曾有過生日派對，也沒有盛大的婚禮。我的薦骨回應了這個派對的每一個細節，包括請一個本地樂隊演奏很棒的摩城音樂。感覺好像，我眞的在慶祝一個全新的開始，我沒有害怕，我非常興奮，不知道等待著我的生命是什麼！

曾在奧修餐廳負責外燴、一位同是桑雅士的朋友負責所有場地的布置。我們租下公共圖書館裡的一個大房間。我列出我認識的每一個人，我的薦骨對每個名字回應「嗯哼」或「嗯嗯」。那眞是個很值得看的過程。我對有些我回應「嗯哼」的人，感到很驚訝，因爲我知道他們甚至不喜歡我！但我尊重我的薦骨，不管如何，還是邀請了他們。

而有些我喜歡的人，我卻回應「嗯嗯」。目睹我的薦骨組織這份邀請名單，眞的是很了不起的事！

我有一張特別喜歡、象徵我的實驗的明信片。那是巨大埃及雕像的奇幻畫作，雕像中間中空，像是一個通往另一幅畫的拱門。這另一幅畫裡是一個湖，上面有一艘小船，坐著一個形單影隻的人。這艘船正駛離岸邊，逐漸消失在薄霧中。每當我看著這張明信片，我就看到我自己在這艘小船上，孤零零一個人，遠離我所知道的一切，進入我薦骨回應的未知中。

我的朋友找到一個方法，把這張畫放大到四英呎高，印了好幾份，垂掛在圖書館的天花板上。整個入口與房間都被布包覆：各種深淺的橘色、鮮黃色和紫色。同樣從天花板上垂下來的還有大型的裝飾品，以及上百個同樣顏色的氣球。這些裝飾眞是太不可思議了，感覺好像你正走進一座廟宇。我喜歡她和來幫她的人的創作，那眞是慶祝這件事的完美場所。

那是個很棒的派對，我的桑雅士朋友，我的人類圖朋友和其他來自塞多納的朋友都在那裡。樂隊帶來很多樂趣，讓人隨之跳舞。主唱和鼓手眞是活力十足！我玩得很愉快。我整晚跳舞，慶祝我的凱龍星回歸！

我從來不曾想過能感覺到如此有活力，重新對生命感到興奮。我充滿了喜悅。我把上去屋頂和在奧修社區所發生的一切連結得好深啊。在我的凱龍星派對上，那眞的是我的過去了。我可以擁抱它，然後放手，沒有留下羞愧，沒有留下内疚，沒有留下悲傷，只有對我所經歷的一切與倖存下來的感謝。

我對這個晚上會如何，原本有很多幻想，但我從來沒有想過，竟然會感覺好像高中畢業舞會一樣！我的天啊，那令人震驚，而且其實有點難爲情啊。感覺好像我們全都好年輕，只是聚在一起玩樂，整晚跳舞，消磨時間。我在邀請卡上寫著，這是我的凱龍星慶祝會，我生命的眞正開始，以及我做爲人生角色6/2的成熟時期。朋友們告訴我：「我們會盯著你，看看是否是眞的。」這讓我大笑。

我知道，如果我沒有等待我的薦骨回應，凱龍星不會像現在這樣成爲療癒我的力量。然而，我所經歷的，才是我的過去的眞正療癒！那是慶祝我成爲現在的我，那種喜悅每天愈來愈多！正是這種喜悅會帶我進入未來。

凱龍星回歸

一道閃光

穿透黑暗
以及生命之光

所有的歲月碎裂成爲現在
我只是站在門檻
等待……
在宇宙的隱形子宮中

等待被釋放
完全進入生命
五十歲成爲新生

Chapter 10 薦骨又咆哮又嗥叫

在我凱龍星回歸後的那些日子裡，我體內有好大一把火在燃燒。我記得和一位朋友有一段非常幼稚的對話，談到旗杆市的一座山以及你可以搭上山頂的滑雪電纜車。麥可和我幾個星期前曾去過那裡，我一看到那個纜車，我就對搭乘回應了「嗯嗯」。我先生用各種方法問我，但我的回應始終沒變。這位和我在一起的朋友告訴我，也許哪天我能克服內在的不管什麼，就去搭滑雪電纜車。他不斷反覆地說，他的觀點是，我一定有什麼問題，才無法做這件事，而我需要擺脫它。

我的薦骨在此時發出咆哮，我說：「事情為什麼就不能只是，搭電纜車對我來說是不對的？」「誰說如果我說了『不』，我的內在就一定有什麼卡住？」當時氣氛很火爆，我的薦骨愈來愈憤怒，狂暴的程度讓我大吃一驚，但我愛它。我了解到，開始薦骨回應之前的我，會同意朋友的看法，覺得我不能克服這一點很糟，接著，要不是逼迫我自己生出勇氣去做（這通常是我的方式），就是開始探索我的性格中有什麼問題，才無法做這件事。我總是認為，我一定是有什麼問題。

這正是讓我薦骨咆哮的背景。其他人竟然認爲他們知道，什麼對我是好還是壞！他們又不是我。他們只能看到我的外表，而就算那樣也是被他們自己的定義，層層過濾過的。我的薦骨回應給了我多不可思議的內在力量，一種讓我能「站在眞我」的內在力量，不管我面對什麼，包括和朋友的這種激烈討論。

我喜愛我的薦骨在這過程中的咆哮，而且這種不可思議的「爲什麼」重新浮現。我的薦骨不會允許我接受任何人告訴我，我應該是我自己以外的人。

小時候，我一天到晚問「爲什麼」，讓我爸爸非常抓狂。我對任何人說的任何事，都會問：「爲什麼？」我小時候不會單憑任何事的外表就接受它。回顧過去，我看出來那對有開放頭腦的人來說，是很健康的作法。我對別人告訴我的每一件事，都表示懷疑。當我開始上學，這種作法不被接受。我記得，因爲問一位老師「爲什麼？」而惹上多大的麻煩。隨著我長大，我不再提問，開始接受，其他人告訴我的就是眞的。我覺得，它比較和自我意識以及不願洩露我不知道有關。頭腦與邏輯中心皆未定義的我，在某個時候就是認爲我應該知道，尤其是身爲大人。我不想讓任何人發現，我不知道！

這一輩子，我累積了許多我信以爲眞的資訊，尤其，如果那是出自某個我認爲聰明，或後來在人生中覺得是有見識的人之口。我的人類圖解讀，是我眞的以那種方式接受的最後一件事。我不相信別人告訴我的話，雖然其中有那麼多看起來像眞的。但我採用了一個假設，並作爲我整個實驗的基礎：「我需要等待事物找上我，並以聲音回應。」我並不認爲這和盲目相信別人告訴我的是事實，是相同的道理。事實上，這正是發現我的內在權威，不再把它交給別人、過自己的人生的第一步。

這些年來，我有過類似的緊張時刻。我記得有一次，一個朋友告訴我：「妳不會想要無論好壞，一概丟棄！」我的薦骨回應，「嗯哼，那正是我想做的事。我想要把別人告訴我的所有事都丟掉。我想把我從童年以來所相信的一切都拋掉。而且，我想要新的開始。我想聽到我的薦骨對於我是誰、我的感覺、我的想法，必須說的回應。」我想要有機會，從我的內在指南與權威中，發現我是誰。我知道我不能就把五十年「扔掉」。那太荒謬。但我發現，隨著每一次回應，內在的某個東西甦醒了。我無法只因爲說它的人聰明、是專家或有見識，就接受它。我必須聽到我自己對別人所說之事的回應，然後我才知道，它對我是否是眞的。

昨晚我去參加一個聚會，其中一個節目是播放一部奧修的影片。在奧修的整個談話中，我的薦骨一直在回應，對他的每個陳述，我的薦骨回應「嗯嗯」或「嗯哼」。當我意識到我正在這麼做時，我的內在發出好多笑聲！我並沒有想要這麼做，它自然就發生了。那是我的眞實，我內在的眞實在每一個當下回應他的眞實，而且他所說的很多事情，對我不是眞的。

我沒有接受他所說的一切都是眞的，像我以前一貫的作法，反而有能力自我辨別。這眞是值得慶祝的一件事。這和愛他無關。那是我從很小和父親相處開始，就一直混淆的一件事情。如果我愛他，我就會說好。對奧修，因為我愛他，我會說好。我認為臣服就是那樣。

對我，不再有外部權威。不會再有任何我以外的人，讓我比相信我的薦骨回應更值得信任的了。這對我是多麼新的經驗。開始實驗之前，我一直都很容易受別人影響。現在，「誰」對我說了什麼事或那事可能聽來有多睿智，都無關緊要，如果我的薦骨沒有回應，那對我就不是眞的。對別人可能是眞的，但對我不是。

曾經有人強迫我接受一件事，薦骨回應時我注意到我整個身體在發抖，薦骨所發出的聲音也顯示它在保護我時有多麼強大。有一次，我在一個團體中，在場的每個人都認同現場所說的話是眞的，但是我的薦骨不同意。我在堅持時，同時也接收了身邊所有人的能量場；雖然我的身體顫抖，但我明白我可以堅定的捍衛自己的眞實。

由滑雪電纜車引發的是一場多大的反思啊。這個事件也勾起了我很多回憶。像那次，我女兒從急診室打電話給我，說她痛得很厲害，但不知道出了什麼問題。後來他們發現一個腫瘤，必須盡快動手術。我非常不安、煩躁。我好擔心她，問她是否想要我到阿什維爾去，她一直回應「嗯嗯」，但她想要孩子們過來塞多納找我。有好幾天，我先生都會問我：「妳還好嗎？」我只能回應「嗯嗯」。我沒有其他的回應，那是我發自內心的眞話。我不好。我女兒要動手術，我怕她可能會死。

即使我這麼不安，我還是感謝我的回應如此簡單眞實。以前，一定會有誰，要不我自己，一定會努力「幫我走過去」。我先生也沒有試圖說「一切都會沒事的」來撫慰我。我不想掩蓋我的恐懼，而且我的回應也不允許我這樣，這讓我很高興。我身邊沒有一個人告訴我「別擔心」。這種方式讓我深深感到受尊重。我女兒動了手術，一切都很順利。

這一段時間另一個浮現的回憶是，有一次，我正在經歷一次個人的崩解時，我和一個朋友在一起，她問我：「妳會感謝這次經驗嗎？」我的立即反應是「嗯嗯」，那同時也是一次強烈的回應。我有一部分的信仰體系是對生命帶來的一切心存感激。在和我朋友在一起的那一刻，回應「嗯嗯」感覺眞是該死的好。那是我在那一刻最深層的眞實。我正在瓦解自我，怎麼可能會感謝另一個幻象從我身上擴散出去。

如果，我在那一刻找不到任何事可以感激，我要知道，而且活在那個事實裡！我想要讓生命的各個面向，自由在我體內進出，不要評斷。不要因爲我認爲那樣比較好，而緊抓一邊不放。不知道自己的眞實，就無法認識自己。那是不可能的。

當我開始實驗時，我拿到了開啓通往內在眞實之門的鑰匙。我必須停止朝事物走去，而是等待事物朝我而來。現在我能了解，那種技巧有多重要。在我的解讀之前，朝事物而去的是我內在的什麼？那個行動來自何處？是來自我的開放中心所受的制約嗎？是來自我的根部中心的一種欲望嗎？是來自我的認同，我的人生方向中心想要經歷某種經歷嗎？只有等到所有外部的活動停止，才有辦法找出我的哪一個部分是我眞正的內在指引。

只有從那一刻，眞正的實驗才能展開。只要有某個事物來到我面前，我的薦骨就可以回應。唯有到那個時候，只因衝動就朝事物飛奔的內在其他部分，才能被體內正確的決策者取代。那正是等待爲何如此艱難的原因。那就好像試圖把過濾網的所有孔都堵住，讓水流不過去一樣！

那就是我必須停止人生的原因，而且在某種意義上，「不論好壞，一概丟掉」。要讓內在眞的能重新校正，這是必要的。這是必要的，如此我的薦骨中心才能回應。如果薦骨中心衝向事物，其毀滅性會和以往一樣。因爲薦骨中心是回應機制，必須給它回應的機會，才能正確運作。我不得不停止所有的發起，以便給它機會。

一旦薦骨回應發生了，而且眞正的內在調校也開始了，就再也沒有什麼能把這力量拿走。但是，薦骨中心首先必須穩固地就定位，成爲內在力量，而這個過程需要時間。現在，我只有一半細胞會跳上跳下說，「我們今天去發起些什麼事吧。」成功的機率愈來愈高，但那些想要催促我採取行動的細胞還在那裡。

即使在這個實驗的最初幾個星期，我就注意到，我的薦骨回應在關於我的事情上，不可思議的聰明。我並不是說，它知道其他人應該做什麼。這個薦骨機制知道，我應該做什麼，它認識我！隨著每一次回應，內在的信任就會增加。到了今天，我可以說，我完全信任我的薦骨回應。它一再向我顯示，我的眞實是什麼。這些年來，它指引我做出每個決定。

在我自己身上擁有這樣的信任，對我來說是個奇蹟。我以前從來沒有任何類似這樣的東西，我總是把它給了我以外的人。我知道，我那時沒有選擇的餘地。直到我在內在找到之前，我得把我的信任寄託在他人身上。信任從來不屬於其他人。它從來不屬於領導者、老師或宗師。現在，對我是完全不同的故事了。

我並不是不信任其他人，而是我不信任他們成爲我的權威，那就是差異所在。不管那個人是誰，或是我多看重他們，我從來不會信任任何人，超過我的薦骨聲音。這眞是一個相當不可思議的居所。而且，我確信我已說過一百次了，我對於已經到達我內在的這個地方，感到敬畏，而且我爲此很感謝人類圖。這對我眞是個奇蹟。

在發現的過程中，也有很多樂趣。就像幾個月前有一次，我從一種相當古怪的角度看到，我對自己是如何無知。一個抽菸的朋友開始點菸，然後停下來，看著我說：「妳要來一支嗎？」呃，我告訴你，我的「嗯哼」把我嚇壞了。我不抽菸，從來沒抽過。但我在那一刻，竟然回應要支菸。當我從她那裡拿了一支，然後傾身向前，讓她用打火機幫我點菸，我不敢相信我正在抽菸。而且，你知道嗎？我非常享受那支菸。從那次之後的這些年，偶爾有人會問我是否要根菸，大部分的時候，我都回應「嗯嗯」，但偶爾……。

別人告訴我那麼多事情，做這個，因爲它對你有好處，或是別做那個，對你不好。擁有一個機制，對每個別人說不好或好的事情可以正確回應，對我而言更健康。我的薦骨可能會同意，那對我也是眞的，或可能不會。但我不再盲目遵從任何外部權威。那就像拿我的生命玩俄羅斯輪盤。

這段期間，我牙痛得很厲害，那是耶誕節之後的幾個星期。我去看牙醫，必須拔牙。我有回應，牙齒拔掉了。但下次再去時，牙醫告訴我應該怎麼處理我的牙齒。對他說的事，我的薦骨回應「嗯嗯」。我詢問有否其他選擇，他說有。我不需要一開始就對牙醫的建議說好。我對醫生也是這樣，不管他們說我需要什麼治療，我都讓我的薦骨去回應。

我的薦骨回應到了這個時期，也變得更加有力。我不再只能對問題回應，我也能對被告知的事回應。在早期，我的薦骨回應必須從它軟弱無力的狀態被強迫發動。那些日子裡，被告知事情會凍結我的薦骨。當它隨著每一次的回應而得到愈來愈多的力量，不知過了多久，當我看到它對被告知的事也開始有回應，目睹那個過程眞是件了不起的事。對被告知的事，薦骨回應的力量讓我十分驚奇。

我的一些朋友，尤其是男性朋友，似乎比我的女性朋友，在回應這件事上更加困難。有一天，一個朋友要我幫他試試看，我們到我家能俯瞰紅色岩石的露台上去。我先要求他閉上眼睛。我覺得，如果他用這種方式嘗試，對他來說會比較容易，因爲他的頭腦看到的東西會比較少。我也告訴他，每個問題都會以是／否的形式呈現，如此有助他的薦骨作出回應。他一直告訴我和女朋友之間有些問題，因此，我已經知道他某些煩惱。但我沒有從這件事開始。我從很簡單且好玩的問題開始，那些答案不會造成影響的問題。我問他，他是否喜歡巧克力冰淇淋，從他體內發出的「嗯嗯嗯」伴隨他臉上的微笑，把我逗得哈哈大笑。

我繼續問他各種關於食物的是／否問題。他的薦骨回應每個問題。然後，我們進入顏色、電影和天氣……，然後，我安插一個關於他女朋友的問題。薦骨正在流動，因此也能回應那個問題！這個回應確實讓他大爲吃驚，因爲和他頭腦裡說了好幾天的事完全相反。我們繼續探索各種事情，超過一個小時，他的薦骨完全處於正常運作狀態。最後，他張開眼睛，看著我，對他所發現的自己敬畏不已。

然後，他問我，要不要讓他問我些問題，我的薦骨給出我稱之爲我的三連發「嗯哼」。那是當我對某件事很興奮，而我的「是」會一次出來三個時。那是我第一次進行這樣的薦骨之旅，我永遠不會忘記我的經歷。我朋友是位桑雅士諮商師，他眞的可以集中火力命中目標（可以這麼說）。他問了我一些非常強烈而且會揭露我自己的問題。我對每個問題的回應，就像一把禪之劍，一次直接刺穿那麼多我累積的信仰、觀念、教導和制約！我薦骨回應的聲音，直接刺入過去那個我的深處。我吃驚、震撼、喜悅、感動，快樂地被我的發現所釋放。

從那一次之後，我會和朋友及陌生人玩我所謂的「薦骨遊戲」。在專業上我稱爲「薦骨訓練」。我常常把這些活動錄下來，對情緒權威的人來說，這很重要，他們需要回應好幾次，才能清楚得到他們的答案。薦骨回應提供養分，讓他們的情緒最終給出確定答案。我也意識到，和我信任的人一起進行，對我來說有多重要，我會覺得安全，因此可以給出任何答案，因爲我知道，它會給出來。我的薦骨回應不在乎誰聽到，也從來不在乎它會把我完全揭露。它在那方面是毫不保留地誠實！

關於這些薦骨遊戲，最讓我感到驚訝的是，我的頭腦很愛！我在和我朋友的第一次訓練時就注意到了。當我在回應時，我的頭腦發出「喔，我不知道那個」，然後變得非常投入這個過程。我的頭腦開始被這些關於「我們」的發現逗樂了。

那是如此俐落、清楚而簡單的發現自我的方法，沒有任何先入為主的想法擋在中間。不管我這個遊戲玩幾次，我的薦骨對有些問題的回應，總是讓我大為驚訝。那是永不休止的發現與喜悅之源。我喜歡我對某事回應所發出的聲音讓我大為吃驚，因而笑到停不下來的時光。那些發現自我的時刻，好有趣。

在黑暗中，那麼多光
二元性和創造性就在那裡
沒有音樂的歌曲
永遠無法完成的事
都消失在當下的眞實中
覺醒之手觸碰我的肩
話語傾瀉而出
淹沒紙張
隱形墨水

除了我之外沒人看得見
接受早已來過
臣服來了因爲別無選擇
幻象消失彷彿從未存在
了解今晚降臨
它緊隨愛自己跳著舞而來

有一次，我和一個朋友探索「我需要什麼」。那是個深具啓發性的過程。我不知道我不需要一些頭腦眞的覺得需要的東西。而其他讓我的頭腦覺得很荒謬的，我的薦骨回應卻指出絕對需要。關於的人類圖實驗，我想我最愛的是，對任何事，答案都沒有「對」或「錯」，只有「我的」答案。

知道這一點，給了我生命很大的喘息空間，它給我空間，只要當我就好。因爲知道了關於我自己的這一點，我知道，我生命中的其他人會有和我不一樣的答案。他們看事情會不一樣，因爲，他們和我是不一樣的人。這對我來說，是人類圖之美，我能夠看得非常清楚，每個人都是獨一無二的，然後我可以尊敬並尊重他們的不同，而不是想要他們和我一樣。喔，如果我遇到我自己，那有多無聊！

二〇〇〇年二月

開放頭腦的污染，他們認爲抽菸會污染？
一個嶄新的房間，白色的地毯，牆壁和家具
不斷有農場的動物漫步進來
沉默在牠們離開後清乾淨房間
音樂關上了大門並保護這個房間
所以沒有什麼可以進來
直到下一次

小時候，我不斷吸收的不只是三個人的情緒和四個人的頭腦，也吸收到所有家人的個體性。我的人類圖中沒有任何個人的定義，因此哀傷和憂鬱並非始終如一的主題，而我也不具備處理它們的能力。我的雙親都是純粹的個體人，而且我每個手足都有至少一個個體人通道，在這樣的家庭長大很緊張。我從很小開始就試圖讓每個人都高興。現在了解到，我不只是接收了每個人的悲傷，而且那悲傷還在我體內放大，有助我理解我的童年。試圖讓大家高興成了一種模式，不僅我小時候是這樣，長大後也一樣。

我發現很有趣的是，我生的女兒也是純粹的個體人，我的大孫女帶有個體性，我的小孫女也是純粹的個體人。我看著我的頭腦一心只想要她們快樂，眞是種根深柢固的模式。然而，我知道她們人生的進展會包含悲傷，而那是無法避免的。

我有六個個體人的閘門，開放接受影響：24、1、12、57、28和3。我最強的制約點有兩個，60和61號閘門。61號閘門會讓我連著好幾天警醒，強力逼迫我去了解我必須知道的事情。這些年來，當星球定義這個閘門時，我會知道，因爲我認得出體內正在發生的事情。一開始，我會想抓狂。當61號閘門甦醒時，我的24號閘門平常的循環會劇烈改變。它讓我想到氣球。當氣球漲得愈來愈大，你會開始緊張，因爲你知道某個時候就會爆破。61號閘門甦醒時就是那股壓力，紓解壓力唯一的方式是帶來突變的爆破。我花了好長一段時間，才學會放鬆，等待突變來臨，而不是努力想出脫身的辦法，更急著去發現我必須知道的事情，這樣反而會助長壓力。當突變終於發生，我能以一種非常嶄新的角度來看事情，好像我頭腦裡的一盞燈被點亮了。我喜愛這些時刻。我喜愛意外出現的火花，讓我用一種全新的角度看一切。

60號閘門，喔，這一個對我而言眞是殺手級的。它讓我承受極大的肉體壓力，以進行突變，因而有時幾乎疼痛難耐。和61號閘門的氣球很類似，60號閘門像在給汽車油箱加油的同時，點燃一支香菸。你知道隨時可能會爆炸，那對我是很強大的爆炸力量。爆炸隨時可能發生。隨時，一個激進的改變就會徹底改變我。我無法做任何事讓它發生，也無法做任何事阻止它。壓力可能令人非常不舒服，因為那是要誘發突變的壓力。而就像61號閘門，我什麼也不能做，只能等待這種突變發生。然而，儘管它帶來肉體上的不適與憂鬱，我還是喜愛這股能量，因為伴隨它而來的是往前一大步，躍進新事物的可能性。

我非常清楚60號閘門的感覺。我的細胞開始輕輕舞蹈，幾乎是因為期待而跳躍著。我的細胞喜愛突變，我的頭腦痛恨它。60號閘門最困難的一面是它帶來的悲傷，那是肉體的悲傷，幾乎可能是痛苦的。這些年來，我逐漸認出這種悲傷，並讓自己沉潛其中，而不是對抗它。有時，它會改變整個經歷，有時不會。但我發現一件事，這種悲傷是如此的美，有著快樂絕不會有的深度，它把我深深推進自我。

我可以感覺到它。今天是哪一顆行星帶來61號閘門？從我昨晚去睡覺後，發生了多大的改變。就像黑夜與白日。我通常喜愛在淋浴時唱歌，今天早上卻如此不同。我益發深入地審視內在，我愈深入，愈不會想要把昨日帶回來。我更加沉入這個「黑絲絨」空間，它柔軟，又黑又深。那裡沒有光，只有純然的黑暗，連一點月光都沒有。在這次探索中，我對於個體性有多一些理解。它是你為了新事物的純粹喜悅所付的代價。這個空間在某個時刻轉變爲興高采烈，在突變發生後。不是之前的那一刻。而且，喔，當你處於這深沉的悲傷中，那些時刻感覺會如此漫長。

某種全新事物的純然喜悅，那種不可思議能量的咕嘟咕嘟冒泡聲，讓我的細胞唱歌。在天上飛得這麼高，我確定，我已迷失返回地球的路。但我不可以飛得太高，我被拉回來，因爲任何的新事物都必須扎根在土裡，否則它就無法站穩腳步。就像一株幼苗需要土中的根，否則它就無法存活，突變也是一樣。砰的一聲被重重拉回地面，我只能看著四周，納悶：「發生什麼事。」但我可以聽到我體內，「還差得遠」的聲音告訴我。

我以前從不了解這種悲傷，總是以爲自己做錯了什麼，所以我才會有這種感覺。我內在無法預測，它來來去去，而我內在什麼也沒有，只能努力把持自己，經歷一切。現在，因爲人類圖，我才了解，這種內在的感受是沒有理由的，那只是某個星球或某個人帶給我的化學反應。我可以放輕鬆了。就像今天早上，當我放鬆，那麼多東西就跑出來了。

「悲傷」的珍貴，那個想要吞噬我的黑洞，如果我臣服於它，變成一個子宮，我看出，那正是生存爲我下一次飛行所準備的地方。

因此現在，我在那個地方休息
我在那個地方吸收養分

有時並不容易
因爲攜手同行是我的極限
而有時黑絲絨感覺太黑了
而飛行太高了
而我的頭腦變得害怕，我這次能成功嗎？
地面與天空間的平衡不穩固
我緊抓著我的「等待被問」
同時放掉其他的一切
生命再次抓住我
好一趟航行啊！

二月，半夜

從屋頂下來後，我體內所發生的一切，讓我非常迷惑。我覺得好像又是十二或十三歲，脆弱而且沒信心。我唯一擁有的安全之地是「等待」。我想要跑出去，做些我在青春期做的事情，狂野的事情。體內有那麼多喜悅。過去這幾天，好像幾乎要發瘋了，但並不是。不是精神上的，是充滿生命力的身體。

有那麼多笑聲，來自活著的純然喜悅
我覺得好像被點燃的火焰，燒得又亮又猛
我要不是即將爆炸就是要內爆了，沒有折衷
一朵花在我胸口盛開
只有呼吸和音樂能讓我活著度過這一次！

三月，和我的拿鐵坐在烘焙者咖啡館

我度過了另一個靈魂的黑夜
一個身體怎麼能熬過那麼多次崩潰？

我怎麼能死那麼多次，而在每次之後覺得那麼有活力？
崩解這件事的重點在於別無選擇
幻象創造了一座玻璃屋，現實將它打成碎片
點亮一把火將所有的碎片融成液體
經歷酷刑
但另一邊？
陽光普照，我在唱歌
在火中淨化，不是毀滅！

獨一無二的一夜

昨晚在我的車上，獨自一人
我以前從來沒聽過那麼原始的鷹骨聲音
像一隻垂死的動物，傷得很重
痛苦地嗥叫
我想，塞多納所有的土狼都醒了

然而，我目睹一切，而且那是我

我這一次的崩解完全不像其他次
我可以從我的聲音聽出來
我的孤獨沒有情緒定義
只有我，還有幻象
直到它從我胸口撕去

喔，那痛
我幾乎無法呼吸
我並未期待能倖存
這次是最糟的一次
希望與夢想不輕易離開
如果它們已在期待中融化

不管多少次

要熬過從來不曾變得容易
每一次都像之前從來沒發生過
崩潰，痛苦，毀滅
用筆把我的想法寫在紙上
是我唯一能倖存的希望

Chapter 11　未來存在於過去之中

不了解我的過去，我無法朝未來前進。我從人類圖所學到的一切，幫助我做到這一點。從一開始去上課，我就不是去學習這個系統。我想要了解自己，同時希望能稍稍明白我經歷過的所有事情。雖然我生命中的兩個階段，土星回歸和天王星對分相都過了，第一個發生在約二十八歲時，第二個在約四十歲時，我還是對解讀做出回應。

我實驗到現在已經快要開始第四年了，這一次，我眞的可以感覺到轉變。生命之河接納了我，每一個支流都由薦骨完美爲我導航。我有更多細胞活得像薦骨人，比剩下仍假裝是顯示者的細胞要多了。從這裡開始，會容易得多。依然會有崩解的時候，因爲仍然有關於自己和生命的幻象需要被摧毀。不過，雖然崩解很痛苦，到了這個時候，我已明白它對我的進步有多必要。雖然肉眼見不著幻象，但它們其實占據很多空間，爲了讓新生命進來，每一個幻象都得消滅。沒有其他辦法，我現在明白這點了。我也開始了解，過去這幾年被毀掉的希望和夢想，屬於過去的我，而不是我正要變成的那個人。

我請拉接連解讀我的土星與天王星。好神奇，這套系統太神奇了！我所聽到的和眞實發生在我生命那兩個階段的事，非常吻合，我再一次感覺他好像是牆上的蒼蠅，旁觀這一切。所有那些非常個人的苦難，只是主題的演繹，都是我必須經歷的事。倒不是說，我們的人生是一團混亂。以下也出現在本書開頭、愛因斯坦說的一段話，我在這發現的過程中益發深刻地理解了：

一切都是由我們無法控制的力量所決定。
從昆蟲乃至於星系都已注定。
人類，植物或宇宙星塵，
我們都隨著神祕的曲調起舞，
由一位隱形吹笛手在遠方吟唱。

亞伯特．愛因斯坦

訣竅在於我們如何跳舞？我們會踩到其他人的腳趾頭嗎？在我們應該跟舞時卻帶舞嗎？甚至我們有聽到音樂嗎？對我來說，等待回應讓我可以跟著這首神祕的曲調擺動，然後，漸漸地變成一支不可思議的喜悅之舞。

我的土星回歸期從一九七八年開始，剛好是我成爲奥修門徒的那一年，人生角色5/1，左角度的遷移輪迴交叉。那是個九年的循環，拉告訴我的每一件事，都精準描述了那些年發生的事情。我的頭腦塞滿細節，拉能做的就是概述出情節，故事的情節。

關於擁有一個理想社區這件事，它對你就是一種制約的力量。你是個年輕的女子，那是個很棒的主意，是個你的想法終於可以實現的地方。核心是37.5，那是個美麗的爻，那是唯一稱爲愛的爻：對家庭自然且無條件的奉獻，自然的和諧和完美的分享。那是你的理想。但另一面，情緒的依賴往往會將愛變成恨。你屬於一整個帶著這種流年的世代，有反過來敵視愛本身的可能。換句話説，開始恨它，開始反抗愛本身。

情緒依賴，意思是，仰賴情緒能量來感受自己是完整的那一刻，而從那一刻起，愛開始變成恨。整個結構是這樣設計的，這是一個過程。

基本上，你看到的是一段九年的時間，但如果你看前四年半，那會帶你來到一九八三年。那一年本來會是一個轉捩點，主題會改變，你會開始遠離不諳世事的階段，進入親密關係，進入個人的親密關係。這對你很重要，開始遠離部落經驗分享的沉重制約。

結果還是在部落裡，並沒有改變，但是大流年的能量場，集體非個人的場景已經不見了。現在，它又回來了。當然，這是你生命的底氣，在你朝天王星對分相移動時，你會退回自己的內在，因爲你無法一直處於被制約的狀態。在某個時刻，你必須離開。因此，從這個角度而言，你往內在移動時，整個能量也改變了。

我不能相信我所聽到的話。聽著拉描述我生命的這段時期，簡直令人發毛。它完美地描述了我當奧修門徒的生涯。他說到一九八三年的轉變，正與我知道我必須離開社區的時間相吻合。了解這一切都是土星的主題在推動我，令人驚愕不已！所有那些經歷、痛苦和喜樂，都只是我在人生這所學校修習的個人課程而已。

經由避免直接衝突，促進和諧。換句話說，如果沒有和諧，你在情緒上不會覺得好過。這是理想主義不再重要的時刻。36號閘門進入理想主義這個主題的那一刻，就是你情緒可以開始穩定的時候，情緒一旦開始穩定，你會看著四周，然後說：「等一下，等一下，等一下，那我呢？在這一切裡，我是誰？我爲什麼還要這麼做？」所有那些事，突然間，它們呈現出不同的角度。

你可以在合圖中看到這一點。如果你順著人類圖裡的幾何軌跡，合圖是很令人著迷的。脾臟並沒有接通喉嚨，因此，意志力和薦骨控制這裡的一切，眞的是它們在控制。所以，那個系統的壓力很大。你的意志力當然承受著極大的壓力。這整個是上升的狀態，整個氣是充飽的，你的設計就是這樣。而且，當然，如果你沒有領導的通道，你還是會知道這不太對勁。你很聰明，你有開放的頭腦，你會知道有問題。但因爲你的確有領導人通道，也因爲彼此在那裡連結，所以你並不知道。

你很幸運，你並沒有完全昏頭。那正是爲什麼在另一邊的月之南北交對你如此重要。它帶你回歸個人的完整。並不是說這一切你要負責，而是，在人生這趟旅程，你遭逢的力量都會要你承擔起責任，你有這條守護的通道。

謝天謝地，我們在進入天王星對分相之前，先停下來喝咖啡休息。我們的人生故事眞是了不起，但就像一本太好看了以至於無法放下來的書，我們很可能會在自己人生的戲碼中失落迷惘。如果我們沒有任何可以抓住依附的東西，很容易就會不穩定。這就是我在開始實驗我的策略之前，整個人生的遭遇。身爲一個擁有開放的頭腦、開放的情緒、開放的意志力、人生角色6/2的人，我變得極端不穩定。我覺得非常幸運，現在我有策略作靠山。因爲我眞的不知道，如果我從屋頂下來而沒有它，我會發生什麼事。如果我不知道如何正確行動的話，我不知道，我的凱龍星回歸主題會如何影響我。

我的天王星對分相開始於一九八七年，那是我離開奧修社區之後兩年，是在右角度愛之船的輪迴交叉，人生角色2/4。我和麥可住在瑞士，我在一家美國公司位於蘇黎世的國際總部上班。這段時間，我深深退縮進我自己。我以爲，那是因爲桑雅士的社群深深排斥我的緣故，但藉由這次解讀，我看出來，那是朝向我的天王星循環主題的必要階段，會持續十二年直到我的凱龍星回歸。

天王星對分相帶給你10.2閘門，它帶給你隱士，作爲你行爲與生存的主題。它和你的57號閘門連結。當10-57通道形成的那一刻，整個生存的主題就是成爲隱士，離群索居。你需要退隱才能存活下來。

人生角色6/2的整個重點在於，在它生命的中期，當然，也是因爲天王星對分相發生那段時間，它不想涉入，天性使它保持疏離。同時，你不能忘記它正在尋找的東西。它在尋找完美。然而，它不會下來尋找那種完美，它不再是第三爻了，它已經嘗試過了。它要等待，被召喚。

因此，你的天王星對分相主題便是等待被召喚，成爲倖存者。10.2在上升的位置，頭腦在這裡的運作讓你備感疏離。看，你的頭腦，它迷失了。神很殘酷，但也是仁慈的。祂們說：「聽著，如果你孤單一人，可以找件事給頭腦去做，然後你會感覺沒有瘋掉，因爲你的頭腦中心沒有定義。」我的意思是，你抓狂了，這是來到那個時刻的整個重點。終於了解頭腦無能爲力，幫不了忙、做不了事、解決不了問題，不管什麼情況都一樣，這是我們每個人來這一生要緊緊抓住的片刻。

所以，那是你眞正的主題。不過，它同時也眞的是在說：「等等，如果你獨自一人，你會想辦法讓頭腦找到事情做。」在頭腦層面對你是有好處的。換句話說，你必須想辦法讓頭腦忙碌。孤獨需要那樣，否則，你會瘋掉。你無法只是一個人坐著冥想，你會發瘋。

他所說的一切都那麼眞。我完全抽離我所熟知的世界超過十年。我那時不知道自己是否活得下來。我眞的不知道，我完全迷失；我不知道怎麼會讓自己陷入那樣的混亂中。我把每件事都想成是針對我而來，好像我可以做些什麼來改變結果。我完全不知道，我是被推著來經歷這一切，因爲我有事情要學，以便最後能到達智慧之地。我覺得非常幸運，能有這份在蘇黎世的工作。它是個實質的依靠，但更重要的是，它也是精神上的依靠。我忙著運用我的頭腦，執行我在職場的角色。

來自海王星的58號閘門，它是精神層面的判斷基準。那是你的主題，你的後天王星主題，判斷精神層面，判斷是否有任何價值。你必須要知道這是非常個體性的，表示對你而言是一段悲傷的時光。這不是喜悅與幸福的時期，它是充滿傷痛的階段，它是憂鬱的歲月，在這段時間，個體性的能量對你產生極大的衝擊，因爲要促成你的突變。

一九九三年大約是這段時期的中間點。因此，那個6.6閘門的作用，在頭六年裡，是你情緒上的重要主題。等你來到一九九三年，你在生命中經歷情緒的方式會開始改變。它準備讓你了解它們實際運作的本質，以及來自情緒層面的分離。那一切對你非常重要的是，衝突必須結束。因此，等你來到一九九三年，那時你會說：「現在已經夠了。我不想再受苦，我已厭倦折磨。」

然後，你有第五爻主題，這裡，5號閘門，又是喜悅的主題，一種啓發在等待著。爲了維持平靜以做爲最終的審美標準，並因此辨認出生存的內在意義；或者，喜悅消失成幻影，像失敗者一樣等待。但你可以眞的看出，等待啓發，在你的土星回歸時是你的主題。它是你的天王星對分相時的一個主題，它在說：「還沒有，還沒有，還沒有，繼續你的模式，還沒有。」

25.5很迷人。它是三百八十四條爻中，唯一與療癒有關的爻。它是組成療癒輪迴交叉的一部分。25號閘門的第五爻，它說，當純眞元氣大傷，療癒要優先。

但是，注意到，有趣的是，這裡有32.6，這一次和水星一起，冷靜面對短暫的需要，從根本接受改變。那是你在生命中到達的位置，你可以對自己說：「我也許從來不知道，但我會存活。」。那是你在那段時間會逐漸擁有最深刻的感受。出自於憂鬱，也出自於根本沒用、沒效的感覺，你會想到各種情況，這是接受的開始，接受事情可能永遠不會發生。

當然，那時神開始傾聽。「你注意到了嗎?你注意到了嗎？」祂們開始注意，那就是事情開始產生變化的時候，因爲你正在改變。並不是你終於來到那個意識時刻，而是那個時刻找上你。意識層面你在現場，然後突然間有了這種了解：「它可能從未發生，我可能從未得到這個，這是我的人生。」那是開始接受，這不是我能決定的，我以後無法做到。

記住，那就是這裡的主題。這裡的主題是，你必須被療癒。在你的北交點階段，你會發現怎麼做。而且你會從一個發起者身上找到，從一個帶有那個能力的人身上。那是該要給你的東西的一部分。但它眞正說的是，你必須到達那個你說「我無法做到那個、我不會自己去做、那將不會發生、這就是我」的時刻。即使那是非自己，那仍是那一刻的接受。那是眞的發起。因爲從那裡會出現正確的形式。對你而言那就是關鍵。

當拉談到療癒時，我開始哭。我和奧修社區會有這樣的牽扯完全不在我的意料。我覺得某方面我很無知，也許天眞是個比較好的詞?但當拉談到這一個爻，我可以感覺到埋藏在我深處的眞實。我的活力完全枯竭，我甚至不知道我還會不會再笑。任何形式的喜悅，都是我這輩子絕對不期待能再體驗到的東西。我記得我在生命的這段期間，一再重覆說：「我需要治療，我需要治療。」我只是不知道怎麼做，直到拉為我第一次解讀時說，「不要再朝生命走去，讓生命向你走來，讓你薦骨的聲音來回應。」就在那一刻，我的療癒眞正開始了。

關於接受我在尋找的也許永遠找不到的那一段，是我永遠無法忘記的時刻。我一直找、一直找，到處尋找答案。在奧修去世後，我去見了彭加、U. G.、克里希那穆提、甘葛琪、香提馬伊和羅伯·亞當斯。那個時候，麥可和我住在塞多納，有一次，晚上共修聚會結束後我回到家。我這輩子從來沒覺得如此筋疲力盡過，我的每一吋身體與每一分存在都充滿疲憊。我記得我癱倒在起居室的地板上，開始哭。我說：「我不想再這樣做了，我不想再看了，我不想再找了，我太累了。」我整個人完全被抽乾，麥可還得扶我上床。那天晚上，我躺在床上好久都睡不著，然後就單純接受了，我可能會死，而且永遠找不到我一直在尋找的答案。我知道，我已盡了一切可能，再也沒有我可以做的了。那天晚上，奧修到我夢中。在那個夢裡，有一顆岩石但沒有土地，很奇怪。他站在那裡，對我說：「看啊，帕提帕塔，看那顆岩石下面。答案就在那裡。」我看著他，然後看著那顆岩石，而我就是無法看岩石下面。我沒有力氣。我看著他的眼睛，告訴他「我愛你」，然後我就醒了。

這件事之後幾個月，拉來到塞多納，我做了第一次解讀。所有這一切都發生在，他正在告訴我的天王星對分相時。多不可思議啊！我竟然可以得到這些珍貴訊息，讓我了解爲什麼我的生命是如此發展。我沒有做錯什麼，我不是失敗者，我不是壞人。那些，我都不是。我只是不知道而已。

我多幸運，拉的伴侶會愛上塞多納。那都是上天計畫的一部分。拉和他的家人會住在那裡，眞是太美好了。我覺得他們是我的家人，我也好像是男孩的姑姑一樣。我和拉的伴侶成爲朋友，我們會一起喝咖啡或去旗竿市購物。他的女兒也到那裡住了一陣子，我們也成爲朋友。那段我們全都一起住在塞多納的時光非常特別。然後，命運再度介入。

該是他們離開美國，返回伊維薩的時候了。最後幾堂課安排在一個很棒的地方，叫「蜥蜴頭」，那是塞多納式的迪斯可舞廳，我們全都會在晚上去那裡跳舞。它有個令人喜愛的庭院，是上課前和下課後的理想休息區。那是我第一次學到「顏色」和「調性」，學到很深的程度。這堂課很有吸引力，人們從全美各地飛來上課，是一個很大的班。人類圖的訊息非常活，不是死知識，每上一次課，我的體會就愈深入，用新的觀點看生命與看我自己，穿透我所有的細胞，解開一個又一個誤解。

拉回伊維薩之前開的最後這些課程，非常特別。連最先介紹我認識人類圖的朋友都來了。那是我們好長一段時間以來第一次見到對方。見到她真好，打招呼問好，讓過去消失。我記得那天的天氣，暴風雨很猛，打雷、閃電、豪雨又刮風，彷彿這一切都是來把我們所有人推向自己未來正確的道路上。

最後一天早上，在蜥蜴頭有一場早午餐會。所有的人類圖學員和其他在地的朋友，都來向拉道別。那是個傷心的時刻，那時是五月。五月流月太陽和地球所在的位置總是帶著這麼強大的個體性。這個星期是23-43，另一個星期是20-34，所以整個設計就是安排要感覺哀傷，我想我們在那裡的每個人都強烈感受到。

那天晚上，麥可和我去拜訪拉和他的家人，並致上我們個人的道別。他們正在進行最後的打包，我們進去時，大家動作都停下。我們沒有待太久，但我們開車離去時，我們兩個都強烈感覺到，一個篇章結束了，而下一章還未展開。我們全都朝未來而去，而我們都不知道，未來會帶來什麼。

Chapter 12 等待的奧祕

接下來幾個月，是段寧靜而平和的時光。我真的在享受我的生命，不管出現什麼，都由薦骨來回應。有個早上，我的手拉下之前垂掛在床上方及窗戶旁邊的所有紫色布料。我不是想好要這麼做，我只是把手往上伸，然後就把它們全拉下來了。我環顧四周，看著堆在我腳邊的布料，知道該是改變的時候了。我最後把我的臥室漆成黃色和橘色。經過這些改變之後，我每次走進我的房間，立刻會有大大的微笑照亮我的臉。黃色與橘色就有那樣的效果。

我也把我擁有的所有人類圖資料拿出來整理，裝了滿滿三大箱，包括書籍、錄音帶、CD、習作和兩本放滿我生命中親友人類圖的資料夾。我把這些箱子放到車庫去，感覺已準備好過自己的生活。我先生和我去瑞士看他的家人，然後我去阿什維爾看孫女們。那是段甜美的時光。

我盡情沉浸在我的人生中

生動有趣、輕鬆自在、如此充實
我的內在平和，擁有許多歡笑
我從未夢想過會有這樣的地方在我體內
沒有恐懼，沒有憂慮，什麼都沒有
只有在當下的我，我的薦骨中心哼著歌
不需要保護自己，生命正照管一切
不需要計畫，大計畫已經在執行
我只需要等待，看看來了什麼，回應

這一陣子，我已經可以更輕鬆地面對無所事事的情況。我已超過了中點，現在感覺像輕鬆地在滑下坡，繼續朝我實驗的七年目標前行。拉和他家人離開後幾個月，一個朋友問我，願不願意幫忙他的事業。我的薦骨有回應，我很高興有一件固定的事，讓我可以把全部精力投入。如此專注地工作真是件百分百的樂事。我愛我的工作，而且這是我第一次以正確的方式開始一份工作。

我在臥室工作，但很快就看出來，這對我不健康。我的臥室是我的聖殿，在那裡工作，擾亂了這個空間。我先生和我討論去外面找個地方工作的可能性。我朋友的生意此時還無法有錢支付一個辦公空間，因此，透過回應澄清事實後，我自己付錢支付辦公空間，是正確的事。我在報紙上看到一則廣告，第二天去看了那個地方。那裡很完美，我立刻愛上它，而且知道我會很享受在那裡工作。再加上，它就在奧修咖啡館旁邊，另一個城裡我喜歡去的地方。

房地產經紀人要去渡假兩個星期，她說一回來就和我聯絡簽約。在那兩個星期裡，朋友和我都看得出來，我們做事情的方法很不同。很棒的是，我們兩個都懂人類圖，因爲光從我們的人類圖就了解，繼續下去對我們任何一方都不健康。因此，我最後離開，就像我當時答應參與，都是正確的。對我眞是一次不尋常的經驗。我幾乎無法置信，沒有殘餘碎屑，乾乾淨淨，而且正確。

我的頭腦認爲，仲介度完假回來時，我會對她說「不要」。但當仲介打電話來，問我：「妳還想要那間辦公室嗎？」我的薦骨回應「嗯哼」。我大吃一驚！我的頭腦一直問我：「可是，我們要在那裡做什麼？」

這眞的有點可愛，在我們玩過幾次這種薦骨遊戲之後，我的頭腦改變了它的語調。它變成這個過程的一部分，而且現在，大部分的時候，它會說「我們」，而不是告訴我「你應該」。不過，它還是個狡猾的惡魔，我總是要很警覺，因爲即使它比較能接受整個過程了，它還是一直在尋找把權力從薦骨中心拿回來的機會。

我簽了租約，花了幾天把那個地方徹底打掃乾淨。那樣做感覺真好。那地方真的很需要打掃。那樣也轉換了能量。我總是發現，打掃可以把舊的能量拿走，換上新的能量。這個辦公室真的很好，有一個小小的接待區和兩個房間。牆壁都是白色，絕對需要來點色彩。我從家裡帶來房間剩下的黃色和橘色油漆，很愉快地把房間油漆過。

我把我的桌子和電腦搬來這裡，買了些不太貴的家具放在其他房間裡。我在這個空間裡，感覺非常好。它和其他辦公室隔開。我在這個空間的時候，都是獨自一人，而且是在自己的能量場裡。接下來幾個星期，我深深沉浸在自己的能量場中。我會每天早上去辦公室，然後晚上回家，就像這個星球上大部分的人一樣，只除了我在辦公室無事可做。我沒有工作，沒有功能。那好像有一點怪異。辦公大樓外面，有一面大樓都會有的典型看板，上面有裡面所有公司的名稱。在我的辦公室號碼旁邊，只有前一個名牌留下來的膠水印！其他辦公室的人順路過來打招呼，他們都會問我：「妳是做什麼的？」我唯一的回應是：「我在等待。」我可以感覺到，他們都覺得我超奇怪，我不太舒服。

我記得花了一整天的時間，凝視著辦公室窗外的那棵樹，覺得我必須「做」點什麼事。沒有人有一間辦公室，然後在裡面什麼都不做的。但我知道，我不能就開始做什麼。我的整個實驗，就是關於不要那樣做。那天結束時，我知道我需要一個反映出我在那裡做什麼的名字，這讓我放鬆下來。就在那時，腦中冒出「等待的奧祕」。我很滿意這個名字。它適合我，它完全吻合我在做的事。

只要我想要事情朝特定方向發展，就永遠都會發生崩解。幻象結束，伴隨的是，就只要接受事實，如實接受。不這樣的話就會痛苦。那是個神奇的生存之地，但我還未到達那裡。我的實驗才進行了四年，還會有很多崩解要發生。

十月，黎明之前

悲傷以一隻冰冷的拳頭緊緊抓住
我胸口那個我稱爲心的地方
它擠壓著直到所有的喜悅和笑聲消失無蹤
只有無法流出的眼淚，留下

我的肉體感覺如此強烈
我無法想像要如何倖存
它帶走了我的每一分覺知
就讓它通過，不要加諸任何理由

我繼續每天去我的辦公室。這段時間是我整個實驗裡非常重要的部分。沒有任何人或星星定義我，這種經驗我夠多了，我對自我意識有充分的把握。這段獨自一人的時光，沒有其他人在旁邊，是朝愛自己前進的一小步。如果沒有足夠時間和自己相處，怎麼可能愛自己？

這段獨自一人的時光，給了我機會，眞正分清楚我是什麼，和我不是什麼。在家裡，我不斷進出我先生的能量場，他有定義的邏輯中心和情緒中心不斷進入我；我們一起定義了彼此的意志力中心。自己一個人，眞的，從一開始幾天、幾星期，最後竟然是整整兩年的時間，我大部分時間待在自己的能量場裡。對我實驗的這個階段而言，那是個非常重要的地方。我發現，一走進辦公室，就會嘆息。走進一個全然屬於我的能量場，每次都像沐浴在我自己的能量場，遇見我自己一樣。

我爲大樓的公司看板做了一個名牌，還有一個大招牌掛在我的門外。我到今天還留著那個大招牌，「等待的奧祕」。我每天一個人在這間辦公室。有時候，朋友會過來拜訪，我想，這整個辦公室建置的過程讓他們覺得很有趣、很好玩。他們都喜歡可以順路來坐坐。我喜歡的是，每一個進來那間辦公室的人，都會問我，他們進來有沒有關係，所以我可以回應。我也幫朋友做些小型企畫案。我的背景是平面設計，因此，偶爾會有朋友請我設計傳單或宣傳小冊。我喜歡幫助朋友推展業務。但這段時間最棒的部分是，我每天有很長的時間，單獨和自己在一起。我的辦公室是我的聖殿，甚至比我家裡的臥室更是。

我不敢相信，幾乎要四年了！剛開始的時候，就像讓自己穿上緊身束衣一樣，限制了我所有的精力，而且，什麼事都不做，本身就是非常大的限制和約束。現在呢？絕對不是緊身束衣了！我的薦骨無限寬廣，只有一個界線，必須對我是正確的。除此之外，它無所限制，而且任何事都有可能。我的薦骨中心和未知以及推動萬物的力量保持全面聯繫。

我在人生這齣戲中，是個美麗的角色，而我所採取的每一步都是薦骨在走。不可思議的香氣開始慢慢發散出來，那是我內在的菁華，我所要扮演的角色！啊，我的每一分存在都臣服於此。所有過去的隻字片語，那麼多美麗的語言文字，我才開始要品嚐自己的甜美人生角色。和我自己極度親近的珍貴時刻，這一刻，我等了好久。一生，萬古，甚至更久遠之前！玫瑰在裡面，寶劍在裡面，一切都在我裡面。

這段時間，發生了另一次強大的轉變。麥可和我是一個渡假中心會員，我常去游泳。有一天，有些也是奧修門徒的朋友在游泳池裡，他們叫我：「嗨，帕提帕塔。」這聲招呼直接從我身邊飄過去，我甚至沒有注意到他們是在和我說話。就在這一刻，我才了解到，帕提帕塔的震動不再適用於我。

這件事之後，我對再次使用瑪麗．安這個名字有回應。歡迎瑪麗．安回來，感覺眞棒。當我成爲奧修門徒時，我完全棄絕她，幾乎把我頭二十八年的人生都怪到她頭上。我並不知道，那只是人生角色6/2的我經歷了非常緊繃的第一階段。在我所有時間都獨自待在自己辦公室的這段時間，能把瑪麗．安找回來，感覺非常對。那就像繞了一大圈又回到原位，不過，不是同一個地方，好像螺旋一樣，在另一個點。而且，我想我們會一直迴旋直到死去，生命的開展永無止盡，那就是人生的重點。

目睹自己的誕生眞是一件神奇的事

好像我就在自己眼前被創造出來一樣

我完全插不上手！

我發現我很高興獨自一人，而且不止是高興

大部分的時間，我更喜歡這樣！

看著這樣的展開很奇怪，當我大部分的人生一直都和別人有關。而我不曾厭倦！這深深吸引我。無聊很久以前就離開了，被每一刻的神祕取代。所有的日常事務以前很容易就覺得無聊的事情，不再如此，因爲我是「新的」。

我不再渴望任何事物，那眞是自由！
如果以前我渴求的不是男人，那就堪稱是開悟
但那總是帶著「但願」投向未來
我的人生再也沒有「但願」
我發現我很強，立足於自我，在我自己的力量裡
同時又如此開放有時間
我的天啊，只要做我自己！
如此深深植根於這個形體，做我自己
簡單地每日每刻做我自己
再也沒有什麼比這更神聖

我的薦骨回應教了我許多關於我自己的事。它教我，我的能量很珍貴；它教我，不可以浪費這種能量；它教我洞察力；它教我，要信任自己和尊重自己；它透露當下的敏

銳覺知；它教我要堅持自我，讓我的內在完美調校；它教我，看見我有多獨特；它教我，要愛自己。

它教了我這些事，但從來沒有說一個字。它只是對來到我面前的事，發出聲音回應，藉由尊敬那些聲音，我學到那麼多，是我用其他方式在此生永遠學不到的。

生命完美展開，不管它帶來什麼痛苦或即將發生何種崩解。在這項實驗進行四年後，我唯一能做的就是信任生命進程會以它自己無法說明的方式開展。回應已帶我進入一段如此非凡的旅程，而更常發生的情況是，當下我是完全無法理解的。但漸漸地，經過數天、數週、數月，到現在已經數年，不斷向我展現完美。

過去三年來，拉每年爲我解讀一次人類圖流年，它幫助我了解下一年的主題是什麼。特別有一年，非常關鍵的是，我要保持警覺，不要做出情緒性的決定。它變成我那一年的格言。就在第四年這一年，我提出要求大流年解讀之後，拉寄了一封電子郵件來：「我認爲這並不恰當。妳是帶著真正薦骨權威，離開屋頂的人生角色6/2。妳不需要一個氣象預報員告訴妳，風往哪裡吹。」讀著他的電子郵件，我知道這是真的，我已經以一種完全不同的方式，做我自己了。我毫不懷疑，不管海浪掀起多高或風吹得多強，我的薦骨回應都能引領我度過任何暴風雨。

按照人類圖生活的美好在於，它和外界無關，永遠是關於內在。來到我進程的這個中點，我知道我很冷靜，我不情緒化，我在一個等待之處，等待奧祕，看看什麼會來，會出現什麼，還有誰會出現。就等著看生命會送來什麼，還有我要回應什麼。

現在，我從我的經驗知道，我的手中什麼也沒有，而且從來也沒有。我打骨子裡知道這一點。生命的開展，有時候就像把假皮一層層剝掉，一點也不舒服，但卻是必要的，以便讓底下的新皮膚呼吸。這些年來，好多東西都被帶走了，是過程中痛苦的部分，因爲它們從來不屬於我，不是眞正的我。坐在裡面的我，充滿生命力，我充滿眞誠的感激。

一個週日

此刻雷聲如此低沉，和我體內共振
風的聲音令我驚悚
外在的生命動能召喚著內在的生命動力
我正被拉往完全的未知，沒有一絲線索
我懷疑我會願意去

然而每一次薦骨的聲音都讓我更靠近
我的細胞知道，那振動應和著一種不同的頻率
近來發出不同的信號
呼喚著某個
還未到來的東西

所以，與我的內在聲音調頻同步
那是來自遠古之地的聲音
我知道我所做的一切
不可能來自其他地方

當我回應要參加在德國迪森舉行的「二元性」課程時，我很興奮。這是我第一次和國際人類圖社群見面。我很喜歡。課程很多樣，而且是我第一次學到關於二〇二七年情緒中心的突變。那訊息非常有用。另一堂課是有關愛與恨的七個閘門，非常發人深省。拉的開場白是這樣的：

到目前為止，我處理過很多不同層面的愛。我談過人類在一種火花連結中相遇的方

式，那連結帶著這種我們稱爲愛與恨的頻率。我談過在人體圖中特定地方的愛。在G中心有愛，那裡有愛之船以及四種很強大的愛的主題，作爲人生的方向。

然而，它要比那個複雜的多，因爲，就像我很久以前在一堂灰色課程上曾說過的，我們是愛所呼出的氣息，因此，它滲入我們本質的每一面。你會發現的事情之一是，如果你把它帶進你的私人層次（愛對我的意義是什麼，或者爲什麼我會墜入愛河等等），你會發現，這七個愛的閘門，每個都擔任扳機的作用，如同什麼會變成一次愛或恨的經驗的發起者，而且你無法把兩者分開。你不能。如果你在愛中，你永遠無法沒有恨；而如果你在恨中，你也永遠無法沒有愛。

七個閘門中，我有三個，我專心聽拉所要說的話。對他所說關於那些我的人類圖中愛的閘門的一切，我的薦骨都有回應，我因此得以認出自己。這一生中幾乎被愛消耗殆盡，任何能幫助我了解它的訊息，我都想要知道。

二元性課程上到一半，我可以感受到，內在有種怪異、不舒服的感覺。這對我來說，一直是有事要發生的跡象。我要求兩個朋友，問他們可不可以幫我，讓我看清情況。他們問了我一些問題，我的薦骨回應要離開。但它也回應，不要花大錢更改我的機票。下課後我回到飯店，在房間打電話給航空公司時，他們說可以安排我搭隔天早上的飛機，而且不需另外收費。我想要那樣嗎？我的薦骨回應「嗯哼」。我發現自己收拾好行李，第二天清晨五點前往機場。我搭計程車離開時，眞的嚇到了。是發生了什麼事？我完全不知道。我只知道，它是正確的。當我在櫃檯報到時，我被升等到商務艙，也是完全免費！我大吃一驚，心想，當我尊重我的回應時，生命會有多神奇啊。

讓我的生命引領我，即使我不知道爲什麼，或甚至要去哪裡，眞是件神奇的事！我仍深處我的實驗中，我身在離家數千哩遠的地方，一點也沒關係，我的薦骨仍然主導這場秀。

一條橡皮筋
拉過剃刀邊緣
一種高空鋼索的平衡行動
在繃緊與放手間
信任是我僅有的安全網

之後的那個月，拉問我是否願意成爲人類圖電子報的成員。我有回應，能有機會寫文章，眞是純然的喜悅。我仍然每天去我在塞多納的辦公室。這些文章成爲我和人類圖社群分享我作爲生產者經驗的一種方式。當我開始寫時，是我實驗的第四年，我持續寫了三年。等到我薦骨回應要停止寫的時候，已經是我的第七年！

幾個月之後，我回應去維也納參加那裡的人類圖課程。喔，我第一次去維也納就愛上了它。我在那裡交到很多很棒的朋友，我知道它永遠會是我在地球上最喜歡的地方之一。維也納很特別，城市的氛圍、建築、咖啡館等等。它充滿藝術與音樂的歷史，不管走到哪裡都感受得到。我出發前的夢想之一，是能在那裡聽到現場小提琴表演。我愛小提琴的聲音，它可以碰觸到內在很深的一個地方。

我不敢相信，有天晚上我發現自己在一家上個世紀已經是以藝術家與音樂家的避風港而聞名的咖啡館，而且那裡有現場弦樂四重奏正在演奏。我坐下來，點了一杯咖啡，然後閉上眼睛。那眞是天堂。我有生之年都不會忘記那一刻。

從維也納回來後不久，我父親的健康開始急速惡化。看到我父親這樣，眞令人難過。

他再也無法以言語和人清楚溝通了。他的話全都混成一團，時間感蕩然無存。然而，我幾乎可以知道他想說什麼，他在想什麼，他的感覺是什麼。我深深接收了他的能量。而我唯一想到，能清楚描述他這些日子遭遇的詞是「受苦」。他正在受苦。我正在接收他精神上的極大痛苦，他深深的憂鬱，以及他低落的情緒波。我了解，與他的實際感受相比，我接收到的這些都被放大了，但它也讓我深深了解，他所正經歷的一切。

我愛我爸爸。他作爲父親，眞的是個硬漢，而帶著這麼開放的心靈在他身邊，而且不了解我現在透過人類圖所了解的事情，不是件容易的事。我現在深深覺得對他有責任。那是我的27-50通道。他會搬來塞多納，這是我的回應；現在留在我父親身邊，是活出自我很深的一個部分。目睹舊習慣的影響力，是段不可思議的時光。那也是一段美麗的時光，回想他和我這一生共享的歲月。我仍能實際和他在一起，而且我可以感覺到，我的能量撫慰了他。他的內在是知道的。

當他完全陷入阿茲海默症的魔爪時，我鬆了一口氣，因爲他比較不會不安了，心煩意亂已消失。當這狀況發生，他放鬆了。我可以感覺到，這對他來說也容易得多，我從頭腦和情緒中心感受到的痛苦少多了。安養中心得把他移到阿茲海默區去。

有時你以爲
你再也無法承受了
然後人生給了你更多
過去這幾天非常緊繃

我的身體把一切都深深地接收進來
有方法可以避開
如果我有回應，那就是正確的

但是，喔，我可憐的身體感覺好像有輛重型貨車
已經輾過它好幾次
我父親已經是最壞的狀況
不是肉體上而是精神上
他不記得我
我只能沉默地坐在他身邊
握著他的手，讓我的能量場說話
我知道他的能量場認得出我，即使他的頭腦不認得

去那裡探望我父親，我覺得非常難過。因為我的開放中心，走進阿茲海默區，幾乎身體及精神都痛。我不是從我父親身上感受到，而是從住在那裡的所有病人和在那裡工作的員工身上。我記得，每次進去之前，站在上鎖的門口，等待我的薦骨回應，因為我

知道，如果我沒有等到聽見我的聲音，走進去對我會非常不健康。因此，我總是等著，只有一次，它回應「嗯嗯」。那一次，我轉身離開門口，走下長長的走廊，回到車上，開車回家。

我們需要最深沉的黑暗
以便看見最亮的光明
因爲陰影無法被看見
如果沒有太陽的話
最銳利的玻璃邊緣
會反射出最鮮豔的彩虹光譜

直到和我父親一起的這段時間，我才完全了解無助的眞義。除了待在那裡，我完全無法爲他做什麼。我注意到，我的頭腦眞的超時工作，努力要把我拉回去。它拿出一把內疚的大槍，告訴我，我應該做這個或那個，還問，妳是哪種女兒啊？它眞的知道，我有多脆弱。它以爲，我也很容易受影響。但它錯了。我提高警覺，因爲我知道，我有多脆弱，還有多容易就落入和我父親相處的舊行爲模式中，因爲我知道他就要死了。我從來沒有在我的薦骨沒回應前，就去看我父親。但它常有回應，我幾乎每天都去看他。麥可非常支持我，他總是問我，那麼多關於我父親和我的關係的問題，還有在這段時間，對我來說正確該做的事。

我的辦公室比以往更像是我的聖殿。我會從辦公室去看我父親，之後再回到辦公室。每次我走進那扇門，對我就像一次沐浴。獨自一人在這個空間，沒有其他能量場，我得以回到我自己。

有一個週末，麥可和我開車去旗竿市的一個辦公用品大賣場，買一些工作需要的設備。我們到了那裡之後，我逛到家具區，我的整個身體對正在特價的那張有大型檔案抽屜的L型書桌有回應。麥可走過來，問我是否需要買那張書桌，我回應「嗯哼」。我的頭腦告訴我，這事有多荒謬，因爲我在辦公室裡，什麼事也沒做，爲什麼需要一張大書桌呢？我們買了那張書桌，放進卡車，然後麥可在那個週末幫我把它組裝起來。到了星期一，我坐在這張書桌前，納悶到底是怎麼回事。我記得，感覺完全準備好了，但爲了什麼呢？一整個星期，我坐在這張書桌前，看著窗外，自從尊重我的薦骨回應後，我的人生變得有多瘋狂，我暗自大笑。

就在下一個週末，當我坐在這張新書桌前，打開電子郵件信箱，其中一封問我，是否願意負責人類圖在美國的組織。讀著這封郵件時，我的薦骨聲音凍結了，它好震驚！

什麼聲音都沒有，完全沒有，連「我不知道」都沒有。

我打電話給我先生，要他來和我喝杯咖啡。他開車到辦公室來，然後我們一起走去奧修咖啡館。我已經把那封電子郵件列印出來隨身帶著。我拿給他看。他咧開嘴笑著看我，問我是否已準備好做這樣的事。我回應「嗯哼」。但我也很小心。這是個好現象。我有12號閘門，那是與謹慎有關的閘門。我想這是第一次，我實際看到它以這種方式發揮作用。他問了我很多問題，各種問題。最後，我夠清楚了，我寫了一封電子郵件，問了些在我能回應之前，必須釐清的問題。走到這一步，眞是非常不尋常的過程。

我的問題都得到答覆，我的薦骨對做這份工作，有非常強力的「嗯哼」。我大約有六個月的時間籌畫一切事情，並在七月一日讓網站上線運作。我也需要有個名稱，而我的薦骨覺得「美國人類圖分部」非常恰當。它在那一刻誕生了，我非常興奮。我不敢相信，這一切正在發生。

冬天時，我又去了英國和維也納，上更多拉開的課。對一個從來不想學習這門知識的人來說，我的薦骨回應了極其大量的課程！它絕對比我還知道些什麼。

三月時，我回應要去馬德里上兩門課：愛的課程與生產者課程。上課地點在一間修道院，我們吃住都在那裡。那是在馬德里郊外的一個小鎮。回顧過去，我在一個修道院學到那麼多關於愛與性的事，似乎很諷刺！

正是愛的課摧毀了我。我原本以爲，這樣的崩解不可能在我進程這麼後期發生，但我錯了。我深深地瓦解又崩潰。我無法入睡，我覺得我好像正在分解。我的整個過去浮現在我面前，五十二年來，我所有的愛與性關係！那是段深層的內在處理過程，在那一切裡尋找我的眞實。

在馬德里愛的課程裡發生的崩解，只能這麼描述：我整個人被上下顛倒過來，然後把關於愛的一切，從我那幾個開放中心抖出來。在這結束後，再像動手術般，把剩下的刮掉！我接收了多少關於愛的思想？我接收了多少關於愛的情緒？有多少關於愛的啓發塡滿了我？有多少關於愛的事情被加諸在我身上？瓦解是如此痛苦，一次又一次，它從來沒有輕鬆過。但之後，我總是能看得出，這個粉碎的過程是一種珍貴的恩賜。沒有摧毀，如何能變成眞正的我？

這一切，非常美好的是，在馬德里粉身碎骨，是我以新的瑪麗·安的身分過生活的眞正開始。舊的那個，深深受到愛的制約，尤其是頭二十八年，當時我的心眞的實實在在碎了。那個帕提帕塔受到一種完全不同方式的制約。

現在，愛感覺像是我內在的一塊石板，乾乾淨淨。如果上面寫了什麼，我都可以清清楚楚看到。我不再確定愛是什麼了，而我很高興可以帶著這樣的信念活著。

我逐漸了解在與異性的關係裡，我不知道我是誰，完全沒有頭緒。朋友問了我很多問題，讓我的薦骨來回應，結果沒有一個回應和我原先想的一樣。我所有關於愛與性的概念與想法，和我這個人一點關係也沒有，這是我透過薦骨回應發現的事，實在太令人震驚了！想到我的一生，我的愛與性，都是依照別人的想法而作和感受，眞是令人難堪。在愛這方面，我跌得粉身碎骨；而在性與吸引力方面，稍微輕鬆，而且我常常大笑。這很像掙脫鎖鍊，如此自由、生氣勃勃地以我內在的眞實站在那裡，明瞭關於這兩件事的眞相，我和其他人都不一樣。那就是人類圖的美。我們每一個人都是獨一無二的珍貴。

不過，能夠眞正了解我一生對愛與性相信了多少別人的想法，著實令我大開眼界。我是聽覺型的人，我愛音樂，我的開放中心吸收所有一切，不僅是曲調，歌詞也是。在遇見人類圖之前，那些歌詞深植於我內在，給了我許多什麼是愛、什麼不是的概念。

因爲我的情緒中心是開放的，看一部情感豐沛的電影或聽一首那樣的歌，我的感受會非常強烈。我雖然沒有個體人的定義，但我有六個個體人的閘門，因爲開放而深受浪漫吸引。天啊，眞是一針見血！呼。其中一個閘門是12號閘門，那是非常浪漫、聽覺型的閘門。給我一本羅曼史小說或讓我看一部愛情電影，我就會完了、迷失了。這一切深深衝擊我，而且影響了我所有和異性的關係。

與異性關係的新發現，徹底洗滌了我那些開放中心。我不知道，裡面有多少東西。對能夠犀利點出制約的問題作出回應，是一份無可比擬的禮物。剖析我對男人與女人的概念的源頭，讓我以一種從未夢想過的方式感受自由。

在課堂上，我和一對顯示者／生產者夫婦成爲朋友，他們邀請我飛回美國的前一晚，住在他們馬德里的家。那位顯示者也是義大利人，他像我爺爺那樣開始叫我「瑪魯西亞」，口音腔調完全一樣。那觸碰到我內心深處、有爺爺在的地方。我和他們兩人過了一段非常甜美的時光，我也眞的很喜歡馬德里。西班牙人有些特質觸動了我。我感覺自己和他們緊緊相連，心靈上，以及他們對生命的熱愛。我喜歡聽西班牙文，幾乎就像在聽一首歌演唱。我記得，在回程的飛機上，心裡很高興沒有人問我要不要留下來。如果有，我不知道薦骨會如何回應這個問題。

加州的米爾谷有一個慶祝活動，我回應要去參加。我最愛的桑雅士音樂家們會去那裡，我非常期待看到他們及他們的音樂。慶祝活動的前一晚，我們一起吃晚餐，並開始談到熟齡，我們幾乎都已年過五十。男人說，他們多喜歡他們的白髮，女人則說，對男人來說，那永遠看起來很優雅。我還補充說，對女人是不一樣的，如果女人有白髮，我們的社會就會判定她老了。那段期間，我的頭髮很短而且很白！

一位就像我兄弟一樣的音樂家朋友轉頭看著我，問：「那麼，妳想變成金髮女郎嗎？」我很大聲而清晰地回應「嗯哼！」完全嚇到我自己！金髮？我？我從來沒想過要染成金髮。但這個回應從來沒變過，即使當我回到塞多納，坐在髮廊的椅子上，染髮師問我：「妳確定要把頭髮染成金色嗎？」所以，我現在是金髮女郎，我的薦骨始終沒有回應要回復白髮，反正，還沒有！

和我朋友一起晚餐後，我們都去參加慶祝活動。我們提早到，因爲他們必須在大家來之前，調校音響並做準備。我過了一個很棒的夜晚。我很久沒看到那麼多熟悉的面孔同在一室，我又唱又跳。等我回到飯店房間時，我感覺累得很愉快。我立刻睡著，但清晨四點，我醒了，再也無法入睡。所以我拿出正在讀的小說，開始讀。那是本羅曼史，因爲對人類圖個體性開放的設計，我深深被這類的故事所吸引，幾乎是貪婪地讀著。故事裡，女英雄因爲失去所愛的人而痛苦。數滴淚水開始滑落我的臉頰，接著情況改變，突然，強烈的啜泣讓我全身震顫。我沒想到有這麼多情緒釋放出來。我知道，這和那本書無關！我只是讓啜泣接管了我，同時親眼觀察著自己。終於，流完了，沒有淚水了。

這些強烈的經驗總是透露出許多事情。我看到，當我因爲不管什麼理由而失去所愛的人，我害怕即將過著沒有那個人的人生，那恐懼生出許多痛苦與折磨。那恐懼屬於那個害怕要失去和愛人在一起生活的我。我愛上了那個我，我想要留住而且不願放手的，正是那個我。在某種意義上來說，我愛上了兩個我的合體。愛上另一個我，其實是愛上和那個人在一起時所發現、感受、觸碰及體驗到的那個我。我們一起成爲更豐富的人，而我不想讓那消失。

這份領悟觸發了許多。當那個人走了，改變的是我所經歷到的自己。而我所渴望並稱之爲愛的，正是那種體驗。而且因爲當時我並不知道自己是誰，我不知道，一切都是根據我所吸收進開放中的，不只是中心，還有通道和閘門。他人塡滿了我，而我喜歡那種感覺，不想讓它離去。我以爲，我失去了愛，但其實我失去的是，我的開放被塡滿。當我獨自一人，因爲不曾感受過自己，因此以爲那就是失去愛的感受。當我獨自一人，我總是思念我愛的人；其實，我思念的是我自己。

我的內在仍迴盪著最新的經歷
它就像所有曾往外飛奔的愛，朝任何人而去
竟然掉頭回來……而且快速回到我的內在
我看起來一樣
我感覺一樣

然而一切都不一樣了

生命如此輕盈！
輕盈得如此不可思議，甜美而喜悅
像鳥兒唱出它的第一首歌曲

我以前從來不了解爲什麼愛如此深這麼苦
愛進入我的內在
愛離開我，流動引起一切苦痛
一切緊緊捆綁混攪，和另一個人
我看著鏡子然後鏡中雙眼回望著我
這一生我所尋找的，就在鏡子裡
我的靈魂伴侶就是我

住加州的音樂家朋友有一首很美的歌曲，裡面有幾行描寫我那時在米爾谷旅館的經歷。很好玩，因爲這個朋友正是那一晚的音樂家之一！「你會看到這一天來臨，你會與高采烈地在自家大門迎接你自己，把你的心歸還給愛了你一輩子的陌生人。」

那天晚上在那個旅館房間裡我愛上了自己！從那之後，再也不一樣了。我後來發現一句王爾德說的話，很棒，我好愛：「愛自己是一生羅曼史的開端。」

四月，我父親滿九十一歲，我們在阿茲海默病房區慶祝他的生日，那眞是令人非常傷心。麥可和我一起跟他度過，有一度，他笑了，我記得的那個人出現了。他待了一會，然後又消失。我可以感覺到時間正在消逝。我知道，他要走了。死亡絕不只是醫學上的一件事而已，那感覺幾乎好像是，他正爲了死亡的過程聚集所有的能量進入他自己。他甚至變得更加退縮，幾乎就像他正在安排後事。即便他現在已經痴呆，也沒有關係；他的無意識正在做必須做的事，不管意識層面正在發生什麼事。

我得面對面迎向人生的危機，死亡將成爲事實。我從和我父親在一起的時光知道，他正以他自己的方式迎向死亡。最後的那些日子，我每天都去看他，有時一待幾小時。我覺得，我把整個死亡的過程都吸收進我自己的身體裡。因爲我的開放，吸收了父親所有的情緒，絕望、精神上的懷疑、混亂與恐懼。待在那裡對我而言很緊繃，但我繼續回應並尊敬那個回應。最後的階段很緊繃。他深深退縮進他自己裡面。他不再說話和吃飯。大約在他去世前一星期，有一天我去看他時，照顧人員告訴我，他非常焦慮不安，十分害怕會下地獄。當我看到他時，他的臉反映出所有的恐懼。他不能動，只能躺在床上。他不知道我是誰。我甚至不知道，他是否知道，曾有任何人和他一起在房間裡。他深陷在他自己死亡的過程裡。

我爬上床躺在他旁邊，握著他的手，一遍又一遍對著他的耳朵說著：「沒什麼好擔心的。你已盡了最大的努力。你不會下地獄的。」我說得愈多次，他就愈放鬆。過了大約一小時，他終於睡著，看來放鬆且平靜，臉上已沒有恐懼。

和我父親一起的最後一個星期，大部分都在沉默中度過。我領悟，當至親去世，並沒有對或錯的應對之道。我們只能希望自己是正確的，並以那種方式去做。當我回應要在最後這些日子裡，陪在我父親身邊，一種深層的連結產生了。我走進他的房間，從那一刻起直到我離開房間，我整個人都在那裡。我不是因爲我的頭腦覺得我應該在那裡，才去那裡。我不是因爲我不想有罪惡感，才去那裡。我去那裡是因爲，我的薦骨，我的能量，回應了要去那裡。那是非常不一樣的，這差異非常重要。我應該爲了他即將離去而在那裡，那是我的薦骨回應告訴我的事。而不管有多痛苦，那都是正確的。我會爬上床，躺在他身旁，就只是握著他的手。我很少開口。偶爾我會說：「我愛你。」或是：「你走沒關係，爸。」但大部分的時間，只是靜默的溝通，能量場對能量場。

他的身體正要離去，一切都在關閉，好讓那程序發生。在目睹身體死去的過程中，我看到了死亡的奇蹟。那是件神奇的事。超過九十一年來，一股不可思議的生命動力，維持著我父親的活力。那是他的呼吸，是他的心跳和血液循環。這一切並不是我父親做的，它們自己在進行。

讓我們每個人活著的生命動力，是眞正值得尊敬的最重要事情之一。我孫女的出生，讓我目睹了生命的奇蹟，但我從來沒有把死亡想成奇蹟。過去這幾星期來，我發現它是。創造生命的這股生命動力，同樣也要取走生命。所有維持他生存的不同層面，都必須在它們自己最適當的時機關閉。一切都在爲這個做準備，所有的身體功能。

觸摸與沉默變得非常重要。就只是躺在他身邊，握著他的手，待在那裡，所需要的只有這樣。我的每一個細胞都可以感受到這點。沒有什麼話還沒說。沒有什麼事還沒做。我覺得圓滿。我覺得，我們一起在等著死神來臨。

存在提供了一種超越我所有理解的同步性。我在我的生命中以及我父親的死亡中，完全相信這一點。一切永遠正是它應該有的樣子。生命根據那個進程而展開。死亡也根據同樣的進程而進行。死神在它自己的時間來到，以它自己的方式，正如生命的一切在它自己的時間，以它自己的方式來到。

與死亡的這種相遇，深深進入了我。我敬畏它的美。我從來沒有把死亡想成是美麗的，直到此刻。但它是。從我倚賴內在眞實生活以來，我可以看清楚許多事。完全眞實地做自己時，幻象消退，舊有的信仰與理念粉碎。留下來的是我，一個純潔的我。我看著自己處在每一個新的情境中，並且注意到，好多我先入爲主的觀念已不復存在。在那個新的空間裡，我得以與任何可能的一切相遇。那正是和我父親一起遇見死神時所發生的事。我以前對死亡有那麼多想像，對一個人應該怎麼死，有那麼多理想的想法。讓關於死亡的一切從我身上剝去，並純粹看見它原有的樣貌，眞是件美麗的事情。死亡是個奇蹟。

我很感謝療養院介入處理，在身體死亡後，留給父親七十二小時的時間，依他自己的個性走完這個過程。當我父親臨終時，我和本地的葬儀社做好安排，告訴他們遺體所需的處理，包括不要塗香油。我父親和我最後這五年，眞是一段非凡的旅程。我無法要求一個更美麗的告別了。自他從紐澤西搬到塞多納之後，我所做的每一個關於我和他的決定，都是薦骨的回應。那是對我自己，也是對我父親深深的致敬。

和我父親的這個美麗結局

由於人類圖的知識，正是它該有的樣子

那是份珍貴的禮物

我覺得內在如此乾淨
沒有內疚，沒有責備，沒有應該
一切只有完美

Chapter 13 結束的開始

進入實驗第六年。這是實驗中最令人吃驚的一個階段，我成爲美國人類圖分部的負責人。這實驗大部分的時候，我是以6/2的人生角色待在屋頂上，受到保護。但是，我的凱龍星回歸後，我可以感覺到有力量要把我拉下屋頂。我可以感覺到，我變得愈來愈入世。

我以正確的方式進入這個新的歷程，在擔任這個角色期間，我做任何事之前，仍先等待我的薦骨回應，那仍是我生命中最重要的事。我記得，有個人知道我是遵循人生策略過生活的生產者，他當時問我：「妳的商業計畫是什麼？」我想，我的嘴巴應該張得很大。「計畫？我打算等待回應。」我無法想像，只因爲我開始這個事業，就不繼續這些年來我過生活的方式?!什麼都不會變！

我還記得那些日子的感覺，那股力量要不是會殺了我就是會改造我，完全沒有其他力量可以介入的空間。有那麼多事要回應，而且因爲我是直覺型，我的回應都是立即的。我感覺好像是一個從山頂上的小雪球，隨著每一次的回應，滾下山坡的衝力和雪量都變得愈來愈大；每一個回應讓它往下滾得更遠，而且愈來愈快，愈來愈大。那就是我的感覺。我無法相信，我的薦骨眞的有那麼多精力，做出所有的回應，有時候，甚至感覺好像它就要從我身上滾過去了！

如此充沛的精力，一天工作十五小時我也不感到疲憊。這眞是瘋狂（我的頭腦說）。你不應該工作這麼久（我的頭腦說）。但我正在飛翔。我愛每一個時刻，內在有一股精力爲我打氣。我的薦骨在回應。現在，它準備要工作。但因爲充滿樂趣，感覺並不像在工作。那是不可思議的舞蹈。

喜悅溢滿我的內在，如此豐沛，我幾乎撐不住。我敬畏地看著自己以這種方式展開。我毫無概念；我只有自己一個人；我在工作。結果，做了這麼多事，創造了這麼多產品。那種程度感受起來很像性高潮，是我從未體驗過的。那是有關照顧、負起責任。一股能量流灌過我，我不知道它來自何處。我知道我是個生產者，而薦骨是強而有力的馬達。我只是從不曾體驗像這樣子的它。

它是再生與衰退的中心，它是性欲的中心。我總是以爲，性欲必須和性感有關。並不是。它是完全不同的東西，而那正是我現在感受的東西。它是我幾年前在性欲那堂課程中，非常痛恨聽到的東西。我現在只會大笑，因爲對所聽到內容的反應，是出自當時的那個我，仍然充滿了許多關於愛與性與我自己的幻象！此刻流過我的這股能量非常神奇而且強大。沒有人在旁邊，只有我和推動我的某種力量。

這是我第一次真正在工作，而且確定我不是奴隸。關於解放奴隸，拉談過許多。生產者的能量一直都被運用，我們是不可思議的工作人種。然而，過去我們做的所謂「工作」，有多少對我們是正確的？我記得，拉談到生產者一旦自由且做出回應，他們就不再是奴隸，而是成爲建造者。這些話我聽到了，但當時我不知道是什麼意思。現在我懂了。這裡正在開始打造，但不是我在做。我清楚知道，我沒有「做」任何事，那不是我能控制的。我的回應不受我控制，正在發生的事也不受我控制。

在準備正式成立美國人類圖分部前的那幾個月，對我是全然的喜悅。我在自己的世界裡，充滿生命的動力和創造力。我不敢相信，我有那麼多能量。我喜愛設計網站和創造產品。我心裡的渴望之一是，做兩本小冊子，以簡單易懂的方式，解釋四種類型與九大能量中心。我想要每個人都能得知這項訊息。我想到預算很緊的母親無法負擔解讀的費用，我想要她們買得起這兩本小冊子，幫助她們不只了解小孩也了解自己。有個週末，它們自己生出來了，成了KISS小冊。

我對在美國的一切可能發展非常興奮。因爲我必須拿自己的錢來做這項事業，因此我必須盡可能自己多做一點，才不用付錢找外部人力。我完全不以爲苦，因爲這是我最愛的部分，創造與生產。

身爲一個已經離開屋頂的6/2人，這個角色對我最困難的是，和這麼多人這麼親密。我在屋頂上待了二十多年，遠離世事，而現在，我得和每個人直接面對面。那很嚇人，尤其擔任這個角色。我有31-7「創始者的通道」，關於這個通道我努力要記得的重要事情之一就是，一半的人會喜歡我當領導人，而另一半則否。

美國人類圖分部不是典型的企業，這會影響所有美國的老師與分析師。但是，它是公司，而不是組織。別人提供這項事業給我經營，我對這業務做出回應，而且簽了合約。喜歡我來領導的那一半人，眞的很高興有人努力讓人類圖系統爲大衆所知。另一半不喜歡我領導的人，則總是試圖告訴我，我應該怎麼經營，或只是散發出一種情緒，表示他們不喜歡我的經營方式，而且不管我做什麼，他們就是不滿意。

這種從屋頂下來的方式?!我的老天，是一種重回人世的速成法嗎？幸好有我的薦骨回應一路保佑我。我從已經進行了六年的實驗中學到，我無法解釋我的薦骨回應。我唯一能給出的答案是，「此刻，這對我是不正確的」，或是「此刻，這對我是不健康的」。任何其他的答案，完全是來自頭腦，而頭腦無權解釋我的薦骨回應。它對我薦骨中心所做的事，毫無頭緒。

坐在這個有權力的位子，對正在進行的事不給原因，常常會顯得冷漠且苛刻，尤其是在電子郵件裡。如果對方在辦公室，他們可以理解我的聲調，或從我的身體姿勢和臉部表情來判斷。我記得有一次，就在美國人類圖分部的網站上線後，湧入許多分析師和老師的電子郵件。有封電子郵件問我是否想要聽聽回饋意見，我的回應是「嗯嗯」。我只知道，在當時，收到任何回饋意見對我是不健康的，而那基本上就是我回信的內容。那個人眞的很氣我，即使我補充道，我在那時候聽取任何回饋意見，就是不正確的事，但如果他們想要在其他時間再問一次，可以再與我聯絡。

現在我知道，我的回應可能會讓我顯得很封閉，以及我不想知道其他人所想、所感、所見或認定的事情。但是，眞的不是那樣，眞的就只是對我來說不正確或不健康而已。但，天啊，那眞的曾經造成災難。我知道，在企業裡，這是非常奇怪的行爲，但，那就是我，在企業裡的一個生產者。生產者永遠優先，而不是企業。我對那一點很自在，因爲那是我內在的眞理，而且我知道，薦骨引導我的人生，讓我保持健康，薦骨的回應總是充滿智慧。

所以，對那些日子裡的我來說，體力活是純粹的樂事，而人事則不是。我常常渴望有梯子，這樣我就能爬回屋頂上去。讓我的薦骨回應主導美國人類圖分部，很多人不高興。想到一聲「嗯哼」或「嗯嗯」要引領整個美國的業務，有些人就緊張不安，而其他人則非常生氣。我的薦骨回應主導一切，現在不只是對我，也包含美國人類圖分部。

現在才早上8:35而他們已經在對我碎碎念了
我告訴你，那眞的很有事
沒有人要讓我清靜
我不知道
人的事可以這麼耗神且累人
我對這一切超級脆弱
我的薦骨回應了這個角色
所以我知道它是正確的
但天啊！我不知道我打開的是什麼門
從外界通往我自己
我就是無法相信別人
還有人類圖的人也是
生產者行事像顯示者
我好火大

竟然眞的曾有一段時間
我只需要寫文章更新文章就好？
儘管有那些人事問題
那可眞複雜麻煩
我愛這個工作而且我覺得充滿活力
我非常非常穩定，感覺好像我的薦骨中心
有一條臍帶連結到地球中心

我從這個角色身上發現自己的內在有多強壯。將近五十年來，我如此擅長取悅別人，現在的我毫不猶疑拒絕再這麼做了。我無時不在回應。有時會有衝突，但我對那感到很自在。要和那麼多人打交道，而且，不喜歡此種狀況的人散發出的情緒波，我無動於衷，也眞是神奇。我的開放中心不在乎當下別人對我的看法，眞是令人驚訝的事。如果人類圖系統有發認證的話，那就是了。在我開始以薦骨人生活之前，我永遠無法想像能夠這樣捍衛自己，以這樣的方式，在這樣的角色裡。我一定會做什麼事來避免衝突；我一定會做任何事來維持平和。

沒有什麼比活得像自己更重要了。擔任這個職務，只是把我更深入推向我的實驗。

我甚至變得更加警惕，要讓每個行動都是直接來自回應。我每天都被考驗，看我是否能堅持我的人生策略，並根據它來經營生意。我被考驗，看我是否能依照我的自我，而非別人希望我成爲的樣子和別人相處。那眞的是很大的壓力。但是，我愈能夠活得像薦骨人，持續遵從我的回應，不管別人喜不喜歡，我發現內在更能整合校準。它很奇妙，彷彿在測試我是不是眞金，能否通過火的試煉。

我對所有正在進行的案子非常興奮。我喜歡能這樣玩，覺得好像有人給了我一家糖果店。所有的材料齊備，有這種或那種材料，等待著被創造成什麼。那是段多麼刺激、有活力和多產的時光。我寫了以下這段話，差不多五年前，還在這個職位上的時候。

我覺得有什麼正在趕，我可以感覺到它在我身體裡。有一股很巨大的壓力，但我覺得很自在。並不是說我能讓任何事發生，而是某件事在「推動我」並壓迫我。那不是我的頭腦，因爲我從來沒想過，我必須做這個或那個。我只是「做」。那很奇怪。在四年多前一門叫「全球動力循環」的課上，拉談到每個新紀元的鎖和鑰匙。我們現在所處的紀元是從一六一五年開始，將在二〇二七年結束。在這段期間，其中一個鎖的鑰匙是61號閘門，那是內在眞理之門。二〇二七年，61號閘門這把鑰匙會離去。現在是內在眞理要顯現的時候。這段直到二〇二七年的二十五年時間，是非常重要的時期。二十五年可能看起來很長，但從人類在地球的生存來看，其實非常短。

過去十五年來，以這樣或那樣的形式儲存下來的人類圖知識檔案，必須在二〇二七年前傳播出去。這門知識對這個星球那麼重要，我不希望這聽起來很老套，因爲我是眞心眞意的。對我來說，人類圖是人類的希望。我不知道還有什麼其他體系，一樣眞正有效，而且不會讓你被自身以外的力量駕馭。人類圖讓人能夠擺脫所有的枷鎖，我從自己的經驗中深深印證。

我被賦予的這個角色，讓我能夠以書寫的形式將這門知識生產出來，我的喜悅不可言喻。我喜歡東西看起來美美的，我喜歡沒有打錯字、沒有文法或標點的錯誤。但是，如果人們必須等到一切都能被編輯好且正確無誤，那可能要等上好幾年。這門知識太重要了，無法等到形式上完美無缺。當我在製作產品型錄時，或者，我最好這樣說，產品型錄在被做出來時！我看著自己打字不加修正，那很奇怪。但它和我的認知非常吻合。我想要交到大眾手上的，是經過編輯且正確的出版品，但時間的壓力讓我的內在很不舒服。

當我看到這個字，我明白，對，我們可以出版未經編輯的內容，先讓這門知識傳播出去。那是最重要的事情。然後，出版發行之後，所有的編輯與修訂的工作，就可以進行，不管要花多少時間，投注多少心力。以它的規模，光是編輯和修訂可能就要會花上好多年，不過，於此同時，想要知道的人都可以拿到這些資料。

總之，出版迫在眉睫，不能等了。每一次我想要等到一切「完美」時，都得到那種「嗯嗯」。我們沒有時間了。我意識到我們正處於人類歷史的緊要關頭，並不是要世界末日了，而是人們眞的需要某種東西。世界局勢如此演變，恐怖主義猖獗，人們知道再也無法信任「外界」。這種信念已經被深深粉碎了。人們需要眞的可以信任的東西，否則，就只能生活在深深的恐懼中。

我有兩個之前在人類圖總部工作的朋友，一個來美國人類圖分部兼職，另一個製作CD，這也是他在人類圖總部的工作之一。這個朋友就是當時我曾盲目約會的對象，當時我剛開始我的尋找之旅，他問我：「那麼，妳的眞實是什麼？」這些年來，我們一直是朋友。我父親的事情，他也幫了我很多。他們相處得很愉快，兩個人都有情緒波，我父親一直把他當兒子般疼愛。我父親在二〇〇二年五月去世，美國人類圖分部在二〇〇二年七月正式成立，而我朋友在二〇〇二年八月去世。

我親愛的朋友去世時，衷心接受死亡已經來臨。我想，他暗自興奮能有這樣的經驗，那是我從他身上接收到的感覺。我接收他的情緒波，當我和他在一起時，我感受到它在我體內。我們在一起的最後時光，他握著我的手，直視著我的眼睛，然後問：「妳會確保我的遺體七十二小時內不受到打擾？」我回應：「嗯哼。」他笑了，說謝謝然後閉上眼睛。

我把所有能運用的錢都投入美國人類圖分部，還得申請兩張公司信用卡來補足缺口。在一項企業創始的初期，你必須花錢才能賺錢。光是在製作物方面，就需要買那麼多東西，然後還有廣告和行銷。我記得回應要花費這筆錢和那筆錢時，我的頭腦完全失控，說：「妳要去哪裡弄這筆錢？」這是我稍早提過的那種雪球效應。我只是持續回應，事情持續發生，而發生的事愈多，要回應的事就愈多。我愈是回應，我的內在空間就愈大，以容納更多生命動能。

然而，我始終知道，我的角色在某個時刻就會結束。我在二〇〇三年一月寫下這段話，就在拉最後一次美國之行前。

美國人類圖分部會耗盡我的每一滴精力，我的全部
直到我要走進世界並活出自己的時候
沒有角色，除了我自己不再代表任何事物
那是未知的領域而我無所懼
到了那個時候

我的石板將清空
我不知道爲什麼我一直感覺強烈
或甚至爲什麼說
但這種石板將會乾淨的感覺
跟著我和那些動力
那些動力給了我生命中最大的禮物
它們給了我發現內在眞實的道路
當我在這裡的角色結束
我將已盡完我的責任
石板將會清空

我的一生是一趟旅程
一路上我已被用了很多
也給了很多

關於時間之流裡的此刻

當我不再擔任這個職位
感覺那將是我眞正的誕生
乾淨的石板及一切

我不知道那時我要做什麼
要去哪裡
誰會在我生命中
我只是感覺到這是眞的
好像我已經窺見未來
但那不是我能控制的
我對此有回應
並等待被釋放出來
我知道我回應「嗯嗯」的那一天會到來
以開始這個角色
而那一天會改變我的生命道路
我發現這很諷刺，我回應了美國人類圖分部

然後我父親去世
我被綁在塞多納五年照顧父親
現在我被綁在塞多納照管分部

我一直覺得要花大約三或四年。我知道，需要我內在所有薦骨的能量，讓人類圖分部順利在美國展開。是這股能量工作了數千小時，創造並生產了所有的教材，包括未編輯的版本。內在的喜悅非常巨大。我真的很像一個團團轉的苦行僧。當我在列印、校對和裝訂書籍時，好多次讓我想起我的解讀都透露了這一點，感覺好像我正在快速轉動，眞是不可思議。我終於能將我對人類圖所有的愛，以及我對它將我帶到這一切的所有感謝，全部表達出來。

拉最後一次美國之旅是安排在二月和三月。正如地球上的所有人一樣，我深深受到九一一的衝擊。它促使我成爲認證的分析師和人類圖講師，這兩件事，我的薦骨之前總是回應不要。這情形隨世貿中心遭到攻擊而改變。人類需要人類圖，紐約人眞的需要它。我的薦骨知道，我需要貢獻我一切所能，將內在和平與內在信任，帶給盡可能多的人。因此，當拉和我在規畫他的行程時，我說，我希望他以紐約市爲起點和終點。他同意了。

我在雜誌上刊登我負擔得起的廣告，電話開始湧入。我很快發現，紐約人喜歡拿起電話和人說話，而我愛這樣，我愛他們不說廢話的態度，而且我知道，他們會喜愛拉那種嘲諷的天性。從紐約開始，拉接著會到塞多納，開分析師的進階訓練課程和一門講師訓練課；還會有一門生產者的課程。除此之外，還規畫在聖地牙哥的一個長週末。

我很不擅長記住細節，但詳細規畫卻完全是另一回事。這我好像自然就會，因此好像有一股輕鬆的能量帶動著我。組織規畫對我是莫大的樂事，需要完成的事，似乎就在我需要處理它時出現；等到活動要開始了，所有的事都毫不費力地辦好了。而最棒的是，我自己接下來可以完全享受這項活動。我也眞的非常享受！

去紐約，到機場接拉，然後有兩天和紐約人一起度過，眞是太棒了。很多人來上課，擠滿了整間會議室。那些人當中還有很多到今天都還在參與人類圖。我們之後飛到塞多納，在兩個星期的時間，開了一堂又一堂的課。看到那麼多人類圖的老朋友再度共聚一堂，感覺眞好。

在這段期間，我和一位好朋友有過一次很強烈的衝突。美國人類圖分部在一家本地的雜誌上，刊登拉要來塞多納的廣告。編輯想要訪問拉，而且都安排好了。在最後一刻，她要我朋友來進行這項訪問。我朋友是分析師和講師。當我朋友告訴我時，我的薦骨回應：「嗯嗯，這件事對我是不正確的。」我回應的是由那位編輯來訪問，而不是別在紐約市，拉第一次只單獨談顯示生產者。這是因爲有一個在加州的人想要改變人類圖系統，對於顯示生產者因此產生了很多混淆。這是發生在三月底的時候。之後拉飛回伊維薩，我回到塞多納。

不久後，我就啓程前往伊維薩，參加年度人類圖四月的活動。活動的其中一部分是，各國分部的負責人要和拉開兩天會。我很期待這次會議，同時又有點緊張。我了解我的薦骨，而且我知道我無法控制它。

然而，我也期待聽到其他國家的人正在做什麼，以及他們怎麼做。我當負責人還是新手，我覺得這次交流會很珍貴。我們圍坐在桌邊，拉走進來告訴我們，他已不再主管董事會，把工作交給另一個人了。他介紹了那個人，說了一些話後就離開。我有點吃驚，但對這次會議仍抱持開放態度。

我事先知道的唯一一件事是，我們所有人都會拿到一份新的教育課程計畫。在美國，人類圖學院還未設立，我正盼望能得到一些如何進行的指南。我知道，我無法主持學院，拉在美國時幫我找到一個能做的人。

會議開始時，每個人都拿到一份議程，而且特別提醒我們要看，第二天要針對重要的事項進行投票。會議之前，沒有人通知或甚至詢問我，是否有任何意見要放進這份議程，身爲一個分部的負責人，這樣感覺很奇怪。這不是讓各國分部負責人交流的開放式會議，而是一場要做出攸關商業計畫重大決議的策略會。這是誰的議程？我的身體開始變得很不舒服，這一直是個徵兆，顯示某件正在進行的事對我是不正確的。我在這個房間裡待得愈久，這種不舒服就愈來愈強。根據議程，我要在第二天做出重要決定，然而，事情陳述的方式沒有辦法讓我的薦骨回應。對我而言，我過去六年來據以生活的前提，在這個房間裡不存在。這種感覺好像，我參加的是接觸人類圖前在蘇黎世工作過很多年的那間國際企業的會議。

我記得會議開到一半，我說：「情緒型的人呢？他們不是需要時間，才能決定怎麼投票嗎？一個晚上似乎不夠每個情緒型的人弄清事情。」因爲和我先生的生活，我對這點有深切了解。他甚至需要兩年才能想清楚要買一部新車！我的意見好像耳邊風。

我仍然對我們預期第二天要進行的投票感到心煩意亂。我問：「如果我的薦骨對某件事回應『嗯嗯』呢？」我被告知，這是投票，要依民主制度而行。就在那時，我的內在真的失控了。我無法想像，我的薦骨對某件事回應「嗯嗯」，回到美國卻要執行。我無法對抗我的薦骨中心，我知道這點。我整個六年實驗的重點都是這件事：達到一個只有我的薦骨能爲我作決定的境地。

我受不了，不知道如何在這個會議中行事。會議中，我試圖說出我的意見，他們竟然叫我不要再這麼負面，只有正面意見才會被需要。在我這些年的實驗裡，我的身體變得非常敏感。坐在這個房間裡，有很多和正在說的事情無關的東西進入我。能量場會說話。我的身體被進入我的開放中心的東西弄得非常不安。有那麼多非語言的溝通正在進行。我的直覺全都聽到了，我的身體變得更加不舒服。

那一天晚上，我完全一團亂。我從飯店房間打電話給麥可。那可能是我一輩子最貴的一通電話。我把我的一切感覺全都對他傾訴。在這個時刻，他是我唯一信賴且可以說話的人。他問了我好多問題，我的薦骨終於可以表達它的眞實，我因此得以找出什麼是我該做的正確事情。我知道，我必須辭去美國人類圖分部負責人一職。我的薦骨對此非常堅決。繼續留在這個職位上，對我既不正確也不健康。在弄清楚這點之後，我其實很平靜。第二天，我告訴董事會我已經想清楚的事。他們問我是否仍想留在會議上，這是自從前一天的會議開始後，我被問到的第一個是／否形式的問題。我回應「嗯哼」，因此我留下來。這對我的頭腦一點意義也沒有，因爲它以爲我們剛剛已辭職了。但薦骨從來不會做出合邏輯的道理。所以，我們留了下來。

在休息時間以及晚上的時候，關於美國人類圖分部可以做的事有一些討論，但沒有一件定案。我的薦骨很多時候「不知道」。我必須等待，看看事情的發展。

我回到美國，發出一封非常政治正確的電子郵件給所有在美國的分析師，並開始研究將美國人類圖分部移交給另一個人可能會面對的情況。我接到一通人類圖成員的電話，想知道到底發生什麼事，因爲我發出去的電子郵件感覺很詭異。喔，你沒辦法騙過群衆。這個人問了我很多問題，我因此得以釐清，我對在董事會上發生的所有事的眞正想法。

感謝我的薦骨回應以及我在企業的歷練，我現在終於明白這是什麼狀況了。以前，要召開需要決議的會議時，所有的經理人和董事在會議前都會有表達意見的機會，除非有人試圖奪取所有的權力。顯然，我所參加的那次會議，有人企圖接管大局。什麼事都沒有公開說出來，那是我的內在感受。坐在那裡，我感覺非常無力，所有權利都被剝奪。我的薦骨，我的唯一力量，無法回應，因爲沒有一件事是以它能回應的方式公開說出來。但我的直覺撿到了未說出來的話。

弄清楚了這點後，我整個抓狂。我感受到一股，我只能形容爲破壞女神的能量。它每隔幾年會出現一次，而且感覺永遠一樣。在我體內，它好像某種來自地球中心的原始能量，而且以一種毫不在乎會摧毀什麼的猛烈力道塡滿了我。這股力量令人無法思考。它一開始是咆哮，最後變成原始怒吼的薦骨回應而來。我隨後寫了一封非常私人的電子郵件，給拉所指定的負責人以及拉自己。所有我在董事會上無法明確有力表達的事情，我都寫在這封電子郵件裡。這封電子郵件被公開，激起公憤。用更委婉的方式表達？不可能。情況變成這樣不是我的本意，要平息它所掀起的混亂，看起來也不可能了。

這時候有兩件事同時出現。一個是來自我薦骨回應的正確行動，一個是來自我的頭腦的指責。儘管它造成這樣的後果，我知道我的作法是對的，因爲這是我薦骨回應所引導的。我的精神因爲這樣而被拯救回來。如果作法不對，這強烈的經驗一定會摧毀我的精神。它並沒有。這個事情過後，沒有留下後遺症，我仍可以看著鏡中的自己，內在平和。

但我的頭腦是另一回事。我了解，在我薦骨無法釐清事情時，我的頭腦有能力報復我這麼多年來不讓它掌權。我在信中怪罪一些在那次會議上的人。指責是我在整個實驗中不會做過的事。我父親去世時，我很警覺，知道不要讓罪惡感接管一切。但此時，我失去了警覺。我的頭腦接手了。這是意義重大的一課，而我得付出失去友誼的代價才學得到。

這些事情，指責、內疚和羞恥，並沒有消失，只是沉寂。頭腦總是在等待機會，要從我的薦骨回應手中奪走權力。它會等待適當時機，然後嘗試出手。它成功讓我寫下那封信。它是我持續清理的過程中，深奧但必須學習的一課。

我還在實驗的第六年，我了解，它幾乎要比第一年更爲困難。一旦我了解，我的頭腦指責了別人，我寫了一封信，向所有在董事會的人道歉。

在這整個經歷中，我的內在很平靜，儘管外部有那麼多憤怒和混亂。我知道，我自

Chapter 14 人生不是一條直線

我的第七年，以麥可和我招待亞歷珊卓拉和卡羅琳娜去聖地牙哥玩，慶祝她們七月生日展開。我們過得很愉快。

兩個孫女飛到聖地牙哥，和我先生及我碰面。我們共度了一星期，一起做小孩子才會做的事：聖地牙哥動物園、海洋世界、野生動物園，還有游泳。我們玩得好愉快。兩個女孩在第一天都沒有太多回應。我什麼也沒說。但每一次她們問我，要不要和她們一起做這個或那個，或者她們可不可以做這個或那個，我都會回應。那是我唯一知道該怎麼做的事情。和小孩子在一起，你最後可能會一天回應好幾百次。她們總是在問你事情，而這種「是/否」的形式，對生產者來說大部分都非常重要。

到了第二天，她們兩個的回應愈來愈多。我想，她們自己甚至沒有察覺。我一再看到這種情況發生，薦骨被「逮到」，開始回應了。有人跟我說，正確運作的生產者就像鋼琴調音師，散發出的波動和頻率會讓聽到的人琴弦自動調頻歸位。

我知道，對她們來說，要用薦骨來回應有時候會有多困難。學校的同儕壓力，對孩子來說很巨大。我也知道，她們需要在人生中找到她們自己的方法。當她們眞的有回應時，我非常高興，因爲我知道那的確是她們的眞實。

那是初夏，而我還是美國人類圖分部的負責人。辭職對我仍是正確的，人類圖總部正在遴選新的負責人，一個對相關各方都是正確的人選。有一個可能的人選，而且看起來會成功。我甚至已打包好二十五箱產品了。但在最後協商的階段時，逐漸發現這個人選並不正確。我不知道，找到另一個可能人選，把業務移交出去的過程會要多久。我們需要滿足一直進來的訂單，所以，我只好拆箱，把所有的產品重新上架。

我知道，我不會永遠擔任這個職務，但不知道結束會來得這麼快。我回應擔任負責人，才不到兩年之前。這個經歷讓我了解到關於扮演這個角色的許多事，我學到好多。當我只是活得像自己時，什麼都不困難。但等我踏入這個角色，而且以薦骨回應的方式來扮演這個角色時，「投射」就排山倒海而來，尤其我又有2，那是我人生角色6/2的一部分。我應該是什麼樣子、應該做什麼、應該如何做，大家對我有很多投射。我唯一可以掌握的就是我的人生策略，那是我在這整個實驗裡的支柱。

人類圖給我的是生產者的人生策略，這帶領我進入我的核心。我以前接觸過這個核心，尤其是在我跟著奧修的那些年。唱著歌，我會進入我的核心；跳著舞，我會進入我的核心；安靜坐著聆聽風聲與鳥鳴，我會進入我的核心；躺在陽光下，我會進入我的核心。但是，接著它就會消失，總是留下我，不知道發生了什麼事，讓核心消失了。我總是以爲我失去了它，然後我又再度回頭搜尋。

藉由臣服於「等待事情找上你，然後回應」，我到達了核心。不再有來回往返。我從來沒有離開這個地方，因爲它就在我生活的地方。我頭腦以及我開放中心的混亂，在我四周團團轉個不停，它們從來沒有遠離過。我的薦骨是我的核心，我可不是這團轉個不停的東西。

我還在辦公室工作，仍然每天投入十五小時，以維持庫存量。只有產品庫存充足，我才有安全感，而且看著架子上裝滿產品，是一件樂事。那總是讓我微笑。我還是深愛著人類圖。

我還在教「薦骨訓練」，而且想出一個絕對會讓我發笑的問題。對有些人，我會問：「你愛你自己嗎？」幾乎每個人都回應：「嗯嗯。」然後我問道：「你是不是覺得，事實上，是你認爲你應該是誰這個想法，讓你無法愛自己？」我覺得大家的回應實在太有趣，因爲，總是一聲「嗯哼」。然後，這個人就會突然大笑。因爲在那一刻，很清楚地，就是那些想法讓我們無法愛自己！能夠以這種方式幫助人們眞正看到他們自己，總是讓我很喜悅。看見，是解放的開始。

我幾乎要完成七年了而且我很驚訝
我終於了解這問題無關個人
這不是頭腦的理解
這是我身體內在深處的自在告訴了我
那是眞的

幾天前我想到我感覺多古老
同時又多麼像孩子，嶄新，有活力，驚喜不斷
好像一個「古老的孩子」準備好第一次迎接生命
然而已經活過無數的萬古
除了細胞的回憶外沒有痕跡

但在「當下」
一切都是新的
沒有包袱
沒有殘留
除了「當下」沒有其他

然後那裡有碎形線
持續交會，一次又一次
從時間的源頭
到無時間的盡頭

我全心歡迎它
以自己這個身分
因爲做自己，不管發生什麼事
都只是生命完美展開的必經過程
一而再再而三地

整個機制的主程序

我的雙眼發亮
不再因夢想破碎或希望破滅而流淚
不再因幻象被徹底摧毀而流淚
不再被沉重的生命之石重壓成非自我

我的雙眼發亮，因爲了解
所有曾經的一切
以及現在的一切
正在帶領我

內在不再有疑問
哪裡？
爲什麼？
何時？

什麼？

因爲它從來無關個人
從開始到現在到永恆
這個人形，只是另一件戲服
讓生命穿著跳舞
一齣戲
一種滋味
一種喜悅
如果你能享受車程
心甘情願被帶領

發自內心不可思議的眞理氣息
一首以「它」的調唱出的歌曲

完全從它釋放而出

完全被它囚禁
都是一樣的

自由存在於了解眞理
而不是無拘無束

夏天結束之前，新的負責人找到了，傑諾歐．波利文。這對大家都是正確的，包括人類圖總部、傑諾歐和我。我很喜歡交接過程中傑諾歐和我之間的關係和互動。他很尊重美國人類圖分部在我手上時所發生的一切；考量設備、辦公室家具以及大量的庫存後，我們找到一種對雙方都正確的財務解決方法。將這個不可思議的「實體」交到一雙新的手上，那是個非常美好的方式。他有天開著一輛租來的大卡車過來，我們把所有東西裝上車。我祝福他一切順利，我們擁抱道別。傑諾歐開車離去，我看著空蕩蕩的辦公室，對一切如何開始感到驚奇不已。多年前，我曾坐在同一間辦公室裡，無事可做，還爲它取了個名字，「等待的奧祕」。

我不再有辦公室。我不再有美國人類圖分部。我回到無事可做的狀態。這是和我開始實驗時類似的處境，但有個很大的不同。我對這狀況完全處之泰然。我沒有等待被問任何事。我沒有等待要做任何事。我只是處在「無事」裡。好個無事啊！在無所事事裡，呼吸好像音樂一樣。它發出一個頻率到每個細胞，而一切都更加放鬆地進入生命。

過去這幾年，看起來似乎好像幾輩子。我一直知道，我不會主持美國人類圖分部太久，但我絕對想不到，實際上會這麼短！信任我的薦骨，我不擔心「無所事事」，因爲現在我擁有了一切。我有我。

我終於成熟了。多麼偉大的字眼，它含有「眞理」。我感覺，過去這七年，我長大了。我的薦骨回應了生命中「各種各樣的事物」，常常將我帶離我以爲我想要的東西，愈來愈遠。我逐漸明白，生命並不是要得到頭腦想要的東西。當這個教訓穿透到我的核心，我內在深處某個地方改變了。有一種新生成的和平與對生命現狀的滿足。像這樣活著是一份眞正的禮物。

我以一種我從未有過的方式存在。自在。那是總結一切的完美字眼。對一切都是這種自在，我彷彿像水一樣流過我的生命。自在並不容易，我絕不是說我的生命很輕鬆。人生就是人生，永遠有高低起伏，以及意料不到的障礙。這是不一樣的。自在是另外的東西。即使生命並不輕鬆，我也自在！

我去造訪瑪德忽和孫女們，一起過感恩節。和她們在一起眞好。這是六年多來，我第一次在塞多納沒有任何責任要擔，那些不管我到哪裡都拉著我的事。先是我父親，接著是美國人類圖分部。這是趟完全不同的旅程，因爲我以一種以前不曾有過的方式處在當下。那是種和家人的深深連結。在那裡時，我記起我的哺乳動物主題，27-50「保存的通道」。這是和我的家庭古老的連結。當我和她們在一起時，我的每個細胞都可以感覺到。那時應該是她們需要得到養分並受到保護的時候，以一種只有27-50能做到的方式。我在那裡的時候，我回應了考慮要搬去那裡。我必須先知道，麥可對這個主意的看法。

在離開美國人類圖分部之前，拉請我在他和家人十二月來塞多納時，安排一些課程。我回應了。傑諾歐對我完成最後這個案子也沒有意見。也是在這一段時間，我女兒和孫女來塞多納和我們一起過節。

她們來的時候，亞歷珊卓拉病得很嚴重。我的27-50通道立即回應要照顧她。當我幫她退燒，讓她舒服地臥床休息時，她對我說：「我需要這樣，外婆。媽媽不會這樣對我。」在像這樣的時刻，了解人類圖眞是神奇的事。我告訴她：「喔，寶貝，媽咪沒辦法這樣做，她身上沒有這個通道。」對此，亞歷珊卓拉開始問我問題。她知道她的人類圖，也知道一些最粗淺的事情。我向她解釋，她媽媽是個十足的個體人，擁有未定義的喉嚨和直覺中心。這是我們一起在這個層次上有過最美的分享之一。亞歷珊卓拉了解我在說什麼，而且立刻開始問我，這個人還有那個人的人類圖中是否有那個通道，她感覺他們可能有。

我們開始聊到更多關於她的人生角色6/2，以及她處於人生第一階段的事。我和她分享，回應在這個階段對她有多重要。對她來說，很重要的是不要讓她的頭腦引導她，而是讓她的能量來引導。我們談了很多關於頭腦以及它如何想要主導一切，並讓我們追隨它的事。我眞的可以看到，她頭腦裡的燈泡熄滅。她看著我，問道：「外婆，那就是妳晚上躺在床上，覺得白天過得不好的原因嗎？」我回應：「嗯哼。」她看了我很久，然後說：「這眞是個神奇的系統。」我再次回應：「嗯哼。」她閉上眼睛，我撫摸她的臉，直到她睡著。

她醒來後，對一切都做出回應。她也覺得好多了。聽到她對即使是最小的事情也回應時，我內心的喜悅無法用言語形容。還有，當她的回應和她的頭腦以爲的非常不同時，看到她大爲吃驚。她甚至對它有多不同，發表了幾次意見。

幾天前，她媽媽和我談到回應。有些看起來似乎無足輕重的微小回應，當你把前前後後一些事都加起來看後，會發現眞的可以把你的人生攪得一團亂。你知道，有人問你：「你想不想去看電影？」你回答：「當然，爲什麼不？」而不是以回應的方式。結果，你去了你的能量眞的不想去的地方。在你意識到之前，這些事情已經兜起來，讓你無法過你自己的人生。

亞歷珊卓拉在旁邊注意聽著，甚至和我們分享了她的經驗。那對我眞是段美好時光。因爲，我知道亞歷珊卓拉眞的有什麼改變了。她也許以前就知道了，但現在，回應是從她的內在自然發出，彷彿什麼東西被啓動了。

昨天，我告訴亞歷珊卓拉：「哇，妳眞的一直在回應。我好驚喜。」她告訴我：「那是因爲我可以看到它在作用。」對我來說，這是我今年的耶誕禮物。我很愛的長孫女，現在可以從她的內在眞實做出回應，而且自己意識到了。有時候，祝福會以許多不同的面貌出現。如果她沒有生病，這也許不會發生。

小孫女以姊姊爲榜樣。她姊姊從以言語回答，到對一切做回應，這一路轉變的過程，我一直注意觀察她。小孫女當時還在大量使用語言的階段，但你幾乎可以感覺她的內在似乎無意識地懂了什麼，有些什麼開始改變了。幾乎就像是，她感覺到，和周遭發生的事情已不再同調了。我期待著故事的發展，也希望自己在展開的過程裡。

這段時間，我也可以感覺到我在塞多納的階段結束了，而我不知道我的未來會帶來什麼。這些美麗的紅岩，支撐我度過我的第一個七年，我可以感覺到它們釋放了我。我內在很眞實地感覺到。該是離開的時候了。

我事先規畫的人生發展方向，不可能像人生眞正的發展那樣。我從來不想成爲什麼樣的角色。我從來不想要當分析師或講師或甚至是負責人。我唯一想要的是，做我自己。然而，藉由做自己以及回應，卻經歷了所有這些事。我可以看到我去過哪裡，我知道我此刻在哪裡，但我對未來從來一無所知。我想起拉在解讀時說過，關於9號閘門的第六爻，他用了「循序漸進」這個詞，還有隨著每一次的薦骨回應，它會建立起我的世界。我記得奧修給我的門徒名字「帕提帕塔」，意思也是「帶著愛循序漸進」。過去這七年，眞的是我的旅程，爲我自己，帶著愛循序漸進。那是我的薦骨中心隨著每一次的回應，帶我到達的地方：愛我自己。

二月，我去阿什維爾和女孩們共度一個月。我們四個人一起坐船去旅行，那對我和她們都是一次很好的休息。我住在她們家，融入她們的生活。我有時開車送孩子們去上學，接她們放學。我煮飯、打掃，幫她們油漆臥室和房間裡的家具，得在這當中我體會到很多樂趣。那是一般的日常生活，但我的感覺非常不一樣。我愛這種生活，而且在過程中很平靜地做自己。我不再爲她們操心。我可以問她們問題，尤其是對我女兒，然後傾聽她們的薦骨回應。瑪德忽是很棒的媽媽，對孩子很好。我很高興在那裡時，能作她的支柱並幫上忙，這樣她可以有些自己的時間。

麥可和我整個四月都住在阿什維爾森林中一間很棒的小木屋裡，感覺好像我們住在樹屋裡。那段時間，麥可釐清了住在阿什維爾的可能性，到了那個月的月底，我們知道了。一等我們把塞多納的房子賣掉，我們就搬到阿什維爾。

五月，麥可爲了工作必須去紐澤西，我則留下來。我開始打包幾箱搬家時要運的東西。我也把我所有的人類圖書籍、CD和其他資料裝進一個大箱子，然後問一個常來我家的朋友，他是否想要。我開了個他應該不會拒絕的價格，他果眞同意了。我把那些箱子搬進車庫時，隔壁的鄰居問說，我們是不是要搬家，我回應「嗯哼。」他告訴我，他知道有個人可能有興趣。

結果，那位女士眞的有興趣。我們本來計畫找一位朋友當仲介，但事情發生得很快，我們根本不需要。她想知道我們要賣多少時，我說，我得就賣價打電話給她，因爲我還不知道。

我知道我們社區的房子會賣多少錢，但開那麼高總覺得不對。麥可和我彼此問了很多問題，直到我們兩個都對金額感到滿意。那比市價要低得多，當時塞多納房地產的市價眞的很高。但那個數字對麥可和我都是對的價格，這比我放棄美國人類圖分部更令大家震驚。我先生和我都看出來，人們眞的常常想要從某個東西裡拿到最多錢，但這麼做，對他們可能完全是不正確的。頭腦永遠不能明白，爲什麼要拿比一個人能得到的更少的錢。但在這個事件裡，那句古老的諺語是眞的：錢不是一切，做正確的事才重要！

四月從阿什維爾回來之後兩個月，我們的房子賣掉了。一個朋友幫我們開卡車橫越美國，麥可和我踏上前往阿什維爾的旅程。那部卡車可是他經過兩年釐清情緒後才買的新車啊！啊，人生！我對生命如何開展仍然始終感到敬畏不已。

我們四月去的時候，已經找到一間房子可租。我們也在那時候買了床和家具，並在六月我回來一個星期時，把所有東西都運過去。我們也在那段時間，安排好電話、網路和有線電視的裝機事宜。我們很順利地安頓下來，我們家變成一個眞正的住家。住在那裡的第一個月，讓我清楚明白，是每一個回應將我帶到那一刻。顯然，這是我生命中一個很重要的階段，此刻，他們需要我在這裡。我覺得，如果我來得再晚一點，就會來不及了。這是我需要和他們在一起的時刻。

我不敢相信我內在的變化。我什麼也沒做！二十五年來，我那麼努力要找到內在的這個地方，但我甚至連我要找什麼都不知道。我只是渴求著某種，我可以感覺到不見了的東西。而它就在這裡！在我體內，沒什麼大不了，不是什麼奇觀，眞的很平常而且驚人地放鬆。

像我現在這樣過自己的人生，表面之下沒有什麼是我想要、渴望或欲求的了。我似乎已經進入現狀，不止是接受它，還是享受它。這是很大的不同。從我有記憶以來，表層下總有些什麼，從物質、一個人、生涯、啓發，總有某個東西。現在，表面下什麼也沒有了。沒有渴望什麼，只是照該有的樣子生活。

我喜愛當外婆。房子有三個房間，我們把其中一個房間變成孫女「外宿」的房間。我們買了她們專用的衣櫥，這樣她們可以擺一些衣服在我們家。我買了牙刷、梳子和任何她們過夜可能需要的東西。第一年，她們兩個每週在我們家住一晚。有時候多些，看情況而定。我很享受布置一個眞正的住家。我把所有未加工的木製家具漆上不同的顏色：紅、黑、紫、粉紅、水綠色、薰衣草紫和白色。我縫製窗廉。那是個住起來很有趣的地方，像家一樣舒適而且繽紛多彩。四周有好多樹，而且到處是草地。在經過沙漠那種乾燥和塞多納的強烈紅岩後，這裡眞令人平靜。

我幫助她們做功課、縫製萬聖節的衣服、煮飯、烘焙，有需要時開車送她們上學並接她們放學。我喜愛我和她們一起的外婆時光。那是我在那裡的唯一理由，和瑪德忽及孫女在一起。她們讓我愛上串珠，我們會花好幾小時，做漂亮的掛飾和首飾。我們喜歡一起創作，那總是帶給我們每個人好多樂趣。有時候，是一件縫紉作品，或是烤餅乾，或是油漆她們房間的家具。我們總是有很多樂子。我們一起玩遊戲，去看電影，去打保齡球和逛街購物。我很高興進入她們的世界和生活。

那兩年待在那裡，對我非常重要。不僅是對她們，對我也是。我可以深深感覺到，這段和她們一起的時光，對我是多麼正確。我已回應，將我的名字從人類圖的分析師和講師名單上除去。我眞的已經不再授課了。現在都是線上課程，但我總是回應：「嗯嗯。」偶爾，我會收到拉發來的電子郵件，問我是否願意做某件特定的事。我的回應總是「嗯嗯」，直到我回應了人類圖心理學。我眞的很享受鑽研這門課，而且不需要再出門旅行，眞的很棒。我可以坐在我的臥室裡，在我的能量場裡上課。

我們有一間超級大的廚房，餐桌可以輕鬆坐下十二人，和女孩們以及後來也搬到那裡住的超級好朋友一起過感恩節，再剛好不過了。我喜愛每個人都坐在這張桌前。我喜愛用這樣的方式餵飽大家，烹飪、烘焙，讓餐桌看起來美美的。要感謝的那麼多。我姊姊在耶誕節前一個星期，從紐澤西飛來一起慶祝。我們買了一棵樹，所有人一起裝飾樹。我對禮物有點瘋狂，因爲我就是愛送別人禮物，而且我的薦骨一直在回應。那是一種富足與家庭的感覺，透過簡單的日常生活緊密連結。我透過和他們在一起，得以滋養我自己。

麥可和我眞的很喜歡從我們家開車到城裡的十分鐘車程。阿什維爾是個很適合家庭生活的地方，它的市中心非常溫馨有活力，有很多咖啡館、餐廳、音樂和藝術。它被藍嶺山和大煙山包圍，當你在阿什維爾開車四處轉，總是能看到美麗的它們。我們很享受在那裡的生活。當樹葉在秋天變色，我們兩個都對那些色彩大為驚異。我們家離藍嶺山風景區幹道的一個入口只有幾分鐘，在這段期間裡，我們常開車上山，景色完全令人屏息。

在那裡住了大約一年後，我可以感覺到，女孩們改變了。不是我們的關係，而是，當我一開始抵達時感受到的需要，已經不再有了。我可以感覺到，她們不需要我。我知道，她們喜歡有我在身邊，而且住得離她們很近，但有什麼已微妙地改變了。

大約在此時，拉寄了封電子郵件給我，問我是否願意為人類圖電台錄節目。我不敢相信我的薦骨回應「嗯哼」。現在，我得學習如何錄音，以及用電子郵件把錄製的內容傳送過去。講到科技，我就不太靈光，因此，這是個大工程！然後是，自在地對著牆壁講話。後來我找到一棵我喜歡的樹，於是我對著這棵樹講話。我寫了三年的文章，但用我的聲音還是新鮮事。運用我的聲音是件很棒的事，而且我愛這麼做。我到現在還很喜歡這件事。我不知道要談什麼，也不希望受到限制。拉要我給節目取個名字，我唯一能想到的是「即興之事」。做自己讓我擁有很多空間。

幾年前，我那人生角色 6/2 的外甥女，必須去印度出差。她愛上了印度，然後是一位印度男子。她邀請我去找她玩，我回應了。我差不多有九年沒去過印度了。我問亞歷珊卓拉要不要和我一起去，她回應了，我們在亞歷珊卓拉放春假時，一起飛去孟買。我外甥女到機場來接我們，我們在印度待了十天。亞歷珊卓拉好想看泰姬瑪哈陵，因此，我們繞去德里。我很高興，我們能一起走這趟旅程。印度對亞歷珊卓拉產生很深的影響。她也愛上寶萊塢電影和音樂，而且精準地記下了一些舞步。這對我也是一次很棒的旅行，將近三十年前我去那裡當門徒並追隨奧修。而這一次，我和我孫女一起重遊。

回程，我們得在巴黎轉機。我們已規畫好，她回阿什維爾，而我則飛往伊維薩，參加四月在伊維薩的活動。我答應要去參加。我有兩年沒去那裡了，上一次是去參加董事會。我在巴黎過夜，然後隔天飛往伊維薩。再次見到各國成員真好。我覺得，時間似乎沒有流逝。我喜愛上課，吸收知識，身處拉及其他人的能量場裡。我真的很喜愛在那個能量場裡，它進入我的方式不一樣。我喜歡線上課程，但那不一樣。在線上，課程內容多數進入了我的頭腦，而在能量場裡，知識滲入我的身體，我又變成一隻老母牛了！

這些年來，我去過伊維薩很多次，但這是第一次，當飛機起飛時，我覺得很難過。這次離開和其他任何一次都不一樣。我回到阿什維爾，只休息了幾個禮拜，麥可和我就參加了一次海上旅行，慶祝他的五十歲生日。他回應這次旅行，並規畫所有細節。我很興奮，因爲他訂了一間有陽台的套房，兩個「2」號人的完美地方。那是趟在西加勒比海的十天航程。我們慶祝他的五十歲生日，以及我們的關係。我們一起經歷了那麼多事情。

我永遠忘不了，我們回到家後發生的事情。我們在廚房裡聊天，麥可突如其來問我：「妳曾想過要住在伊維薩嗎？」我的薦骨強力回應：「嗯哼。」我完全被嚇到。我連一次都沒想過要住在伊維薩。我愛去那裡上人類圖課程，我喜歡那個島，覺得和它連結很深。但住在那裡？這念頭甚至沒進過我的腦子。

我接著問麥可，他是否會考慮住在那裡。他回答說，他不知道，因爲他從來沒去過那裡。因此，他得先去造訪那個島，然後看看感覺如何。麥可有開放的G中心，因此對他來說，地點代表一切。住在那裡，對他是最重要的事。在這之後，他開始研究伊維薩。他研究得愈多，就變得愈興奮。他規畫十月要去一趟，那只剩五個月了。

我告訴女兒和孫女，問她們可以回應的問題。她們全都對我們若是搬去伊維薩，是否覺得很好，回應「嗯哼」。事實上，那聲「嗯哼」裡帶有很多的興奮。她們已經在說要去那裡找我們！但我們知道，我們得等待，看麥可對那個地方感覺如何。

等我走到旅程的這個階段時，已經不再有日記，也幾乎沒有電子郵件了。我正展開我第一次人類圖解讀後的第八年，現在，我只是在過我的人生。不再有戲劇化的事件，不再有必須粉碎的幻象。我仍然必須提防頭腦，它總是躲在暗處，等待機會，好重新奪權。長久以來，我一直看著我的頭腦，試圖把我拉回舊有的模式。

想到我的整個人生後來的發展，就只是來自於等待，眞是令人驚奇。我唯一做的事，就是不再去找事情做，而是等待事情找上我。光是這樣，就在我的內在創造了那麼大的空間。在我的實驗之前，那麼多的壓力，還有那麼忙碌都是因爲我發起太多，而且永遠在做計畫。我從來沒有等待事情找上我。如果，碰巧某件事眞的找上我，我不是遵從薦骨回應，我通常會說：「噢，那聽起來是個好主意，我們來做吧！」或是：「當然，有何不可。我那天沒有別的計畫。」我是用那一類的答案，來做出決定。

在我的第九年開始時，我終於深刻了解，我這一生的確有個目的。我不知道那是什麼，但我知道，有某個重要的東西，而我的整個人生一直努力要把我帶去那裡。我能從我的身體感覺到的是，我現在上軌道了，完全在軌道上。

我不知道，我未來要往哪裡去，但此刻，我可以感覺到，我就在我應該在的地方，過我應該要過的生活。那是種細胞的經驗。不再渴望其他的事，不再希望這個或那個會有所不同。現在，我愛著「現在」，就是它的樣子。而我的頭腦甚至不再試圖說：「要是我們有這個，那一切就很完美了。」它知道，戰爭已經輸了。噢，它還在那裡等著，當下次我又變得脆弱時，要把權力奪回來。我知道，它會嘗試，因此我必須一直保持警覺。但我的頭腦不再告訴我，我的生活需要改變；我需要多點這個，少點那個。那眞是令人鬆了好大一口氣，因爲沒有頭腦一直碎碎念，人生眞是充滿了喜悅啊！

Chapter 15 生命知道我的住處

現在，是我實驗的第九年，麥可和我還住在阿什維爾。我們預定秋天去看看伊維薩。我還在上拉教的人類圖心理學線上課程。我喜愛以這種方式了解頭腦。有一堂課，拉談到意志力中心以及這個中心空白的人，還有它如何滲透進他們生命中的一切。我全數吸收，對我產生非常深刻的影響。從我接觸人類圖的第一年之後，我不曾在課堂上這麼震撼過。我無法說話，甚至在上完課後，也無法從椅子上站起來。我就坐在那裡，讓我聽到的知識穿過我身體的每一個細胞。而且我知道它是眞的，我可以感到它在我體內。

開放的意志力中心不知道它自己的價值。我記得，在我實驗的初期，對這件事，確實非常堅定地回應拉「嗯嗯」。我現在明白，我當時並未眞的了解它。我以爲它比較是我身爲人的價值，這部分，我感覺已經在我的內在了。這個開放的意志力中心，和我的理解差很多。我現在看到的是，在我開始實驗之前，我一直在做決定以證明我的價值。在這堂課上，在我的第九年時，我看到了這件事的眞相。那眞是震撼，因爲我一直以爲是我的開放情緒中心，造成我這一生所有的痛苦，接收他人的情緒，還有如果不對別人說好，就會有罪惡感。

我清楚看出的是，開放的情緒讓我不想和別人有衝突，只要對人友善隨和，這樣就沒有人會對我不爽。但造成我內在最深痛苦的，其實是開放的意志力中心。這堂課後，我哭了。我甚至不知道，我的內在還留有那麼多眼淚。從我父親過世後，我就沒哭過。我原本以爲，這樣的事情已經結束了，但顯然並沒有。哭泣釋放了所有那些自我價值感低落並持續努力證明我的價值的回憶。

奇怪的是，我甚至從來沒察覺這些事。它們在無意識裡藏得那麼深，我根本不知道這狀況一直持續著。我花了一個下午，反思我的人生。顯然，我做了許多決定來證明我自己，證明我多有價值，還有對其他人有多重要！我會對父母說好，以證明我是個好女兒。我會對老師說好，以證明我在學校是個好學生。向朋友們證明我是個好朋友。向我的戀人們證明我是個好情人。向我女兒以及其他家人證明我是好媽媽。這份名單似乎沒完沒了，而我甚至從來沒有意識到，隨著我做的每個決定，這個狀況都在表面下進行著。我也清楚記得童年時，當我對自己失望而走開時，我會低聲咕噥：「我會證明給妳看。」

藉由等待事情找上我，並讓我的薦骨以聲音來回應，這種行爲不再主導全局。回顧過去，我也才明白，這正是一開始當我回應我先生「嗯嗯」時，讓我非常擔心的事。妳是什麼樣的妻子啊？妳不是個好太太！或者，當朋友請我幫忙時，我回應「嗯嗯」。妳是哪門子的朋友？爲了補償我覺得自己沒價値的情緒，我的頭腦創造了這些行爲模式，利用它們向我證明我有價値。當我不再聽頭腦的話，因此在早期那段日子，它有好多話要對我說。

現在，經過這麼多年讓薦骨中心接管我的人生後，我的頭腦不再試圖要證明任何事了！這是多麼自由，因爲我不用向任何人證明任何事，甚至是對我自己。我的意志力沒有定義，我要怎麼證明任何事？我沒有意志力爲我撐腰，催我做這做那。我發現非常有趣的是，我不再試圖要證明自己，這是我實驗的直接結果。直到此刻我才知道，我過去有多麼努力要證明自己！讓那些痛苦的回憶離開我，眞是太棒了。

我看清楚開放意志力中心讓我產生何種行爲，當時正是實驗的第九年。人類圖是一個多麼神奇的知識系統，把身爲人類和如何停止受苦解釋得那麼清楚。我的頭腦以爲，經過七年後，我們就結束了。眞理和頭腦的預期不太一樣。實驗結束了，是的，那是眞的。我不再進行實驗。以實驗開始的一切，已完全成爲我的生命。但發現與理解會一直持續進行到我死去之日。

當麥可和我剛搬到塞多納時，很多我們認識的人都動了眼睛的雷射手術。我從五歲開始就戴眼鏡，視力糟透了，幾近於法律上認定的盲人。我當時想動這個手術，但接著我做了解讀，而我的薦骨對這麼做一直回應「嗯嗯」。

終於，在過了七年之後，它回應「嗯哼」，因此，我做了這個手術。我無法想像，早上醒來，不用先戴上眼鏡就能看到我臥室窗外的那棵樹，是什麼感覺。這次手術對我是很棒的禮物。當我在游泳池，或者在淋浴，或者早上一醒來就能看見，每天都帶來許許多多微小的喜悅。下雨時，我現在可以抬頭往上看，讓雨水直接落在臉上。沒有比戴著眼鏡，而鏡片上都是雨滴更糟的事了！我也眞的非常喜歡，現在能和別人在一起，而我們中間沒有阻隔。我不再需要那樣的保護。

我還是很高興能和我女兒及孫女在一起。我們一個星期會聚幾次，孫女會來過夜然後一起出去。我一直問她們，如果我們搬去伊維薩，她們沒關係嗎？因爲我知道，如果她們覺得不好，我沒辦法搬家。她們的回應從來沒改變，總是三個人都是「嗯哼」。她們會加一句，她們會想我們，但對她們來說，來找我們會很好玩，而且她們會很愛那樣。對我來說，來找她們並住在她們家，就像我住在塞多納時那樣，會很好玩。我們對搬去伊維薩會帶給我們每個人改變都很興奮。我眞的很高興，孩子們對這件事和我們一樣興奮。

十月，麥可和我飛去伊維薩，在那裡待了兩星期。麥可是情緒型，而我對他的情緒非常敏感。我總是知道他的感覺。因為他的開放G中心，地方是最重要的事，我們一起住過一些美麗的地方。當我們到伊維薩時，我們已經在一起超過二十五年。在那些年裡，我從來沒有感受過，像在伊維薩時那樣的麥可。他愛那裡。就好像他體內有什麼喀嗒，被啓動了。他找到了「他的地方」，對一個有著開放G中心的人來說，這就是一切了。

即使在他情緒波動低落時，也和以前都不一樣。我記得在那兩星期裡，我一直在想：「這個男人是誰？」就好像他變成了另一個人，更開放，更無憂無慮，更有活力，而且在生命裡更自在放鬆。在這段時間，我才眞正了解，對G中心開放的人來說，對的地方有多重要。我看到這個結果就呈現在我自己的眼前。我也很高興，因為我知道，這代表我們就要搬來伊維薩了！

我們彼此問對方很多問題，以釐清何時要搬家、麥可的退休計畫、財務、住哪裡，所有關於我們離開美國，然後搬來西班牙的事情。顯然，我需要再多些時間和女孩們相處。我們兩個都回應隔年九月搬家，我們住在阿什維爾的時間只剩不到一年。

麥可辦了退休。我回應成為負責養我們兩個的人。我一直回應「嗯哼」，即使我不知道要怎麼辦到，然而我相信會的。

在阿什維爾的最後一年，甚至更加甜美，因為我們都知道，我們在那裡的時間即將結束。我們打算離開時，把我們的卡車給亞歷珊卓拉，因爲她剛拿到學習駕照，正在學開車。有一個星期日早上，我帶她去購物中心的大停車場練車，就像我父親四十年前帶我去一樣，讓她體驗坐在駕駛座開車的感覺。不久後，她在學校開始上駕訓課。我也很享受去接卡羅琳娜放學，我們倆就只是在一起。她喉嚨中心沒有定義，只有一個8號閘門。她總是強烈感受到要說話的壓力，尤其是在學校待了一整天之後。因此，她一坐上車，就會把話閘子全部打開。我常常咯咯笑，因爲我了解她想要表達的需要。美好的是，她也了解發生的狀況。那眞是非常可愛。而且全家人都了解她的天性，這讓事情容易多了。

隨著卡羅琳娜長大，她和亞歷珊卓拉的相處開始變得比較輕鬆。亞歷珊卓拉有45號閘門，卡羅琳娜有21號閘門，對姊妹來說，不是一個很容易有火花的連結！我姊姊和我會告訴她們，在我們長大的過程裡有多痛恨彼此，而現在，我們眞的很親近，不只是姊妹也是朋友。她們看著我們，好像我們長了兩個頭似的！我們再度在我家過了個美麗的感恩節，我們的朋友和瑪德忽及孫女都來了。十二月，我姊姊來訪，我們可以在耶誕節前先過耶誕節。這些時光是屬於家庭的，我們都在廚房裡消磨時間，不是吃東西、烘焙、烹飪，就是玩棋盤類的遊戲。

不久之後，我去拜訪一位住在科羅拉多的反映者朋友和他太太，並回應要和他一起在紐約市辦一個工作坊。和他們共度一週眞得很棒。因爲他已經以反映者的身分生活了七年，能眞實地吸收反映者的能量眞是美好。

我回應一封一位住紐約市的女士寄來的電子郵件，她問了我很多年，請我去那裡開設人類圖課程。因此，二月時，我飛去紐約，開了一個入門之夜以及給生產者的工作坊。在入門之夜，我好緊張，尤其因爲房間裡擠滿了人，又熱又悶，每個人生理上都很不舒服。天啊，這是個什麼樣的開始啊！這是我第一次公開對陌生人介紹人類圖，我的頭腦從頭到尾全面失控。我的內在幾乎是在演一齣喜劇。我站著講話，當我講話時，頭腦不斷告訴我，我的表現有多糟。那天晚上終於結束時我很高興！第二天是生產者工作坊，此時，我的頭腦就乖乖閉嘴。它知道，對這部分它沒有批評我的彈藥，因爲我知道身爲生產者是什麼狀況。我很喜歡開這個工作坊。我可以感覺，從我的薦骨中心好像有什麼會轉移到房間裡其他人的薦骨中心去。那比我說的話還要深入得多，因爲傳輸的是頻率。

經過這些年的實驗並學習人類圖之後，我一直被邀請去很多地方開設工作坊。我的薦骨對每個邀請都回應「嗯哼」，於是，我開始有了旅行計畫。有幾個工作坊在阿什維爾，然後和我朋友再次回到紐約市，以及四月的人類圖伊維薩活動。我對人生中展開這新的一頁非常興奮，而且非常高興能分享人類圖。當麥可和我五月去蘇黎世看他的家人時，我回應了要在那裡開一個工作坊。我回應在蘇黎世之後，也同樣去基輔開工作坊。

時間飛逝，我知道的下一件事就是在飛機上，再次飛往伊維薩參加四月的活動。我帶了兩個大行李箱，在我們秋天搬過去之前，有個在伊維薩的朋友會先幫我保管。這次旅行，我和來自其他國家的人，討論了更多開設工作坊的可能。我開始覺得，我可能大部分的時間都會花在旅途上。我的薦骨中心熱切地回應所有邀約，我的情緒高漲。在這麼多年後，我將可以和全世界的人，分享我進行這項實驗的經驗。此時，已經差不多十年了，而那些年裡，每一個決定，不管多大或多小，都是由我的薦骨中心做出來的。從最小的問題：「你要不要喝杯咖啡？」到最極端的：「你想要辭職嗎？」每一個都是薦骨的回應。

回顧並省思這整個過程，以及每一個回應如何開展我的人生，讓我充滿敬畏。我永遠無法以任何其他方式，到達現在這個位置。我的頭腦絕不會規畫這樣的一趟旅程。它絕不會做出我的薦骨做出的那些決定。每一步都把我帶到這個地方！

伊維薩活動之後，我回到阿什維爾，重回我的生活。在我個人和家人的關係上發生了好多事情。不只是和我女兒及孫女，也和我姊姊及外甥女有關。在阿什維爾無法做的一件事是寫作。這在塞多納很容易辦到，但在阿什維爾，寫作是不可能的。多年來我一直覺得，我的心裡有一本關於我的實驗的書，而完美的地點會是阿什維爾，在我們搬過去以後。但它不是做這事的時機或地點。它眞的是一段，只和我的家人及一些親近的朋友在一起的時光。

來這裡度過這些年對我多麼重要
只是當外婆和媽媽沒有其他
那是我需要的基準
我在最完美的時刻來到
再過一年就會太遲

生命爲了讓它發生所創造的情勢眞是神奇
如果董事會往其他方向發展
我現在仍然還會在塞多納管理美國人類圖分部
所有的發展有多完美，我的薦骨帶我來到
正是我需要在的地方，每一個行動
我充滿敬畏

我絕對想不到會在我的內在發現這個
每一個回應帶我到我應該在的地方
它眞的已經成爲一次當下的旅程
過我的人生
不再試圖到某個地方或做某件事或某個人

這次實驗之前，總是
我會看到我想要的某個東西並逕自朝它走去
而它會完全失敗，最終
現在即使有我喜歡的東西
我相信，如果它是這一生我該得到的
它會來找我，我不需要再朝任何東西走去

我對這趟旅程的每一小步充滿感激
我好感激每個將我帶到此刻的回應

麥可和我飛去蘇黎世。我們租了一間在琉森湖邊布魯日的小小渡假公寓，好讓他父親方便過來看我們。那是一段美麗的共處時光，而且格外甜美，因爲這正是亞歷珊卓拉出生以及我們十五年前住的地方。有好多推著在嬰兒車裡的她在湖邊散步，以及她到我們在山上的小農舍過夜的珍貴回憶。和麥可的姊姊及她兒子共度眞的很棒。家庭是我生命中非常重要的部分。

我們來瑞士是爲了和麥可的父親一起慶祝他的八十大壽。我們在渡假公寓住了一星期，週末時入住蘇黎世的一間飯店，他父親的生日就在那個星期日。生產者工作坊安排在那個星期六，就在我們住的飯店進行，我訂到了會議室。我回應在星期六早上，自己搭早班火車進蘇黎世。麥可不需要那麼早離開。

我抵達蘇黎世時，感覺有點怪，有一種不太對勁的感覺，我無法辨識出是什麼事。在我前往飯店的途中，就是感覺有什麼事偏離常軌。我似乎可以感覺正朝我而來，但我以前從來沒有這種經驗，因此，我無法比較。

我到櫃台登記，被帶到會議室，開始工作坊的準備工作。一切都打點好後，我下樓去靠近櫃台的小咖啡廳喝杯咖啡。聚在那裡的全是要來參加工作坊的學員。大約有十個來自蘇黎世地區。很令人興奮，我可以感覺到情緒波的高點。其中一位女子和她先生一起，他們不知道他是哪一類型。我回應要跑他的人類圖，因此我離開人群，回到會議室去用我的電腦。我手裡拿著一些文件和這名男子的資料。電梯就在櫃台和咖啡廳的轉角處。走下三級階梯，就會來到電梯正前方的地板。我以爲我的腳踩到地板了，就伸手去按電梯的按鈕，結果，我在最後一級階梯失足摔倒。我摔成一個怪異的角度，我的兩隻腳卡在我身下，我的重量全壓在兩隻腳上。我躺在那裡，知道情況不妙。我以爲我可能扭傷了腳踝。奇怪的是，我一點都不痛。我試著站起來，但沒辦法。我四肢大張躺在電梯前面，無法移動。

我的頭腦從頭到尾一直在思考，如果我們可以站起來到會議室去，你就可以進行工作坊。那是它唯一關心的事。在開始的那幾秒鐘，我的身體與我的頭腦間的落差有多大，可以看得很清楚，眞的「看」得出來。那裡是我的身體，完全靜止，無法移動，無法做任何事；而我的頭腦卻連珠砲似地大聲說著可以想像得出來的無數個「只要」。然後，它停了。過了大約兩分鐘之後，它不再說話。在它全面放棄之前，還不忘咕噥著：「那基輔怎麼辦？」我在那幾秒鐘裡，注意到這一切。我清楚明白，身體眞的主導了局面，而在這個狀況下，我的頭腦完全放棄。從那一刻起，對這次意外，我全然平靜以對。我的感覺讓我很吃驚，坐在地板上，無法移動，而我不覺得有什麼問題。那就是發生的事實而已。

我不得不大喊櫃台人員過來，去找參加工作坊的人，然後他們過來，試著幫我。但我站不起來。一個男子問我，他可不可以對我施行靈氣療法。我回應：「嗯哼。」但似乎沒有什麼幫助。櫃台人員問說要不要找醫生，我的薦骨再次回應：「嗯哼。」櫃台人員回來了，救護車已在路上。他們很快出現，檢查了我的腳踝。看起來不好，它可以旋轉，而腳踝應該不能旋轉。感謝來參加工作坊的人，因爲他們能幫我和講德語的救護人員翻譯。救護人員說我應該要照X光，我的薦骨同意了。他們把我放上擔架，送上救護車。兩名參加工作坊的人問我，想不想要他們陪我一起去，我的薦骨再次回應：「嗯哼。」我的身體出了問題，我的薦骨火力全開，掌控一切。除了回應，我幾乎沒講話。

到了醫院，他們給兩隻腳都照了X光。醫生回來說，我的左腳踝有三處嚴重骨折，需要動手術。我問：「要多久我才能走路？」答案是至少要三到四個月，但完全痊癒要一年。那一刻，我嚇到了，因爲四個月之後，麥可和我應該要搬去伊維薩。坐在蘇黎世一家醫院的急診室裡，我的人生停擺了。眞的除了當下，沒有別的。所有未來的計畫都得被抹去，即使我已回應了所有的計畫，在這個新的一刻裡，沒有一件事適用。

他們告訴我，必須等待，看手術何時可以進行，而且因爲我早上吃了東西，手術必須在那天晚上晚一點的時候。工作坊的參加者過來探望，聚在急診室這張狹窄的病床邊，我們談了一下身爲生產者的事。那簡直是超現實。他們不敢相信，我對整件事表現得多麼輕鬆，還有我對它多麼淡定。他們問了我一些問題，我得以回應並告訴他們一些

而我希望他們有時間來得及處理。第二件事是查明我們在美國的保險是否會支付我們的費用。我很關心這點。有一次，醫院一位處理行政的女士過來要跟我拿信用卡，我的薦骨回應：「嗯嗯。」我很高興它的回應。以前的我絕對沒辦法說「不」。我說，我們要先等看看我們的保險理賠範圍有多少。交出我的信用卡絕對是不正確的！

外科醫生過來看我，告訴我，我其實需要動兩次手術。第一個手術要把兩根釘子往上打進我的腳後跟，以固定住腳踝。但第二次手術，得等一個星期讓腳消腫後，再把兩根螺絲和一片板子放進去，永久固定住腳踝。他問我是否想回美國動第二次手術，我聽到我的薦骨非常大聲地回應：「嗯哼。」我看著兩隻打了石膏的腳，小聲問我的薦骨：「但要如何辦到？」

就在這時候，我了解了折磨是什麼，以及疼痛和折磨的差異。疼痛，不管是情緒上或肉體上，是身為人的一部分。所愛的人去世，會痛。你在做飯時燙到自己，會痛。一個幻象破滅，會痛。你拉傷了你的背，會痛。你生孩子，會痛。疼痛是身為人的一部分，無法逃離。折磨是當頭腦控制了疼痛，且無止盡地談那個痛，並對整個引發疼痛的情況，加上它自己的意見。折磨是生命的喜悅被頭腦吞沒。

當我在急診室時，我逮到一次我的頭腦試圖這麼做。它以這句話開始：「首先，如果妳沒有從會議室下樓……」但儘管在藥物作用下，我仍然非常警覺。我得以在當下逮到這個狀況，阻止頭腦進一步作用。如果我沒辦到，頭腦會一直上演每一個能阻止這場意外發生的場景。這樣一來，我就會悲慘地在醫院裡，哀嘆我可怕的命運，對未來極為不安，然後完全落入折磨裡。我體驗到的並不是非常高興地坐在醫院裡，而是對發生的事處之泰然。那不只是接受，而是完全放鬆，我的頭腦無法掌控已讓我覺得悲慘。醫生和護士面對的是這樣的我。我覺得和他們很多人都緊密連結，而且覺得全面受到照護。

並不是說頭腦不好。我知道，我分享的故事會給人這種印象。頭腦是很棒的儀器和工具，給我們身為人類使用。它是最好的電腦。但主導一切的從來不是頭腦。它很可能從我一出生就控制局面，以防禦我透過我的開放接收進來的一切。然後，它就留下來繼續掌權。

這是這整個旅程對我的眞正重點。如何讓權力回到它屬於的地方？對我來說，那是不再走向事情，而等待它們來找我。這件事本身完全違背我的頭腦，因為頭腦持續催促著去做這個，做那個，試試這個，試試那個，等待與頭腦對立。

意外發生在星期六早上，到了下週的星期三早上六點，我坐著輪椅離開醫院，進入等在外面的計程車，和我先生去機場。我不知道他如何辦到，但他就是一件事接著一件事地處理完。我們能這麼快就離開，眞是神奇。當我先生推著我的輪椅出來時，我女兒在阿什維爾的機場接我們。我無法站立，甚至，如果我要休息，我唯一能做的就是撐起自己，然後轉身。直到這次意外，我才知道腳有多重要！抵達我們家時，我們全都同時醒悟，我要怎麼從車裡進到房子裡？我們還沒有輪椅。我第二天早上要去醫院，動最後一次手術。然後，我記起我的辦公椅，它有輪子。麥可拿來那張椅子，然後從車庫把我推進去。

第二天，我動了第二次手術，非常痛，我非常高興，我不用在這個手術之後，上飛機飛回家！我有止痛藥，而且在自己家裡，眞是太棒了。

瑪德忽一直問我，在她和亞歷珊卓拉去歐洲看世界盃足球賽時，卡羅琳娜和我們住一個月，是否仍然沒問題。她們兩個都很瘋足球。我一直回應：「嗯哼。」同時，我也得一直問麥可，因為很多責任最後都會落在他身上。我唯一眞的覺得很糟的時候是，當我明白我們必須取消和卡羅琳娜去佛羅里達的旅行。我們要帶她去那裡過生日，因為她愛死大海了。但卡羅琳娜好貼心，我知道她眞的很失望。她只是說：「沒關係的，外婆。我了解。」卡羅琳娜住進我家，瑪德忽則飛去歐洲和亞歷珊卓拉會合。亞歷珊卓拉先出發，去奧地利找她的爺爺奶奶。瑪德忽要去那裡和她會合。

一個人所做的一切日常事務，都得全部重新考量。我如何不用站起來，而從床上移到輪椅上？我如何讓兩隻上了石膏的腳在浴缸外，沖澡的時候避免淋濕？我了解，我們身為人的適應力有多強。我也了解，每一件小事我都需要請求協助。哇！這可不容易。

我一直都很獨立，只有在絕對必要時，才會開口要人幫忙。這個情勢讓我處於一種，我所做的每一件事都要請人幫忙是絕對必要的。

在卡羅琳娜和我們同住的這個月裡，我逐漸看出，薦骨中心回應之美的另一面。我以前沒有這種經驗，不是以這麼戲劇化的方式。請卡羅琳娜幫忙，聽到她熱切的薦骨回應，眞是不可思議。處於那個「嗯哼」的接收端，並實際從聲音裡聽到，那不但是可以，而且她眞的很高興幫我。那讓我很震驚。我覺得，我可以請她幫我任何事，而且她會回應，而她的回應讓我不會覺得我是負擔。

她和我們同住的那整個月，她給我的回應永遠是「嗯哼」。因爲我什麼也不能做，我們在一起有一種非常甜美而簡單的相處方式。我們會猜謎或玩撲克牌或遊戲。有時候，我們會一起串珠。我坐在輪椅上，教她如何洗衣服，因爲我無法下樓使用洗衣機。她很愛幫忙，我的內在可以感覺得到。

我整個六月和七月都坐在輪椅上。一個朋友在我們的前門口做了個小斜坡，這樣我就可以出門坐車。我變得眞的很會轉身！我們開始出門吃飯，有一次，麥可把卡羅琳娜和我放在購物商場，她推著我的輪椅，我們逛了一天。我也可以自己坐著輪椅到處逛，但不能太久，我的手會很痠。我們共度了很棒的一天，她特別喜愛試穿衣服，並回應她想要什麼生日禮物。

在這段期間，我姊夫去世。他罹患白血病多年，該是他的身體擺脫折磨的時候了。他在醫院過世，我姊姊陪在他身邊。她在事情一發生後，就打電話給我。我在阿什維爾覺得非常無奈。我好想去陪她，但帶著這張輪椅，還有我需要的那麼多協助，我知道這只會加重她此刻已有的負擔。但很難不想就跳上飛機去看她。我的薦骨甚至回應要去，但我先生問道，要處理輪椅的事還有要一直協助我，會不會超出我姊姊能力所及。我的薦骨對此也回應：「嗯哼。」所以，我沒去。

我姊姊和我一天通好幾次電話。我姊姊知道，七十二小時內不要動她先生的遺體。在我們的父親去世時，我們曾談過這件事，她現在又再問了一次，以確定她知道正確的細節。過了這段時間之後，她打電話來問，她可不可以來阿什維爾找我們。我立刻很高興地回應：「嗯哼。」不能親自去陪她，對我太痛苦了。大約在她先生去世一星期後，她來了。我再次對生命的發展感到非常神奇，她來找我們要比我去找她，對她來說更爲合適。和麥可、卡羅琳娜和我在一起，有助她得到安慰與關愛。我的內在可以感覺到我姊姊的痛苦，我非常高興，她來找我們。我們只是坐在一起談天、分享。有時候，會觸動她釋放情緒，而我只是抱著她或握著她的手。在這些時刻，不需言語，只有兩個人之間深層連結的親密。她留下來過完週末。我可以看到，當她離開時，她已經展開一段需要時間的療癒過程。

八月初，我右腳的石膏拆掉了，換上一隻大大的黑色靴子。我叫它是我的「黑武士」靴。現在，我可以開始把一點重量放在這隻腳上，並且旋轉以採取某個姿勢或改變姿勢。女孩們從世界盃之旅回來，卡羅琳娜回家去了。麥可和我談到仍要在九月一日搬去伊維薩。我一直回應：「嗯哼。」但完全看不出來我要如何辦到。然而，我知道，如果我的薦骨回應了，它在說，它有能量辦到。

到了八月中，另一隻腳的石膏也拆了，我現在有兩隻黑武士靴。我可以開始使用助行器，像嬰兒那樣走路。我不可以把全部重量放在腳踝骨折的左腳上，因此，在使用助行器時，我的手臂眞的撐起我大部分的重量。要等到這隻腳可以支撐更多重量，我才能開始使用拐杖。

每年八月，我女兒都會辦一個花園派對。那是慶祝兩個女孩生日的時候，也是讓她所有的朋友能相聚的機會。我回應了「嗯哼」要去派對，但不知道我要如何走上兩級階梯進她家。它花了我好長的時間才走上那兩級台階，終於能走完並進入屋裡，眞是不尋常的經驗。

我們還有一整屋子的家具和東西要在搬家之前處理完。我很高興，甚至在我們的蘇黎世之旅前幾個月就開始把東西整理分類。但還有那麼多要整理。有個在加州的人聯絡我一個朋友，表示想搬來阿什維爾，正在找房子要租。這個朋友想到我們的房子。當那個人從加州過來，她不但想租我們的房子，也想要幾乎全部的家具！剩下的家具有另一個朋友要。我不敢相信我們的好運氣。這樣讓事情變得簡單多了。

女孩們幫我辦了一個車庫拍賣，你坐在輪椅上能做的事，眞是驚人！從這張輪椅上，我打包了好幾箱要托運的東西、整理了行李箱、拖地，而我能做這所有事是因爲我的薦骨一直回應「嗯哼」。大部分的時候，我對它說我能做的事感到很吃驚！我們只剩最後幾天待在阿什維爾的家，而現在我終於能用拐杖了。一開始很難，尤其是無法把所有的重量放在一隻腳上而不會痛。我只能把一半的重量放在腳踝骨折的那隻腳上。但我現在能走上走下那兩級台階去看我女兒，那感覺是超大的成就。

我們最後幾天住在飯店裡，最後一晚，我們和瑪德忽和孫女吃了頓很甜蜜的晚餐，第二天早上要搭機離開。那是興奮但也傷心的時刻。我知道，我十一月會回來和她們一起過感恩節。我很高興，我已回應了這件事。如果我不知道我很快就會再見到她們，要離開會困難很多。

我先生上網幫我們找到一間渡假屋，租下來，先在伊維薩過完九月。我們覺得，我們應該在那段時間就能找到永久的家。在經過一段相當不尋常的輪椅、飛機和租車的旅程後，我們停在我們的渡假公寓前面。那裡至少有十級階梯，向下通往一個小小的石頭平台，然後是另外六級階梯往上到前門入口。看到那麼多階梯，我的頭腦失控了。它在我的頭腦裡面大發脾氣，只有我能聽到：「我們不可能走下再走上所有階梯。妳不知道，我們才剛開始用拐杖嗎？我辦不到。我們就在車上過夜。」

麥可走到我這邊的車門問道，他可不可以幫助我下車。我的薦骨回應「嗯哼」，所以，我下了車，撐起拐杖。我們走到階梯頂端，我先生問道：「妳想，妳能設法辦到嗎？」我的薦骨再次回應「嗯哼」，然後，我先生走在我前面，以防我失去平衡，我成功地走進屋裡。我的頭腦在那之後，一句話也沒說了！

這房子對我們來說很完美，我們立刻愛上它。它小而簡樸，有個俯瞰遠方地中海的美麗露台。我們位在一個松樹與棕櫚樹奇異混合的山丘上。第一個月，我常常待在露台上，因爲要常常上下那些階梯進屋裡並不容易。因爲我無法輕易行走或移動，我更加深入地停留在我的內在。我的行動被迫要緩慢許多，而不是探索這個島。自從來到這裡之後，我的旅程只有更加深入。我開始看到，對我來說，到這裡生活有多麼重要。我的身體以一種和以前完全不同的方式放鬆了，雖然走路有些困難，或我的腳有時會痛。但這不影響我的體驗。我感受到的放鬆，來自我的深層內在。每個細胞的振動不一樣了。所有的細胞不再發起。彷彿它們現在充滿寧靜。當我開始實驗時，我從未預期能體驗到像這樣的感覺。

從抵達這裡後，我一直有一種強烈的感覺，我的整個人生是場旅行，要帶我去的就是這個地方。我們在這裡住了五個月，而我已經覺得好像住了一輩子。我很驚喜地發現，是我的薦骨回應帶我來到這裡。我和它一點都沒有關係。在過去幾年來伊維薩的旅行中，我一次也沒想過要住在這裡。

我相信，生命知道我要住在那裡。不管要給我的是什麼都會來到，然後我的薦骨可以回應。有沒有東西來都無所謂。我喜愛依我的眞理過生活。內在有那麼多喜悅，而我對現在的生活深感滿足。我的生活或我自己，我一點都不想改變。

反思我的意外，我明白那是件多不可思議的禮物。它讓我的生命完全停擺，當它再次啓動時，一切都不一樣了，我再也不是朝著發生意外前的方向移動。

在某種意義上，它就像來到一條死巷，我沒有試著折回去，反而被迫停下來，等待新的路建好。我發現了不起的是，路隨著我的每一步而興建。我不知道這條路要通往何處，而我不在乎，這點讓我很高興。我現在就在生命中探索。我已經發現了寶藏，那就是我。剩下的就是，走在這趟稱爲生命旅程中的全然喜悅。

覆蓋在永恆之塵中
恐懼凍結了一切
但一個微小的聲音

聲音
巨大
而
眞實
但是，天啊
它們只把
我更深地
帶入
黑暗
哪裡
是我所知的一切？
哪裡
是我以前認爲的我所在？

哪裡
是我的人生？

哪裡
是所有人的所在？

孤獨
好孤獨
甚至連
我自己
都無法給我
安慰

一個旋渦
把我

吸得
愈來
愈深
直到
只有
黑暗
存在

窒息
一無所剩
幾乎不能呼吸
一無所剩

更深
更深
它變得更緊

夢想
消失

希望
消失

沒有地方
容納它們

更深
更深

錯覺／幻象
空想如現實
無法實現

留在身後
什麼都沒有
留下
我不應該
擔心嗎？

呼吸
在
此刻
現在
只有現在

這是什麼?!

發生什麼事？
何時？

如何？

我並未期待任何事

黑暗
抓住我
擁抱
我

我放鬆
我融化
我臣服
我信任

這個

從不知名
的地方

自由落體
甜美的
自由落體

笑聲
這麼大
天空中的星辰
因而顫抖

歌聲
這麼甜美
眼淚
從太陽流下

舞蹈
這麼狂野
地面
隆隆作響並震動

從不知名之處
火焰
不可能是
從何處而來？

它呼叫我
召喚我
點亮道路
更加深入

愛驅使我
深入黑暗
我看不到它
然而
它對我耳語
覆蓋在塵土中
聚集在萬古的永恆裡

一陣
強風
將永恆
吹走

鏡子
顯露

沒有聲音
能發出
在此刻的
魔法中

但隨著未說出的
話語
「那是你」
「我一直在尋找的是你」
「我一直渴望的是你」
「我愛的是你」

在鏡中
雙眼反光
熟悉卻嶄新
使我在愛中盲目

在鏡中
一張臉回望
充滿未說出的喜悅

在鏡中
是鑰匙

在鏡中
是「我」

國家圖書館出版品預行編目資料

人類圖去制約之旅：一個人的革命　瑪麗・安・溫妮格（Mary Ann Winiger）／著　周寧靜、曾琬迪、蔡裴驊／譯　---.初版.— 臺北市；本事出版：大雁文化發行, 2016年03月
面　；　公分. –
譯自：A Revolution of One－An Intimate Story of A Generator
ISBN 978-986-92615-3-1（平裝）
1. 占星術　2. 自我實現
292.22　105001107

 ISBN 978-986-92615-3-1

人類圖去制約之旅：
一個人的革命

作　者／瑪麗・安・溫妮格（Mary Ann Winiger）
譯　者／周寧靜、曾琬迪、蔡裴驊
責任編輯／高莎莎
發行人／蘇拾平
總編輯／蘇拾平
編輯部／王曉瑩
行銷部／陳詩婷、曾曉玲、曾志傑、蔡佳妘
業務部／王綬晨、邱紹溢、劉文雅
出版社／本事出版
地址：台北市松山區復興北路333號11樓之4
電話：(02) 2718-2001　傳真：(02) 2718-1258
E-mail: motifpress@andbooks.com.tw
發　行／大雁文化事業股份有限公司
地址：台北市松山區復興北路333號11樓之4
電話：(02) 2718-2001　傳真：(02) 2718-1258
E-mail: andbooks@andbooks.com.tw
美術設計／POULENC
內頁排版／陳瑜安工作室
印　刷／上晴彩色印刷製版有限公司
2016年03月初版
2021年11月10日初版5刷
定價420元
缺頁或破損請寄回更換
歡迎光臨大雁出版基地官網 www.andbooks.com.tw
訂閱電子報並填寫回函卡